埼玉県の教員採用試験過去問シリーズ❶

2025年度版

埼玉県・さいたま市の教職・一般教養

過去問

協同教育研究会 編

協同出版

本書には，埼玉県・さいたま市の教員採用試験の過去問題を収録しています。各問題ごとに，以下のように5段階表記で，難易度，頻出度を示しています。

難　易　度

非常に難しい	☆☆☆☆☆
やや難しい	☆☆☆☆
普通の難易度	☆☆☆
やや易しい	☆☆
非常に易しい	☆

頻　出　度

◎	ほとんど出題されない
◎◎	あまり出題されない
◎◎◎	普通の頻出度
◎◎◎◎	よく出題される
◎◎◎◎◎	非常によく出題される

※本書の過去問題における資料，法令文等の取り扱いについて

本書の過去問題で使用されている資料や法令文の表記や基準は，出題された当時の内容に準拠しているため，解答・解説も当時のものを使用しています。ご了承ください。

はじめに～「過去問」シリーズ利用に際して～

教育を取り巻く環境は変化しつつあり，日本の公教育そのものも，教員免許更新制の廃止やGIGAスクール構想の実現などの改革が進められています。また，現行の学習指導要領では「主体的・対話的で深い学び」を実現するため，指導方法や指導体制の工夫改善により，「個に応じた指導」の充実を図るとともに，コンピュータや情報通信ネットワーク等の情報手段を活用するために必要な環境を整えることが示されています。

一方で，いじめや体罰，不登校，暴力行為など，教育現場の問題もあいかわらず取り沙汰されており，教員に求められるスキルは，今後さらに高いものになっていくことが予想されます。

本書の基本構成としては，出題傾向と対策，過去5年間の出題傾向分析表，過去問題，解答および解説を掲載しています。各自治体や教科によって掲載年数をはじめ，「チェックテスト」や「問題演習」を掲載するなど，内容が異なります。

また原則的には一般受験を対象としております。特別選考等については対応していない場合があります。なお，実際に配布された問題の順番や構成を，編集の都合上，変更している場合があります。あらかじめご了承ください。

最後に，この「過去問」シリーズは，「参考書」シリーズとの併用を前提に編集されております。参考書で要点整理を行い，過去問で実力試しを行う，セットでの活用をおすすめいたします。

みなさまが，この書籍を徹底的に活用し，教員採用試験の合格を勝ち取って，教壇に立っていただければ，それはわたくしたちにとって最上の喜びです。

協同教育研究会

CONTENTS

第１部

埼玉県・さいたま市の
教職・一般教養
出題傾向分析

埼玉県・さいたま市の
教職・一般教養　傾向と対策

埼玉県では「一般教養・教職科目」として一般教養と教職教養が出題されている。問題数は一般教養26問，教職教養18問の合計44問で，出題形式は4肢択一である。ここでは一般教養，教職教養別に出題の傾向と対策をみていきたい。

1　一般教養の傾向

2024年度の一般教養はいわゆる5教科(国語，英語，社会，数学，理科)のほかに音楽，美術，時事問題などで構成されている。かつては，いわゆる「ご当地問題」が出題されていたが，ここ数年は出題されていない。

国語では，ことわざ，和歌の掛詞，熟語の構成，作品と作者等の組み合わせ(日本文学史)の計4問が，英語では，空欄補充形式の文法問題，説明文に該当しない単語を選択させる問題，会話文の空欄補充問題(2問)の計4問が出題された。

社会・理科は広範囲にわたって出題されており，特に理科はすべての科目から出題されている(それぞれ計4問)。社会は，地理では日本の発電に関する問題，日本史では鎌倉時代に関する正誤問題，経済では企業，あるいは為替相場に関する問題であった。一方，理科は，物理では電気に関する問題，化学ではBTB溶液に関する問題，生物では血液の循環に関する問題，地学では火成岩に関する問題であった。

数学は，平方根の計算，正十五角形の一つの内角の大きさ，方程式のグラフ，確率に関する問題であった(計4問)。

芸術の分野では，音楽は西洋音楽史(曲名と作曲者の組み合わせ)，追分節様式の民謡について出題されている。美術は作品の作者を答える問題，色の三原色に関する問題であった(計4問)。

時事については2022年に死去したゴルバチョフ氏に関する問題(世界史でもある)と，映画「ドライブ・マイ・カー」の監督名と原作者名に関する問題が出題された(計2問)。

2　一般教養の対策

一般教養の難易度は中学・高校の教科書レベルであるため，合格点・平均点が高いことが予想される。したがって，得意教科を伸ばすことも大事だが，「広く浅く」学習し，苦手教科をなくすことがより重要と思われる。苦手教科の克服は基礎学力の強化が重要であるため，中学・高校の教科書の復習から始めたい。

なお，出題される分野のうち，政治経済，公民分野は時事問題と重複していることから，教科書や参考書等で学習するだけでなく，新聞や雑誌等で動向を把握しておくこと。また，時事問題でいわゆる「ご当地問題」が出題される可能性は否定できないので，埼玉県の人物・産業・自然などの知識・情報にも留意しておきたい。

3　教職教養の傾向

教職教養の出題も一般教養と同様，幅広い内容が問われている。2024年度は，学習指導要領(総則)，生徒指導，特別支援教育，教育時事，教育法規，教育心理，西洋教育史の各分野から出題されている。

教育法規では教育基本法，地方公務員法，学校教育法，学校保健安全法，いじめ防止対策推進法，教育職員等による児童生徒性暴力等の防止等に関する法律が出題された。

教育時事については「第3期教育振興基本計画」，「義務教育の段階における普通教育に相当する教育の機会の確保等に関する基本指針」，「学校評価ガイドライン」，中央教育審議会答申「『令和の日本型学校教育』の構築を目指して」が出題された。

特別支援教育については，「発達障害を含む障害のある幼児児童生徒に対する教育支援体制整備ガイドライン」，「障害のある子供の教育支援の手引」から出題されている。また生徒指導では「生徒指導提要」「児童生徒の教育相談の充実について(通知)」から出題された。さらに，西洋教育史はコメニウス，教育心理は観察学習について出題されている。

4　教職教養の対策

出題傾向分析をみても分かるとおり，まんべんなく出題されていることから，一般教養と同様，まずは「広く浅く」学習し，未学習の分野がないようにしておくこと。そこから，徐々に知識を広げるようにするとよいだろう。教科書や参考書を学習する際は，まず「基礎・基本」と位置づけられているものを一通り学習してから，各分類について詳しく学習するとよい。各種資料を学習するには，概要を把握するため，まず教科書や参考書に示されている概要をみておく，インターネット等に示されている資料で概要版がある場合は先に概要版を学習するといったことが考えられる。

教育法規については条文の暗記が必要になるため，移動時間など「すき間時間」の活用をおすすめする。毎日根気よく学習することで，より多くの条文を身につけたい。

西洋教育史と教育心理については共通部分も多いため，まとめて学習すると効果的である。具体的には教育史の人物について出身国，活躍した年代，主著，主張内容とその概要をまとめるといったことが考えられる。

生徒指導については，頻出である「生徒指導提要」を中心に学習するとよい。また「児童生徒の問題行動・不登校等生徒指導上の諸問題に関する調査」は，出題の頻度が高く，全国的ないじめ，不登校，暴力行為の流れを理解する上で不可欠なので，文部科学省が毎年10月に発表している全国の最新統計を見ておきたい。その他，いじめ防止対策推進法などの法規，文部科学省のホームページの「生徒指導等について」などに掲載されている資料を十分に確認しておこう。

特別支援教育では，学校教育法などの関連法令や学習指導要領だけでなく，特別支援教育の意義や発達障害の種類などについて「障害のある子供の教育支援の手引」などで学習するとよい。

近年は埼玉県の教育に関する出題はないが，論文や面接試験で問われる可能性もある。したがって，「埼玉教育の振興に関する大綱」「第3期埼玉県教育振興基本計画」などは学習しておきたい。特に，埼玉県の教育についての現状，埼玉県が求める教師像の把握は早めにしておくほうがよいだろう。

試験の難易度は，試験時間，問題数などを総合的に考慮すると，全国平均並みと言えるが，前述の通り，合格点・平均点が高いと予想されることから，限られた時間の中で慎重かつ丁寧に解答することが求められる。そのためには模試の活用，過去問を試験時間内で解く，他の自治体の問題も解くといった学習が効果的である。これらの対策を十分に行い，「十分な準備があれば試験に合格する」と自信をもって取り組むことが，最も重要である。

教職教養　過去5年間の出題傾向分析

●印は小・中・養・高で共通で出題された分野を示しています

①教育一般

大分類	小分類	主な出題事項	2020年度	2021年度	2022年度	2023年度	2024年度
教育の機能・意義		教化・訓育・陶冶，野生児など					

②教育課程と学習指導要領

大分類	小分類	主な出題事項	2020年度	2021年度	2022年度	2023年度	2024年度
教育課程	教育課程一般	教育課程の原理， カリキュラムの種類（コア・カリキュラムなど）					
	基準と編成	小学校・中学校・高校， 学校教育法施行規則52条など					
	学習指導要領	総則（教育課程編成の一般方針，総合的な学習の時間の取扱い，指導計画等の作成に当たって配慮すべき事項など）				●	●
		学習指導要領の変遷，各年版の特徴， 新旧の比較					
道徳教育	学習指導要領	一般方針（総則）					
		目標（「道徳教育の目標は～」，「道徳の時間においては～」）					
		内容，指導計画の作成と内容の取扱い					
	道徳の時間	指導・評価・評定，指導法，心のノート					
	その他	道徳教育の意義・歴史など					
総合的な学習の時間	学習指導要領	目標					
		内容					
		指導計画の作成と内容の取扱い					
		目標，各学校において定める目標及び内容					
外国語活動	学習指導要領	指導計画の作成と内容の取扱い					
特別活動	学習指導要領	目標（「望ましい集団活動を通して～」）					
		内容（学級（ホームルーム）活動， 児童（生徒）会活動，クラブ活動，学校行事）					
		指導計画の作成と内容の取扱い					

③教育原理

大分類	小分類	主な出題事項	2020年度	2021年度	2022年度	2023年度	2024年度
教授・学習	理論	完全習得学習，発見学習，プログラム学習，問題解決学習，有意味受容学習など					
	学習指導の形態(学習集団)	一斉学習・小集団（グループ）学習，個別学習					
	学習指導の形態(支援組織)	オープン・スクール，ティーム・ティーチング，モジュール方式					
	学習指導の形態(その他)	習熟度別学習，コース選択学習					
	学習指導の方法	バズ学習，講義法，全習法，水道方式など					
	教育機器	CAI，CMI					
生徒指導	基本理念	原理・意義・課題（「生徒指導の手引き」，「生徒指導資料」「生徒指導提要」など）		●	●	●	●
	領域	学業指導，進路指導・キャリア教育，保健指導，安全指導（「学校安全緊急アピール」など）					
	方法	集団指導・個別指導					
	教育相談	意義・方法・形式など	●				●
	具体的な指導事例	いじめ（時事問題含む）		●	●		
		不登校，高校中退（時事問題含む）				●	●
		暴力行為，学級崩壊など（時事問題含む）					
	その他	生徒指導の関連事項					
人権・同和教育	歴史	法制史，解放運動史，事件					
	答申	「同和対策審議会答申」					
	地対協意見具申	「地域改善対策協議会意見具申」					
	関連法規	「人権擁護施策推進法」，「人権教育及び人権啓発の推進に関する法律」					
	その他	「人権教育のための国連10年行動計画」，各都道府県の人権・同和教育方針など					
特別支援教育	目的	学校教育法72条					
	対象と障害の程度	学校教育法施行令22条の3	●				

大分類	小分類	主な出題事項	2020年度	2021年度	2022年度	2023年度	2024年度
特別支援教育	定義・指導法	LD，ADHD，高機能自閉症，PTSD，CP					
	教育機関	特別支援学校（学校教育法72・76条），寄宿舎（学校教育法79条），特別支援学級（学校教育法81条）	●	●			
	教育課程	学習指導要領，教育課程（学校教育法施行規則126～128条），特別の教育課程（学校教育法施行規則138・141条），教科書使用の特例（学校教育法施行規則139条）	●				
	指導の形態	交流教育，通級指導，統合教育（インテグレーション）					
	関連法規	発達障害者支援法，障害者基本法		●		●	
	その他	「特別支援教育の推進について」（通知），「障害者権利条約」，「障害者基本計画」，歴史など	●	●	●	●	●
社会教育	定義	教育基本法1・7条，社会教育法2条					
	施設	公民館，図書館，博物館，大学・学校施設の開放					
	その他	関連法規（社会教育法，図書館法，博物館法，スポーツ振興法），社会教育主事					
生涯学習	展開	ラングラン，リカレント教育，各種答申（社会教育審議会，中央教育審議会，臨時教育審議会，生涯学習審議会）など					
	その他	生涯学習振興法，放送大学					
教育時事	現代の教育	情報教育（「情報化の進展に対応した教育環境の実現に向けて」，「情報教育の実践と学校の情報化」，学習指導要領（総則）など）					
		その他（環境教育，国際理解教育，ボランティア）					
	中央教育審議会答申	「今後の学校におけるキャリア教育・職業教育の在り方について」					
		中央教育審議会初等中等教育分科会の「児童生徒の学習評価の在り方について（報告）」					
		「新しい時代を切り拓く生涯教育の振興方策について～知の循環型社会の構築を目指して～」					
		「幼稚園，小学校，中学校，高等学校及び特別支援学校の学習指導要領等の改善について」	●	●	●		
		「子どもの心身の健康を守り，安全・安心を確保するために学校全体としての取組を進めるための方策について」					
		「教育基本法の改正を受けて緊急に必要とされる教育制度の改正について」					
		「今後の教員養成・免許制度の在り方について」					

大分類	小分類	主な出題事項	2020年度	2021年度	2022年度	2023年度	2024年度
教育時事	中央教育審議会答申	「新しい時代の義務教育を創造する」					
		「特別支援教育を推進するための制度の在り方について」					
		「今後の学校の管理運営の在り方について」					
		「初等中等教育における当面の教育課程及び指導の充実・改善方策について」					
		「新しい時代にふさわしい教育基本法と教育振興基本計画の在り方について」					
		「21世紀を展望した我が国の教育の在り方について」（第1次，第2次）					
		「令和の日本型学校教育」の構築を目指して					●
	教育課程審議会答申	「児童生徒の学習と教育課程の実施状況の評価の在り方について」					
	教育再生会議	第一次報告・第二次報告・いじめ問題への緊急提言					
	その他	「小学校，中学校，高等学校及び特別支援学校等における児童生徒の学習評価及び指導要録の改善等について」（通知）			●		
		学校の働き方改革など			●		
		「小学校・中学校・高等学校キャリア教育推進の手引～児童生徒一人一人の勤労観、職業観を育てるために～」					
		「共生社会の形成に向けたインクルーシブ教育システム構築のための特別支援教育の推進」（通知）	●		●		
		「問題行動を起こす児童生徒に対する指導について」（通知）					
		教育改革のための重点行動計画					
		「キャリア教育の推進に関する総合的調査研究協力者会議報告書～児童生徒一人一人の勤労観，職業観を育てるために～」					
		「児童生徒の問題行動対策重点プログラム」					
		「今後の不登校への対応の在り方について」					
		「今後の特別支援教育の在り方について」					
		「人権教育・啓発に関する基本計画」「人権教育の指導方法等の在り方について」					
		「学校安全の推進に関する計画」					
		「教育振興基本計画」	●	●	●	●	●

大分類	小分類	主な出題事項	2020年度	2021年度	2022年度	2023年度	2024年度
教育時事	その他	「学校防災マニュアル（地震・津波災害）作成の手引き」					
		教育統計，白書，教育界の動向					
		各都道府県の教育方針・施策	●				
		全国学力・学習状況調査，生徒の学習到達度調査(PISA)，国際数学・理科動向調査（TIMSS）					
		上記以外	●		●	●	●

④教育法規

大分類	小分類	主な出題事項	2020年度	2021年度	2022年度	2023年度	2024年度
教育の基本理念に関する法規	日本国憲法	教育を受ける権利（26条）					
		その他（前文，11～15・19・20・23・25・27・89条）					
	教育基本法	前文，1～17条	●	●		●	●
教育委員会に関する法規		組織（地方教育行政法3条）					
		教育委員と教育委員長（地方教育行政法4・5・12条）					
		教育長と事務局（地方教育行政法16条・17条①②・18条①・19条①②）					
		教育委員会の職務権限（地方教育行政法14条①・23条）					
		就学関係（学校法施行令1条①②・2条，学校教育法18条）					
		学校，教職員等の管理（地方教育行政法32条・33条①・34条・37条①・43条・46条，地方公務員法40条①）					
		研修（地方教育行政法45条・47条の4①，教育公務員特例法23条）					
教職員に関する法規	教職員の定義と資格	定義（教育公務員特例法2条①②③⑤，教育職員免許法2条①，義務教育標準法2条③），資格（学校教育法9条，学校法施行規則20～23条，教育職員免許法3条）					
	教職員の身分と義務	公務員の性格（地方公務員法30条，教育基本法9条②，憲法15条②）				●	
		義務（地方公務員法31～38条，国家公務員法102条，教育公務員特例法17・18条，地方教育行政法43条②，教育基本法8条②）	●	●	●		●

大分類	小分類	主な出題事項	2020年度	2021年度	2022年度	2023年度	2024年度
教職員に関する法規	教職員の身分と義務	分限と懲戒（地方公務員法27～29条）		●			
		勤務時間・条件（労働基準法）等					
	教員の任用	条件附採用・臨時的任用（地方公務員法22条，教育公務員特例法12条）					
		欠格事由・欠格条項（学校教育法9条，地方公務員法16条）					
	教職員の任用	不適格教員（地方教育行政法47条の2）					
	教員の研修	研修（教育公務員特例法21条・22条・24条・25条・25条の2・25条の3，地方公務員法39条）					
		初任者研修（教育公務員特例法23条，地方教育行政法45条①）					
	教職員の職務と配置	校務分掌（学校法施行規則43条）					
		教職員，主任等の職務（学校教育法37・49・60・82条，学校法施行規則44～47条）					
		職員会議（学校法施行規則48条）					
		教職員の配置（学校教育法7・37条など）					
	校長の職務と権限	身分（教育公務員特例法2条），採用と資格（学校教育法8·9条，学校法施行規則20条・教育公務員特例法11条）					
		教職員の管理（学校教育法37条④）					
	教員免許状	教員免許状の種類，授与，効力（教育職員免許法）					
学校教育に関する法規	学校の設置	学校の範囲（学校教育法1条）					
		学校の名称と設置者（学校教育法2条，教育基本法6条①）					
		設置基準（学校教育法3条），設置義務（学校教育法38条）					
	学校の目的・目標	小学校（体験活動の目標を含む），中学校，中等教育学校，高等学校		●			
	学校評価及び情報提供	評価（学校教育法42条，学校法施行規則66～68条），情報提供（学校教育法43条）			●		
学校の管理・運営に関する法規	設備と管理	学校の管理・経費の負担（学校教育法5条），学校の設備（学校法施行規則1条）					
		学校図書館（学校図書館法）					

大分類	小分類	主な出題事項	2020年度	2021年度	2022年度	2023年度	2024年度
学校の管理・運営に関する法規	学級編制	小学校・中学校の学級編制，学級数・児童生徒数（義務教育標準法3・4条，学校法施行規則41条，設置基準）					
	学年・学期・休業日等	学年（学校法施行規則59条）					
		学期（学校法施行令29条）					
		休業日（学校法施行令29条，学校法施行規則61条） 臨時休業日（学校法施行規則63条）					
		授業終始の時刻（学校法施行規則60条）					
	保健・安全・給食	学校保健（学校教育法12条，学校保健安全法1・3・4・5・8条）	●				
		環境衛生（学校保健安全法6条）， 安全（学校保健安全法26～29条）	●		●		●
		健康診断（学校保健安全法11・12・13・14・15・16条）					
		感染症による出席停止（学校保健安全法19条） 感染症による臨時休業（学校保健安全法20条）				●	
		その他（健康増進法，学校給食・保健・安全の関連事項）	●		●		
	教科書・教材	教科書の定義（教科書発行法2条，教科用図書検定規則2条），使用義務（学校教育法34条①②）			●		
		義務教育の無償教科書（教科書無償措置法），教科書使用の特例（学校法施行規則58条・73条の12），副教材等の届出（地方教育行政法33条）					
		著作権法（33・35条）					
	その他	学校評議員（学校法施行規則49条），学校運営協議会（地方教育行政法47条の5）		●		●	
児童・生徒に関する法規	就学	就学義務（学校教育法17・36条）					
		就学手続（学校法施行令2条・5条①・9条・11条・14条，学校保健法施行令1条・4条②）					
		就学猶予（学校教育法18条，学校法施行規則34条）					
		就学援助（学校教育法19条）					
	入学・卒業	学齢簿の編製・作成（学校法施行令1・2条，学校法施行規則29・30条）					
		入学期日の通知と学校の指定（学校法施行令5条）					
		課程の修了・卒業の認定（学校教育法32・47・56条，学校法施行規則57・79・104条），卒業証書の授与（学校法施行規則58・79・104条）					

大分類	小分類	主な出題事項	2020年度	2021年度	2022年度	2023年度	2024年度
児童・生徒に関する法規	懲戒・出席停止	懲戒と体罰（学校教育法11条）				●	●
		懲戒の種類（学校法施行規則26条）					
		性行不良による出席停止（学校教育法35条）					
	法定表簿	表簿の種類と保存期間（学校法施行規則28条①②など）					
		指導要録（学校法施行規則24条）					
		出席簿の作成（学校法施行規則25条）					
	児童・生徒の保護	児童福祉法，児童虐待防止法，いじめ防止対策推進法	●	●	●	●	●
	その他	少年法					
		児童の権利に関する条約（子どもの権利条約），世界人権宣言					●
その他		食育基本法，個人情報保護法，読書活動推進法など		●			

⑤教育心理

大分類	小分類	主な出題事項	2020年度	2021年度	2022年度	2023年度	2024年度
教育心理学の展開		教育心理学の歴史					
カウンセリング・心理療法	カウンセリング	非指示的カウンセリング（ロジャーズ）					
		指示的カウンセリング（ウィリアムソン）					
		その他（カウンセリング・マインドなど）					
		精神分析療法					
	心理療法	行動療法					
		遊戯療法，箱庭療法					
		その他（心理劇，自律訓練法など）					
発達理論	発達の原理	発達の連続性，発達における一定の方向と順序，発達の個人差，分化と統合					
	遺伝と環境	孤立要因説（生得説，経験説），加算的寄与説，相互作用説（輻輳説）					

大分類	小分類	主な出題事項	2020年度	2021年度	2022年度	2023年度	2024年度
発達理論	発達理論	フロイトの精神分析的発達理論（リビドー理論）					
		エリクソンの心理社会的発達理論（自我同一性）			●		
		ピアジェの発生的認識論	●				
		その他（ミラーやバンデューラの社会的学習説，ヴィゴツキーの認知発達説，ハーヴィガーストの発達課題，コールバーグの発達段階説）	●				●
	発達期の特徴	乳児期，幼児期，児童期，青年期					
	その他	その他（インプリンティング（ローレンツ），アタッチメント，ホスピタリズムなど）					
適応機制	適応機制の具体的な種類	抑圧，逃避，退行，置き換え，転換，昇華，同一視，投射，合理化，知性視など					
人格の理論とその把握	人格理論	類型論（クレッチマー，シェルドン，ユング，シュプランガー）					
		特性論（キャッテル，ギルフォード，アイゼンク）					
		力動論（レヴィン，フロイト）					
	人格検査法	質問紙法（YG式性格検査，MMPI）					
		投影法（ロールシャッハ・テスト，TAT，SCT，PFスタディ）					
		作業検査法（内田クレペリン検査，ダウニー意志気質検査）					
		描画法（バウムテスト，HTP）					
		その他（評定尺度法など）					
	欲求	マズローの欲求階層構造					
		アンビバレンス，コンフリクト，フラストレーション					
	その他	かん黙，チックなど					
知能検査	知能の因子構造	スピアマン，ソーンダイク，サーストン，トムソン，ギルフォード					
	知能検査の種類	目的別（①一般知能検査，②診断的知能検査（ウェクスラー式））					
		実施方法別（①個別式知能検査，②集団的知能検査）					
		問題の種類別（①言語式知能検査，②非言語的知能検査，③混合式知能検査）					
	検査結果の整理・表示	精神年齢，知能指数					

大分類	小分類	主な出題事項	2020年度	2021年度	2022年度	2023年度	2024年度
知能検査	その他	知能検査の歴史（ビネーなど）					
教育評価	教育評価の種類	相対，絶対，個人内，到達度，ポートフォリオ		●			
		ブルームの分類（診断的，形成的，総括的）	●				
	評価の方法	各種のテスト，質問紙法，面接法，事例研究法					
	学力とその評価	学業不振児，学業優秀児，学習障害児					
		成就指数，教育指数					
	教育評価のキーワード	ハロー効果					
		ピグマリオン効果				●	
		その他（スリーパー効果，ホーソン効果，中心化傾向）					
集団機能	学級集団の形成	学級集団の特徴，機能，形成過程					
	リーダーシップ	リーダーシップの型と集団の生産性					
	集団の測定	ソシオメトリック・テスト（モレノ）					
		ゲス・フー・テスト（ハーツホーン，メイ，マラー）					
学習	学習理論 連合説　S-R	パブロフ（条件反応と古典的条件づけ）					
		ソーンダイク（試行錯誤説と道具的条件づけ，効果の法則）					
		スキナー（オペラント条件づけとプログラム学習）					
		その他（ワトソン，ガスリー）	●				
	学習理論 認知説　S-S	ケーラー（洞察説）					
		トールマン（サイン・ゲシュタルト説）					
	記憶と忘却（学習過程）	学習曲線（プラトー）					
		レミニッセンス，忘却曲線（エビングハウス）	●				
		レディネス					
		動機づけ，学習意欲，達成意欲					

大分類	小分類	主な出題事項	2020年度	2021年度	2022年度	2023年度	2024年度
学習	記憶と忘却（学習過程）	学習の転移（正の転移，負の転移）					
	その他	関連事項（リハーサルなど）					
その他		教育心理学に関する事項（ブーメラン効果など）					

⑥西洋教育史

大分類	小分類	主な出題事項	2020年度	2021年度	2022年度	2023年度	2024年度
古代～中世	古代	プロタゴラス，ソクラテス，プラトン，アリストテレス					
	中世	人文主義，宗教改革，コメニウス					●
近代～現代	自然主義	ルソー	●				
		ペスタロッチ	●				
		ロック					
	系統主義	ヘルバルト，ツィラー，ライン	●				
	革命期の教育思想家	オーエン，コンドルセ，ベル・ランカスター（モニトリアル・システム）					
	児童中心主義	フレーベル					
		エレン・ケイ				●	
		モンテッソーリ					
	改革教育学（ドイツの新教育運動）	ケルシェンシュタイナー，ナトルプ，シュプランガー，ペーターゼン（イエナプラン）					
	進歩主義教育（アメリカの新教育運動）	デューイ，キルパトリック（プロジェクト・メソッド），ウォッシュバーン（ウィネトカ・プラン），パーカースト（ドルトン・プラン）	●				
	各国の教育制度改革（第二次世界大戦後）	アメリカ，イギリス，フランス，ドイツ					
	現代の重要人物	ブルーナー，ラングラン，イリイチ					
	その他	カント，スペンサー，デュルケムなど					

⑦日本教育史

大分類	小分類	主な出題事項	2020年度	2021年度	2022年度	2023年度	2024年度
古代	奈良	大学寮，国学，芸亭					
	平安	空海(綜芸種智院)，最澄(山家学生式)，別曹(弘文院，奨学院，勧学院)					
中世	鎌倉	金沢文庫（北条実時）					
	室町	足利学校（上杉憲実）					
近世	学問所，藩校	昌平坂学問所，藩校（日新館，明倫館など）					
	私塾	心学舎，咸宜園，古義堂，適塾，藤樹書院，松下村塾					
	その他の教育機関	寺子屋，郷学					
	思想家	安藤昌益，大原幽学，貝原益軒，二宮尊徳			●		
近代	明治	教育法制史（学制，教育令，学校令，教育勅語，小学校令の改正）					
		人物（伊沢修二，高嶺秀夫，福沢諭吉）					
	大正	教育法制史（臨時教育会議，大学令・高等学校令）					
		大正新教育運動，八大教育主張					
		人物（芦田恵之助，鈴木三重吉）					
現代	昭和（戦前）	教育法制史（国民学校令，青年学校令）					
		生活綴方運動					
	昭和（戦後）	第二次世界大戦後の教育改革など					

一般教養　過去5年間の出題傾向分析

①人文科学

大分類	中分類（小分類）	主な出題事項	2020年度	2021年度	2022年度	2023年度	2024年度
国語	ことば（漢字の読み・書き）	難解漢字の読み・書き，誤字の訂正	●				
	ことば（同音異義語，同訓漢字）	同音異義語・同訓漢字の読み・書き					
	ことば（四字熟語）	四字熟語の読み・書き・意味			●		
	ことば（格言・ことわざ）	意味				●	●
	文法（文法）	熟語の構成，対義語，部首，画数，各種品詞，修飾		●		●	●
	文法（敬語）	尊敬語，謙譲語，丁寧語			●		
	文章読解・名作鑑賞（現代文読解）	空欄補充，内容理解，要旨，作品に対する意見論述				●	
	文章読解・名作鑑賞（詩）	内容理解，作品に対する感想					
	文章読解・名作鑑賞（短歌）	表現技法，作品に対する感想					●
	文章読解・名作鑑賞（俳句）	季語・季節，切れ字，内容理解		●	●	●	
	文章読解・名作鑑賞（古文読解）	内容理解，文法（係り結び，副詞）					
	文章読解・名作鑑賞（漢文）	書き下し文，意味，押韻					
	文学史（日本文学）	古典（作者名，作品名，成立年代，冒頭部分）	●				
		近・現代（作者名，作品名，冒頭部分，芥川賞・直木賞）	●	●		●	●
	文学史（外国文学）	作者名，作品名		●	●		
	その他	手紙の書き方，書体，会話文の空欄補充など					
英語	単語	意味，アクセント，活用	●				●
	英文法・構文	完了形，仮定法，関係代名詞，関係副詞，話法，不定詞，比較	●	●	●	●	●
	熟語	有名な熟語，慣用句		●			
	書き換え	同じ意味の表現への書き換え					
	ことわざ	有名なことわざ，名言					

大分類	中分類（小分類）	主な出題事項	2020年度	2021年度	2022年度	2023年度	2024年度
英語	略語	政治・経済機関等の略語の意味					
	会話文	空欄補充，内容理解，作文	●	●	●	●	●
	文章読解	空欄補充，内容理解		●	●	●	
	リスニング	空欄補充，内容理解					
	その他	英作文，会話実技					
音楽	音楽の基礎	音楽記号，楽器， 楽譜の読み取り（拍子，調）	●		●		
	日本音楽史 （飛鳥～奈良時代）	雅楽，文楽	●				
	日本音楽史 （鎌倉～江戸時代）	平曲，能楽，三味線，箏，尺八					
	日本音楽史 （明治～）	滝廉太郎，山田耕筰，宮城道雄など			●		
		その他（「ふるさと」「夕やけこやけ」など）			●	●	
	西洋音楽史 （～18世紀）	バロック，古典派		●			
	西洋音楽史 （19世紀）	前期ロマン派，後期ロマン派，国民楽派		●			●
	西洋音楽史 （20世紀）	印象派，現代音楽		●			
	その他	民族音楽，民謡，舞曲， 現代音楽史上の人物など		●		●	●
美術	美術の基礎	表現技法，版画，彫刻，色彩理論	●	●		●	●
	日本美術史	奈良，平安，鎌倉，室町，安土桃山， 江戸，明治，大正，昭和		●		●	●
	西洋美術史 （～14世紀）	ギリシア・ローマ，ビザンティン， ロマネスク，ゴシック					
	西洋美術史 （15～18世紀）	ルネサンス，バロック，ロココ	●		●		
	西洋美術史 （19世紀）	古典主義，ロマン主義，写実主義， 印象派，後期印象派			●		
	西洋美術史 （20世紀）	野獣派，立体派，超現実主義，表現派， 抽象派					
	その他	書道作品					
保健体育	保健	応急措置，薬の処方					
		生活習慣病，感染症，エイズ，喫煙， 薬物乱用					

大分類	中分類（小分類）	主な出題事項	2020年度	2021年度	2022年度	2023年度	2024年度
保健体育	保健	その他（健康問題，死亡原因，病原菌）					
	体育	体力，運動技能の上達，トレーニング					
		スポーツの種類，ルール					
		オリンピック，各種スポーツ大会	●				
	その他						
技術・家庭	工作	げんのうの使い方			●		
	家族	育児，子どもの発達					
	食物	栄養・栄養素，ビタミンの役割，食品，食品添加物，食品衛生，食中毒，調理法					
	被服	布・繊維の特徴（綿・毛・ポリエステル），裁縫，洗剤					
	消費者生活	3R，クレジットカード					
	その他	表示マーク（JAS, JIS, エコマーク）					

②社会科学

大分類	中分類（小分類）	主な出題事項	2020年度	2021年度	2022年度	2023年度	2024年度
世界史	古代・中世	四大文明，古代ギリシア・ローマ，古代中国					
	ヨーロッパ（中世，近世）	封建社会，十字軍，ルネサンス，宗教改革，大航海時代					
	ヨーロッパ（近代）	清教徒革命，名誉革命，フランス革命，産業革命				●	
	アメリカ史（～19世紀）	独立戦争，南北戦争		●			
	東洋史（～19世紀）	唐，明，清，オスマン・トルコ					
	第一次世界大戦	辛亥革命，ロシア革命，ベルサイユ条約					
	第二次世界大戦	世界恐慌，大西洋憲章					
	現代史	冷戦，中東問題，軍縮問題，ヨーロッパ統合					●
	その他	歴史上の人物					

大分類	中分類（小分類）	主な出題事項	2020年度	2021年度	2022年度	2023年度	2024年度
日本史	原始・古代	縄文，弥生，邪馬台国					
	古代（飛鳥時代）	聖徳太子，大化の改新，大宝律令					
	古代（奈良時代）	平城京，荘園，聖武天皇					
	古代（平安時代）	平安京，摂関政治，院政，日宋貿易					
	中世（鎌倉時代）	御成敗式目，元寇，守護・地頭，執権政治，仏教					●
	中世（室町時代）	勘合貿易，応仁の乱，鉄砲伝来，キリスト教伝来					
	近世（安土桃山）	楽市楽座，太閤検地					
	近世（江戸時代）	鎖国，武家諸法度，三大改革，元禄・化政文化，開国		●	●		
	近代（明治時代）	明治維新，日清・日露戦争，条約改正	●			●	
	近代（大正時代）	第一次世界大戦，大正デモクラシー					
	現代（昭和時代）	世界恐慌，サンフランシスコ平和条約，高度経済成長					
地理	地図	メルカトル図法，等高線，緯度・経度，距離・面積の測定					
	地形	山地・平野・海岸・特殊な地形・陸水・海水					
	気候	気候区分，気候因子，気候要素					
	人口	人口構成，人口問題，都市化					
	産業・資源（農業）	農産物の生産，農業形態，輸出入品，自給率	●	●			
	産業・資源（林業）	森林分布，森林資源，土地利用	●				
	産業・資源（水産業）	漁業の形式，水産資源	●				
	産業・資源（鉱工業）	鉱物資源，石油，エネルギー					
	貿易	日本の貿易（輸出入品と輸出入相手国），貿易のしくみ			●		
	世界の地域（アジア）	自然・産業・資源などの特徴					

大分類	中分類（小分類）	主な出題事項	2020年度	2021年度	2022年度	2023年度	2024年度
地理	世界の地域（アフリカ）	自然・産業・資源などの特徴					
	世界の地域（ヨーロッパ）	自然・産業・資源などの特徴					
	世界の地域（南北アメリカ）	自然・産業・資源などの特徴					
	世界の地域（オセアニア・南極）	自然・産業・資源などの特徴					
	世界の地域（その他）	世界の河川・山，首都・都市，時差，宗教					
	日本の自然	地形，気候，平野，海岸					
	日本の地理	諸地域の産業・資源・都市などの特徴				●	●
	その他	世界遺産				●	
政治	民主政治	選挙，三権分立，人権	●	●			
	日本国憲法	憲法の三原則，基本的人権，自由権，社会権					
	国会	立法権，二院制，衆議院の優越，内閣不信任の決議	●				
	内閣	行政権，衆議院の解散・総辞職，行政組織・改革			●		
	裁判所	司法権，三審制，違憲立法審査権					
	地方自治	三位一体の改革，直接請求権，財源					
	国際政治	国際連合（安全保障理事会，専門機関）					
	その他	サミット，PKO，NGO，NPO，ODA，オンブズマンなど					
経済	経済の仕組み	経済活動，為替相場，市場，企業，景気循環，GDP		●			●
	労働	労働三権，労働組合，労働争議の形態					
	金融	金融機関，金融政策					
	財政	予算，租税			●		
	国際経済	IMF，WTO，国際収支，TPP，EU				●	●
	その他	経済用語（ペイオフ，クーリングオフ，ワークシェアリング，経済思想家など）			●		

大分類	中分類（小分類）	主な出題事項	2020年度	2021年度	2022年度	2023年度	2024年度
倫理	西洋	古代，中世（ルネサンス）		●			
		近代（デカルト，カント，ルソー，ベンサムなど）					
		現代（ニーチェ，キルケゴール，デューイなど）					
	東洋	儒教（孔子，孟子），仏教，イスラム教					
	日本	古代，中世					
		近世					
		近代，現代					
時事	医療,福祉,社会保障,少子・高齢化	社会保険制度，少子・高齢化社会の動向，メタボリック					
	家族	育児問題，パラサイトシングル，ドメスティック・バイオレンス					
	国際社会	サミット，コソボ自治州，中国大地震，サブプライムローン				●	
	文化	ノーベル賞，裁判員制度，和食紹介リーフレットなど			●	●	●
	法令	時事新法（健康増進法，国民投票法，著作権法など）					
	ご当地問題						
	その他	科学技術，教育事情，時事用語など	●	●	●	●	

③自然科学

大分類	中分類（小分類）	主な出題事項	2020年度	2021年度	2022年度	2023年度	2024年度
数学	数の計算	約数と倍数，自然数，整数，無理数，進法	●		●	●	●
	式の計算	因数分解，式の値，分数式		●	●		
	方程式と不等式	一次方程式，二次方程式，不等式					
	関数とグラフ	一次関数	●	●			●
		二次関数		●	●	●	●

大分類	中分類（小分類）	主な出題事項	2020年度	2021年度	2022年度	2023年度	2024年度
数学	図形	平面図形（角の大きさ，円・辺の長さ，面積）	●	●	●	●	●
		空間図形（表面積，体積，切り口，展開図）					
	数列	等差数列，等比数列					
	確率と統計	場合の数，順列・組み合わせ，期待値		●		●	●
	その他	命題，集合，必要十分条件，中央値	●				
		証明，単位，グラフの特徴など					
生物	生物体の構成	細胞の構造，生物体の化学成分	●	●	●		
	生物体のエネルギー	代謝，呼吸，光合成，酵素				●	
	遺伝と発生	遺伝，細胞分裂，変異，進化説					
	恒常性の維持と調節	血液，ホルモン，神経系					●
	生態系	食物連鎖，生態系，生物濃縮					
	生物の種類	動植物の種類・特徴		●			
	その他	顕微鏡の取扱い，生物学に関する歴史上の人物など					
地学	地球	物理的性質，内部構造，造岩鉱物					
	地表の変化	地震（P波とS波，マグニチュード，初期微動，プレートテクトニクス）					
		火山（火山活動，火山岩）					●
	大気と海洋	気温，湿度，気象，高・低気圧，天気図					
		エルニーニョ，海水，海流の種類					
	太陽系と宇宙	地球の自転・公転，太陽，月，星座		●	●	●	
	地層と化石	地層，地形，化石	●				
物理	力	力の単位・合成，つり合い，圧力，浮力，重力				●	
	運動	運動方程式，慣性					

大分類	中分類（小分類）	主な出題事項	2020年度	2021年度	2022年度	2023年度	2024年度
物理	仕事とエネルギー	仕事, 仕事率	●	●			
		熱と温度, エネルギー保存の法則					
	波動	波の性質, 音, 光			●		
	電磁気	オームの法則, 抵抗, 電力, ジュールの法則, 磁界					●
	その他	物理量とその単位, 物理学に関する歴史上の人物など					
化学	物質の構造	混合物, 原子の構造, 化学結合, モル				●	
	物質の状態（三態）	融解, 気化, 昇華, 凝縮			●		
	物質の状態（気体）	ボイル・シャルルの法則					
	物質の状態（溶液）	溶液の濃度, コロイド溶液					
	物質の変化（反応）	化学反応（物質の種類, 化学反応式, 質量保存の法則）					
	物質の変化（酸塩基）	酸・塩基, 中和反応, 中和滴定	●				●
	物質の変化（酸化）	酸化・還元, イオン化傾向, 電池, 電気分解		●			
	無機物質	元素の分類, 物質の種類					
	有機化合物	炭化水素の分類					
	その他	試験管・ガスバーナー・薬品の種類や取扱いなど					
環境	環境問題	温室効果, 酸性雨, アスベスト, オゾン層, ダイオキシン					
	環境保全	燃料電池, ごみの分別収集, パーク・アンド・ライド					
	環境に関わる条約・法律	京都議定書, ラムサール条約, 家電リサイクル法			●		
情報	情報社会	パソコン・インターネットの利用方法, 情報モラル, e-Japan戦略					
	用語	ADSL, LAN, SPAM, URL, USB, WWW, テキストファイル, 情報リテラシーなど					

第2部

埼玉県・さいたま市の教員採用試験実施問題

2024年度　実施問題

【1】「棚から牡丹餅」と反対の意味をもつことわざとして最も適切なものを，次の1～4の中から1つ選びなさい。

1　紺屋の明後日　　2　蒔かぬ種は生えぬ
3　虎の威を借る狐　　4　瓢箪から駒が出る

(☆☆☆◎◎◎)

【2】次の和歌の中で「掛詞」が使われていないものを，1～4の中から1つ選びなさい。

1　花の色は　移りにけりな　いたづらに　わが身世にふる　ながめせし間に
2　大江山　いく野の道の　遠ければ　まだふみもみず　天の橋立
3　あしびきの　山鳥の尾の　しだり尾の　ながながし夜を　ひとりかもねむ
4　立ち別れ　いなばの山の　みねにおふる　まつとし聞かば　今帰り来む

(☆☆☆◎◎◎)

【3】次の文学作品と作者の組み合わせとして誤っているものを，1～4の中から1つ選びなさい。

1　『夜明け前』『破戒』　志賀直哉
2　『伊豆の踊子』『雪国』　川端康成
3　『高瀬舟』『舞姫』　森　鷗外
4　『たけくらべ』『十三夜』　樋口一葉

(☆☆☆◎◎◎)

【4】熟語の読み方の中には，上の漢字を音読み，下の漢字を訓読みする「重箱読み」と呼ばれるものがあります。重箱読みするものを，次の1～4の中から1つ選びなさい。

1　台所　　2　切符　　3　野原　　4　選挙

(☆☆☆◎◎◎)

【5】次の地図は，2021年時点における日本の主な発電所の所在地を示したものです。地図中の①と②にあたる発電所の組み合わせとして正しいものを，以下の1～4の中から1つ選びなさい。

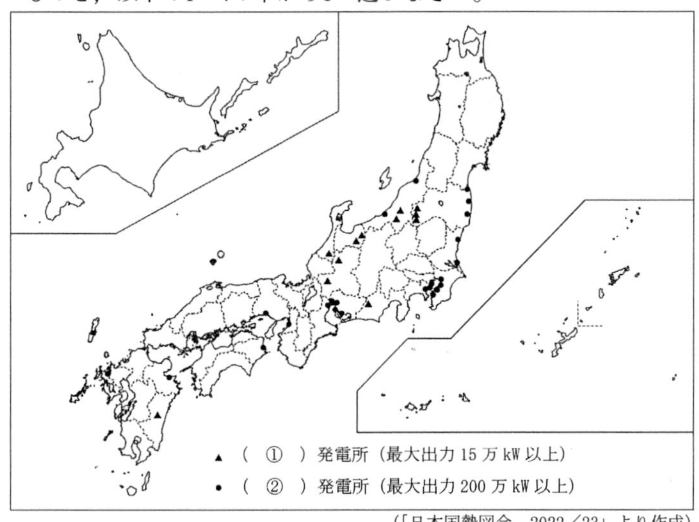

（「日本国勢図会　2022／23」より作成）

1　①　水力　　②　原子力　　2　①　水力　　②　火力
3　①　地熱　　②　火力　　　4　①　地熱　　②　原子力

(☆☆☆◎◎◎)

【6】鎌倉時代に関する次の①～④の文について，その正誤の組み合わせとして正しいものを，以下の1～4の中から1つ選びなさい。

①　後白河上皇の皇子である以仁王は，全国に平氏打倒のよびかけを発し，伊豆で源頼朝，木曽で源義経が挙兵した。

②　鎌倉幕府は，年貢の上納と引きかえに荘園の管理権を委ねた新補地頭や，地頭との間で荘園を折半して支配する本補地頭を任命した。

③　将軍と主従関係を結んだ武士を御家人という。幕府は，東国の武士社会で育まれた御恩と奉公という関係を基盤としながら公権力として成長をとげた。御家人の奉公の中心は軍事奉仕であった。

④　執権の北条泰時は，連署に叔父である時房をむかえ，有力御家人から11人を選んで評定衆を組織し，合議によって政務・裁判を行う新体制をきずいた。

1　①　正　②　誤　③　正　④　誤
2　①　誤　②　誤　③　正　④　正
3　①　正　②　正　③　誤　④　誤
4　①　誤　②　正　③　誤　④　正

(☆☆☆◎◎◎)

【7】企業に関する説明として最も適切なものを，次の1～4の中から1つ選びなさい。

1　銀行借入や社債発行などにより外部から調達した資本を他人資本とよび，企業の総資産額から総負債額を引いた残差である純資産を自己資本とよぶ。

2　現在，株式会社は株主の利益を確保することを目的とした企業経営を行うため，慈善事業などに支援をするといった「企業の社会的責任」は存在しない。

3　現代の企業は，長期的な利益をめざして公正かつ透明性の高い経営を行わなければならない。そのため，現代の企業は経営実態について積極的に情報公開することを求められており，このことをコンプライアンスという。

4　企業の種類は大きく私企業と公企業に分けられる。個人商店や農家などは私企業に分類され，株式会社などの法人はすべて公企業に分類される。

(☆☆☆◎◎◎)

【8】$(2\sqrt{3}-3)(3+2\sqrt{3})$を計算した結果として正しいものを，次の1～4の中から1つ選びなさい。

1　-9　　2　-3　　3　3　　4　9

(☆☆☆◎◎◎)

【9】正十五角形の1つの内角の大きさとして正しいものを，次の1～4の中から1つ選びなさい。

1　150°　　2　156°　　3　160°　　4　162°

(☆☆☆◎◎◎)

【10】次のグラフのように，放物線$y=\frac{1}{2}x^2$と直線$y=-\frac{1}{2}x+3$との交点をA，Bとし，直線とy軸との交点をCとします。原点をOとするとき，△AOCと△BOCの面積の比として正しいものを，以下の1～4の中から1つ選びなさい。

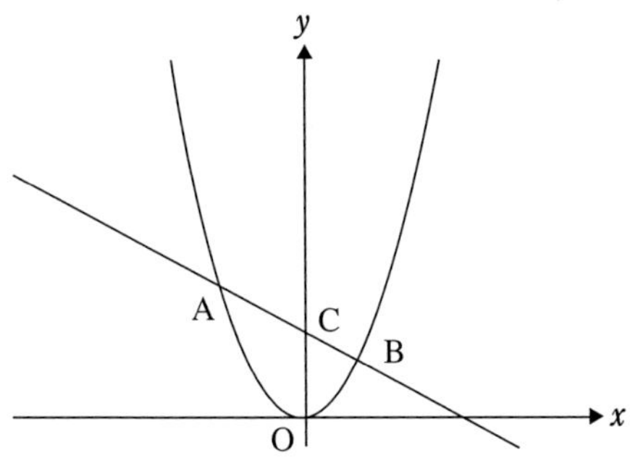

1　2：1　　2　3：2　　3　4：3　　4　5：4

(☆☆☆◎◎◎)

【11】1から10までの整数を1つずつ書いた10枚のカードの中から1枚引くとき，そのカードの数が2の倍数または3の倍数である確率として正しいものを，次の1～4の中から1つ選びなさい。ただし，どのカードを取り出すことも同様に確からしいものとします。

1　$\frac{3}{10}$　　2　$\frac{1}{2}$　　3　$\frac{7}{10}$　　4　$\frac{4}{5}$

(☆☆☆◎◎◎)

【12】電気抵抗20Ωの電熱線に2.0Aの電流を10秒間流すときに発生する熱量として正しいものを，次の1～4の中から1つ選びなさい。

1　40J　　2　80J　　3　400J　　4　800J

(☆☆☆◎◎◎)

【13】塩酸にBTB溶液を加えると何色に変化しますか。変化した後の水溶液の色として最も適切なものを，次の1～4の中から1つ選びなさい。

1　黄色　　2　緑色　　3　青色　　4　赤色

(☆☆☆◎◎◎)

【14】次は，ヒトの血液とその循環について述べた文です。文中の[　①　]～[　④　]にあてはまる語句の組み合わせとして最も適切なものを，以下の1～4の中から1つ選びなさい。

> 二酸化炭素を多く含む[　①　]は心臓から[　②　]，肺，[　③　]を順に通って心臓に戻る。心臓に戻った血液は，酸素を多く含む[　④　]となっている。

1　①　静脈血　②　肺静脈　③　肺動脈　④　動脈血
2　①　静脈血　②　肺動脈　③　肺静脈　④　動脈血
3　①　動脈血　②　肺動脈　③　肺静脈　④　静脈血
4　①　動脈血　②　肺静脈　③　肺動脈　④　静脈血

(☆☆☆◎◎◎)

【15】火成岩に関する説明として最も適切なものを，次の1～4の中から1つ選びなさい。

1　火成岩は，カンラン石や輝石といった無色鉱物を多く含むと白っぽい色となる。

2　火山岩の種類には，玄武岩や流紋岩がある。深成岩の種類には，安山岩や閃緑岩がある。

3　火山岩と深成岩は，マグマが冷え固まるまでの時間がほぼ同じである。

4　同じくらいの大きさの鉱物がきっちりと組み合わさっていて，石基がないつくりを等粒状組織という。

(☆☆☆◎◎◎)

【16】曲名と作曲者の組み合わせとして最も適切なものを，次の1～4の中から1つ選びなさい。

	曲名	作曲者
1	行進曲《威風堂々》第1番	F.ショパン
2	バレエ音楽《火の鳥》	I.ストラヴィンスキー
3	ポロネーズ第6番〈英雄〉	G.ホルスト
4	管弦楽組曲《惑星》より〈木星〉	E.エルガー

(☆☆☆◎◎◎)

【17】拍のない自由なリズムの日本の民謡として最も適切なものを，次の1～4の中から1つ選びなさい。

1　河内音頭(大阪府民謡)　　2　山中節(石川県民謡)

3　谷茶前(沖縄県民謡)　　4　宮城長持歌(宮城県民謡)

(☆☆☆◎◎◎)

【18】次の作品の作者として正しいものを，以下の1～4の中から1つ選びなさい。

1　青木　繁　　2　黒田　清輝　　3　高橋　由一　　4　岸田　劉生

(☆☆☆◎◎◎)

【19】次は，色の三原色と混色について説明した文です。文中の[　①　]～[　④　]にあてはまる語句の組み合わせとして正しいものを，以下の1～4の中から1つ選びなさい。

色光の三原色は[　①　]で構成され，これらを重ねると[　②　]なっていく。他方，絵の具などの色料の三原色は，[　③　]で構成され，これらを重ねていくと明度が[　④　]なっていく。

	①	②	③	④
1	レッド，グリーン，ブルー	明るく	シアン，マゼンダ，イエロー	低く
2	レッド，グリーン，ブルー	暗く	シアン，マゼンダ，イエロー	高く
3	シアン，マゼンダ，イエロー	明るく	レッド，グリーン，ブルー	低く
4	シアン，マゼンダ，イエロー	暗く	レッド，グリーン，ブルー	高く

(☆☆☆◎◎◎)

【20】次の英文の(　　)にあてはまる語として最も適切なものを，以下の1～4の中から1つ選びなさい。

I have a friend (　　) father is a famous comedian in Japan.

1　who　　2　whose　　3　whom　　4　which

(☆☆☆◎◎◎)

【21】次のア～ウの英語で説明されている施設に該当しないものを，以下の1～4の中から1つ選びなさい。

ア　a building or room where objects are kept and usually shown to the public because of their scientific, historical, and artistic interest

イ　a large shop which is divided into lots of sections, each of which sells a particular type of thing

ウ　a place where sick and injured people are looked after by doctors and nurses

1　駅　　2　デパート(百貨店)　　3　博物館　　4　病院

(☆☆☆◎◎◎)

【22】次の会話文の(　　)にあてはまる語句として最も適切なものを，以下の1～4の中から1つ選びなさい。

A : He knows it's our wedding anniversary today but he's still going to play golf.

B : (　　) is he being so selfish?

1　What　　2　Where　　3　Which　　4　Why

(☆☆☆◎◎◎)

【23】次の会話文の(　　)にあてはまる文として最も適切なものを，以下の1～4の中から1つ選びなさい。

A : You look so excited. How come?

B : Look at this trophy. Our science club was given an award.

A : Wow. (　　) Congratulations!

B : Thank you.

A : What was the award for?

B : For this year's best science report.

1　Yes, you did.

2　That's wishful thinking.

3　That's fantastic!

4　This is serious business.

(☆☆☆◎◎◎)

【24】2022年8月30日に死去した，旧ソビエト社会主義共和国連邦(ソ連)の大統領であったミハイル・ゴルバチョフについての説明として適切でないものを，次の1～4の中から1つ選びなさい。

1　国内では「ペレストロイカ」(改革)に励み，外交にあっては，「ノーボエ・ムイシュレーニエ」(新思考)を旗印に新しい戦略を打ち出した。

2　ソ連共産党中央委員会の解散を勧告し，ソ連共産党の実質的な解体を宣言した。

3　大統領制を導入し，ロシア連邦の初代の大統領になった。

4　1990年にノーベル平和賞を受賞した。

(☆☆◎◎◎◎)

【25】次は，円高と円安について説明した文です。文中の[　①　]～[　③　]にあてはまる語句の組み合わせとして最も適切なものを，以下の1～4の中から1つ選びなさい。

> [　①　]において，[　②　]とは，円1単位で交換できる他通貨の単位数が相対的に少ない状態のことです。逆に，[　③　]とは，円1単位で交換できる他通貨の単位数が相対的に多い状態のことです。
>
> 例えば日本人が旅先のサンフランシスコで買い物をするため，

1万円をドルに両替するとします。1ドル＝125円であれば，1万を125で割った80ドルになります。しかし，1ドル＝100円であれば1万を100で割った100ドルになります。これらを比べると，1ドル＝100円の場合は，1ドル＝125円の場合と比べて，同じ金額の円についてより多くのドルを取得できるので，[　③　]ということになります。逆に，1ドル＝125円の場合は，1ドル＝100円の場合と比べて，同じ金額の円についてより少ないドルしか取得できないので，[　②　]ということになります。

1　①　金融相場　　②　円高　　③　円安
2　①　金融相場　　②　円安　　③　円高
3　①　為替相場　　②　円高　　③　円安
4　①　為替相場　　②　円安　　③　円高

(☆☆☆◎◎◎)

【26】2022年，第94回アカデミー賞(映画芸術科学アカデミー主催)で国際長編映画賞を受賞した「ドライブ・マイ・カー」の監督名と原作者名の組み合わせとして正しいものを，次の1～4の中から1つ選びなさい。

	監督名	原作者名
1	濱口　竜介	原田　マハ
2	濱口　竜介	村上　春樹
3	是枝　裕和	村上　春樹
4	是枝　裕和	原田　マハ

(☆☆☆☆☆◎)

【27】次の文中の[　　]にあてはまる人物名として正しいものを，以下の1～4の中から1つ選びなさい。

現在のチェコ共和国で生まれ，三十年戦争において信仰上の理由で迫害された宗教改革家であり，教育思想家でもある[　　]は，個別の知識を分類して整え，全体をまとめあげる体系を作ろうと試みる「汎知学」を樹立し，『大教授学』を著した。

1　コメニウス　　2　エラスムス　　3　ルター　　4　ミルトン

(☆◎◎◎◎◎)

【28】次の文中の[　①　]，[　②　]にあてはまる人物名と語句の組み合わせとして正しいものを，以下の1～4の中から1つ選びなさい。

[　①　]は，自分自身が直接経験したり，外部からの強化を受けたりしなくても，他者の行動を見るだけでその行動型を習得することを提唱した。このことを[　②　]という。

1　①　ケーラー　　②　洞察
2　①　ケーラー　　②　観察学習
3　①　バンデューラ　　②　観察学習
4　①　バンデューラ　　②　洞察

(☆☆◎◎◎◎)

【29】次は，「教育基本法　第5条」の一部です。文中の[　①　]，[　②　]にあてはまる語句の組み合わせとして正しいものを，以下の1～4の中から1つ選びなさい。

国民は，その保護する子に，別に法律で定めるところにより，[　①　]教育を受けさせる義務を負う。 2　義務教育として行われる[　①　]教育は，各個人の有する能力を伸ばしつつ社会において[　②　]的に生きる基礎を培い，また，国家及び社会の形成者として必要とされる基本的な資質を養うことを目的として行われるものとする。

1 ① 普通 ② 文化 2 ① 普通 ② 自立
3 ① 学校 ② 自立 4 ① 学校 ② 文化

(☆☆◎◎)

【30】次は,「地方公務員法　第35条」の全文です。文中の[①],[②]にあてはまる語句の組み合わせとして正しいものを,以下の1～4の中から1つ選びなさい。

職員は,法律又は条例に特別の定がある場合を除く外,その勤務時間及び職務上の[①]のすべてをその[②]遂行のために用い,当該地方公共団体がなすべき責を有する職務にのみ従事しなければならない。

1 ① 注意力 ② 職責 2 ① 注意力 ② 責務
3 ① 能力 ② 責務 4 ① 能力 ② 職責

(☆☆◎◎)

【31】次は,「学校教育法　第11条」の全文です。文中の[①],[②]にあてはまる語句の組み合わせとして正しいものを,以下の1～4の中から1つ選びなさい。

校長及び教員は,[①]必要があると認めるときは,[②]の定めるところにより,児童,生徒及び学生に懲戒を加えることができる。ただし,体罰を加えることはできない。

1 ① 生徒指導上 ② 学校の管理運営に関する規則
2 ① 生徒指導上 ② 文部科学大臣
3 ① 教育上 ② 学校の管理運営に関する規則
4 ① 教育上 ② 文部科学大臣

(☆☆◎◎)

【32】次は，「学校保健安全法　第27条」の全文です。文中の[　①　]，[　②　]にあてはまる語句の組み合わせとして正しいものを，以下の1～4の中から1つ選びなさい。

> 学校においては，児童生徒等の安全の確保を図るため，当該学校の施設及び設備の安全点検，児童生徒等に対する[　①　]を含めた学校生活その他の日常生活における安全に関する指導，職員の研修その他学校における安全に関する事項について[　②　]を策定し，これを実施しなければならない。

1　①　通学　　②　計画　　2　①　通学　　②　目標
3　①　長期休業中　　②　目標　　4　①　長期休業中　　②　計画

(☆☆☆◎◎◎)

【33】次は，「いじめ防止対策推進法　第28条」の一部です。文中の[　①　]，[　②　]にあてはまる語句の組み合わせとして正しいものを，以下の1～4の中から1つ選びなさい。

> 学校の設置者又はその設置する学校は，次に掲げる場合には，その事態(以下「重大事態」という。)に対処し，及び当該重大事態と同種の事態の発生の防止に資するため，速やかに，当該学校の設置者又はその設置する学校の下に組織を設け，質問票の使用その他の適切な方法により当該重大事態に係る事実関係を明確にするための調査を行うものとする。
> 一　いじめにより当該学校に在籍する児童等の[　①　]に重大な被害が生じた疑いがあると認めるとき。
> 二　いじめにより当該学校に在籍する児童等が相当の期間[　②　]を余儀なくされている疑いがあると認めるとき。

1　①　教育を受ける権利　　②　学校を欠席すること
2　①　教育を受ける権利　　②　心身の療養
3　①　生命，心身又は財産　　②　心身の療養

4 ① 生命，心身又は財産 ② 学校を欠席すること

(☆☆☆◎◎◎)

【34】次は，「教育職員等による児童生徒性暴力等の防止等に関する法律第4条」の一部です。文中の[①]，[②]にあてはまる語句の組み合わせとして正しいものを，以下の1～4中から1つ選びなさい。

> 教育職員等による児童生徒性暴力等の防止等に関する施策は，教育職員等による児童生徒性暴力等が全ての児童生徒等の[①]に関係する重大な問題であるという基本的認識の下に行われなければならない。
>
> 2 教育職員等による児童生徒性暴力等の防止等に関する施策は，児童生徒等が[②]学習その他の活動に取り組むことができるよう，学校の内外を問わず教育職員等による児童生徒性暴力等を根絶することを旨として行われなければならない。

1 ① 人権及び特性 ② 安心して
2 ① 人権及び特性 ② 安全な環境のもと
3 ① 心身の健全な発達 ② 安心して
4 ① 心身の健全な発達 ② 安全な環境のもと

(☆☆☆◎◎◎)

【35】次は，「第3期教育振興基本計画」(平成30年6月15日 閣議決定)の「第1部 我が国における今後の教育政策の方向性 Ⅲ．2030年以降の社会を展望した教育政策の重点事項」の一部です。文中の[①]，[②]にあてはまる語句の組み合わせとして正しいものを，以下の1～4の中から1つ選びなさい。

> ○ AIの発展によって近い将来多くの職種がコンピューターに代替されるとの指摘がある時代だからこそ，[①]を主体的に使いこなす力だけでなく，他者と協働し，人間ならではの

> [　②　]や創造性を発揮しつつ新しい価値を創造する力を育成することが一層重要になる。これからの教育は，こうした人間の「可能性」を最大化することを幼児期から高齢期までの生涯にわたる教育の一貫した理念として重視しなければならない。

1　①　ICT　　②　感性
2　①　ICT　　②　知性
3　①　インターネット　　②　知性
4　①　インターネット　　②　感性

(☆☆◎◎◎)

【36】次は，「中学校学習指導要領」(平成29年告示)の「前文」の一部です。文中の[　①　]，[　②　]にあてはまる語句の組み合わせとして正しいものを，以下の1～4の中から1つ選びなさい。

> 教育課程を通して，これからの時代に求められる教育を実現していくためには，よりよい学校教育を通してよりよい[　①　]を創るという理念を学校と[　①　]とが共有し，それぞれの学校において，必要な学習内容をどのように学び，どのような資質・能力を身に付けられるようにするのかを教育課程において明確にしながら，[　①　]との連携及び協働によりその実現を図っていくという，[　①　]に開かれた教育課程の実現が重要となる。
> 学習指導要領とは，こうした理念の実現に向けて必要となる教育課程の[　②　]を大綱的に定めるものである。学習指導要領が果たす役割の一つは，公の性質を有する学校における教育水準を全国的に確保することである。

1　①　社会　　②　目標　　2　①　社会　　②　基準
3　①　地域　　②　基準　　4　①　地域　　②　目標

(☆◎◎◎◎◎)

【37】次は，「発達障害を含む障害のある幼児児童生徒に対する教育支援体制整備ガイドライン　～発達障害等の可能性の段階から，教育的ニーズに気付き，支え，つなぐために～」(平成29年3月　文部科学省)の一部です。文中の[　①　]，[　②　]にあてはまる語句の組み合わせとして正しいものを，以下の1～4の中から1つ選びなさい。

> (2)　[　①　]の作成とそのねらい
> 　教育上特別の支援を必要とする児童等の適切な指導及び必要な支援に当たっては，個別の教育支援計画における一人一人の教育的ニーズや支援内容等を踏まえ，当該児童等に関わる教職員が協力して，各教科等における指導の目標や内容，配慮事項等を示した[　①　]を作成しつつ，必要な支援を行うことが有効です。
> 　作成は[　②　]が中心となって行うこととなりますが，学校と家庭が一貫した支援を行えるよう，[　①　]に記載された指導・支援内容等について保護者と共有することで，支援の効果を高めることが期待されます。

1　①　個別の指導計画　　②　通常の学級の担任
2　①　個別の指導計画　　②　特別支援教育コーディネーター
3　①　年間運営計画　　②　通常の学級の担任
4　①　年間運営計画　　②　特別支援教育コーディネーター

(☆☆☆◎◎◎)

【38】次は，「障害のある子供の教育支援の手引～子供たち一人一人の教育的ニーズを踏まえた学びの充実に向けて～」(令和3年6月　文部科学省初等中等教育局特別支援教育課)の一部です。文中の[　①　]，[　②　]にあてはまる語句の組み合わせとして正しいものを，以下の1～4の中から1つ選びなさい。

> 2　早期からの一貫した教育支援
> (1)　早期からの教育相談・支援の重要性
> (中略)
> 乳児期から幼児期にかけて子供が専門的な教育相談・支援が受けられる体制を，医療，福祉，保健等との連携の下に早急に確立することが必要であり，児童発達支援センター等の[　①　]施設等の資源の積極的・効果的な活用により，高い教育効果が期待できる。
> 乳幼児健康診査や[　②　]等と就学前の療育・相談との連携，認定こども園・幼稚園・保育所等と小学校や義務教育学校前期課程(以下単に「小学校」という。)との連携，子供家庭支援ネットワークを中心とした事業など，教育委員会と福祉部局とが早期から連携して，子供の発達支援や子育て支援の施策を行うことで，支援の担い手を多層的にすることが重要である。

1　①　障害児通所支援　　②　保健師訪問
2　①　障害児通所支援　　②　5歳児健康診査
3　①　児童福祉　　②　保健師訪問
4　①　児童福祉　　②　5歳児健康診査

(☆☆☆◎◎◎)

【39】次は，「障害のある子供の教育支援の手引～子供たち一人一人の教育的ニーズを踏まえた学びの充実に向けて～」(令和3年6月　文部科学省初等中等教育局特別支援教育課)の一部です。文中の[　①　]，[　②　]にあてはまる語句の組み合わせとして正しいものを，以下の1～4の中から1つ選びなさい。

> ①　特別支援学校(聴覚障害)の対象
> 対象となる障害の程度は以下のように示されている。

> 両耳の聴力レベルがおおむね[　①　]以上のもののうち，補聴器等の使用によっても通常の話声を解することが不可能又は著しく困難な程度のもの。　([　②　])

1　①　90デシベル　　②　学校教育法施行令第22条の3
2　①　90デシベル　　②　学校教育法第72条
3　①　60デシベル　　②　学校教育法施行令第22条の3
4　①　60デシベル　　②　学校教育法第72条

(☆☆☆◎◎◎)

【40】次は，「義務教育の段階における普通教育に相当する教育の機会の確保等に関する基本指針」(平成29年3月　文部科学省)の「1. 教育機会の確保等に関する基本的事項」の「(3)基本的な考え方」の一部です。文中の[　①　]～[　③　]にあてはまる語句の組み合わせとして正しいものを，以下の1～4の中から1つ選びなさい。

> まず，全ての児童生徒にとって，魅力あるより良い学校づくりを目指すとともに，いじめ，暴力行為，体罰等を許さないなど安心して教育を受けられる学校づくりを推進することが重要である。
>
> 不登校は，取り巻く環境によっては，どの児童生徒にも起こり得るものとして捉え，不登校というだけで[　①　]であると受け取られないよう配慮し，児童生徒の最善の利益を最優先に支援を行うことが重要である。
>
> 不登校児童生徒が行う[　②　]な学習活動の実情を踏まえ，個々の不登校児童生徒の状況に応じた必要な支援が行われることが求められるが，支援に際しては，登校という結果のみを目標にするのではなく，児童生徒が自らの進路を主体的に捉えて，[　③　]に自立することを目指す必要がある。なお，これらの支

援は，不登校児童生徒の意思を十分に尊重しつつ行うこととし，当該児童生徒や保護者を追い詰めることのないよう配慮しなければならない。

1 ① 問題行動 ② 複雑 ③ 精神的
2 ① 問題行動 ② 多様 ③ 社会的
3 ① 不適応行動 ② 多様 ③ 社会的
4 ① 不適応行動 ② 複雑 ③ 精神的

(☆☆◎◎◎)

【41】次は，「児童生徒の教育相談の充実について(通知)」(平成29年2月3日　文部科学省初等中等教育局長)の一部です。文中の[　①　]～[　③　]にあてはまる語句の組み合わせとして正しいものを，以下の1～4の中から1つ選びなさい。

(1) [　①　]，早期発見及び支援・対応等への体制構築
　これまでの教育相談は，どちらかといえば事後の個別事案への対応に重点が置かれていたが，今後は不登校，いじめや暴力行為等問題行動，子供の貧困，虐待等については，事案が発生してからのみではなく，[　①　]，早期発見，早期支援・対応，さらには，事案が発生した時点から事案の改善・回復，再発防止まで一貫した支援に重点を置いた体制づくりが重要であること。
(2) 学校内の関係者が[　②　]として取り組み，関係機関と連携した体制づくり
　学校内の関係者が情報を共有し，教育相談に[　②　]として取り組むため，既存の校内組織を活用するなどして，早期から組織として気になる事例を洗い出し検討するための会議を定期的に実施し，解決すべき問題又は課題のある事案については，必ず支援・対応策を検討するためのケース会議を実施すること

が必要であること。
(3) 教育相談[③]の配置・指名
学校において，組織的な連携・支援体制を維持するためには，学校内に，児童生徒の状況や学校外の関係機関との役割分担，SCやSSWの役割を十分に理解し，初動段階でのアセスメントや関係者への情報伝達等を行う教育相談[③]役の教職員が必要であり，教育相談[③]を中心とした教育相談体制を構築する必要があること。

1 ① 発達支援 ② グループ ③ 支援員
2 ① 発達支援 ② チーム ③ 支援員
3 ① 未然防止 ② グループ ③ コーディネーター
4 ① 未然防止 ② チーム ③ コーディネーター

(☆☆◎◎◎)

【42】次は，「生徒指導提要」(令和4年12月 文部科学省)の「1.1.1 生徒指導の定義と目的」の一部です。文中の[①]～[③]にあてはまる語句の組み合わせとして正しいものを，以下の1～4の中から1つ選びなさい。

生徒指導の目的
生徒指導は，児童生徒一人一人の[①]の発見とよさや可能性の伸長と[②]の発達を支えると同時に，自己の幸福追求と社会に受け入れられる[③]を支えることを目的とする。

1 ① 強み ② 社会的資質・能力 ③ 自己実現
2 ① 強み ② 社会情緒的能力 ③ キャリア達成
3 ① 個性 ② 社会情緒的能力 ③ キャリア達成
4 ① 個性 ② 社会的資質・能力 ③ 自己実現

(☆◎◎◎◎◎)

【43】次は，「学校評価ガイドライン〔平成28年改訂〕」(平成28年3月　文部科学省)で述べられている学校評価の目的です。文中の[　ア　]～[　ウ　]にあてはまる語句の組み合わせとして正しいものを，以下の1～4の中から1つ選びなさい。

> ①　各学校が，自らの教育活動その他の学校運営について，目指すべき目標を設定し，その達成状況や達成に向けた取組の適切さ等について評価することにより，学校として[　ア　]な改善を図ること。
> ②　各学校が，自己評価及び保護者など学校関係者等による評価の実施とその結果の公表・説明により，適切に[　イ　]を果たすとともに，保護者，地域住民等から理解と参画を得て，学校・家庭・地域の連携協力による学校づくりを進めること。
> ③　各学校の設置者等が，学校評価の結果に応じて，学校に対する支援や[　ウ　]等の改善措置を講じることにより，一定水準の教育の質を保証し，その向上を図ること。

1　ア　組織的・継続的　　イ　経営責任　　ウ　指導助言
2　ア　組織的・継続的　　イ　説明責任　　ウ　条件整備
3　ア　自主的・自律的　　イ　経営責任　　ウ　指導助言
4　ア　自主的・自律的　　イ　説明責任　　ウ　条件整備

(☆☆☆◎◎◎)

【44】次は，「『令和の日本型学校教育』の構築を目指して～全ての子供たちの可能性を引き出す，個別最適な学びと，協働的な学びの実現～(答申)」(令和3年1月26日　中央教育審議会)の一部です。文中の[　　]にあてはまる語句として正しいものを，以下の1～4の中から1つ選びなさい。

> ○　学校における授業づくりに当たっては，「個別最適な学び」と「協働的な学び」の要素が組み合わさって実現されていくこ

とが多いと考えられる。各学校においては，教科等の特質に応じ，地域・学校や児童生徒の実情を踏まえながら，授業の中で「個別最適な学び」の成果を「協働的な学び」に生かし，更にその成果を「個別最適な学び」に還元するなど，「個別最適な学び」と「協働的な学び」を一体的に充実し，[　　]に向けた授業改善につなげていくことが必要である。

1　「主体的・対話的で深い学び」の実現
2　基礎的・基本的な知識及び技能の確実な習得
3　生きる力の育成
4　創意工夫を生かした特色ある教育活動の展開

(☆☆◎◎◎◎)

解答・解説

【1】2

〈解説〉「棚から牡丹餅」は，思いがけない幸運を得ること。　2 「蒔かぬ種は生えぬ」は，原因がないのに結果は生じないこと，努力もせずに良い結果は得られないことで，「棚から牡丹餅」の反対の意味をもつことわざである。　1 「紺屋の明後日」は，約束や期日が当てにならないこと。　3 「虎の威を借る狐」は，他人の力に頼っていばること。　4 「瓢箪から駒が出る」は，意外なところから意外のものが出ること，予想外のものが現れること。

【2】3

〈解説〉1 「世」は「世代」と「男女の仲」，「ふる」は「降る」と「経る」，「ながめ」は「長雨」と「眺め」の掛詞。　2 「いく野」は「生野」と「行く野」，「ふみ」は「文」と「踏み」の掛詞。　4 「いなば」は「因幡」と「往なば」(行ってしまったなら)，「まつ」は「松」と「待つ」の掛詞。　3 この和歌には，掛詞は使われていない。

【3】1

〈解説〉1 『夜明け前』『破戒』は島崎藤村の作品。志賀直哉の作品は，『暗夜行路』『城の崎にて』などである。

【4】1

〈解説〉重箱読みは，前の字を音，後の字を訓として読む熟語。前の字を訓，後の字を音として読む熟語の読みは，湯桶読みである。1は「ダイどころ」で，重箱読み。2は「きっプ」で，湯桶読み。3は「のはら」で，訓読み。4は「センキョ」で，音読みである。

【5】2

〈解説〉① 印のほとんどが山間部に位置している。このことから，山に流れる川の上流に位置している場所につくられるダムを利用した水力発電と考えられる。地熱発電においては，最大出力が15万kW以上の発電所がないことからも，地熱発電所ではないと判断できる。
② ほとんどが沿岸部に位置し，特に東京湾沿いや愛知県の沿岸に多い。火力発電の燃料である石油，LNGなどは輸入によってまかなっていることから，内陸部よりも沿岸部に設置した方が費用を抑えることができる。よって火力発電である。東京湾沿いに数多く分布していることを見れば，原子力発電所の分布図ではないと判断できる。

【6】2

〈解説〉① 「木曽で源義経」は，正しくは「木曽で源義仲」である。
② 承久の乱以前から地頭であったものを本補地頭，承久の乱以後に地頭になったものを新補地頭という。説明の文章は，地頭請と下地中分についてのものである。

【7】1

〈解説〉2　企業の社会的責任(CSR)は，企業が組織活動を行うに当たって担う社会的責任のことである。利害関係者に対して説明責任を果たすことが第一の責務で，そのほか文化活動の支援(メセナ)，社会貢献活動(フィランソロピー)などを通して，企業の社会的責任(CSR)を果たすことを，企業は求められている。　3　コンプライアンスは法令順守の意味だが，法令順守だけでなく倫理観，公序良俗などの社会的規範に従い，公正・公平に業務を行うことを意味する。説明の文章は，ディスクロージャー(情報開示)に関するものである。　4　企業の種類は私企業と公企業に分けられ，私企業には法人企業などの共同企業と個人企業があり，公企業には国や地方公共団体が出資する特殊法人，独立行政法人などがある。最も多いのは，私企業の中の株式会社である。

【8】3

〈解説〉$(2\sqrt{3}-3)(3+2\sqrt{3})=(2\sqrt{3}-3)(2\sqrt{3}+3)=(2\sqrt{3})^2-3^2=12-9=3$

【9】2

〈解説〉n角形の内角の和は$180\times(n-2)$　の式で求められるから，1つの内角の大きさは$180\times(n-2)\div n$　の式で求められる。$180\times(15-2)\div 15=156$で，1つの内角の大きさは156°である。

【10】2

〈解説〉交点A，Bのx座標は，$y=\frac{1}{2}x^2$と$y=-\frac{1}{2}x+3$を連立させた2次方程式$\frac{1}{2}x^2=-\frac{1}{2}x+3$の解。整理して，$x^2+x-6=0$

$(x+3)(x-2)=0$　よって，$x=-3,\ 2$　これより，点Aのx座標は-3，点Bのx座標は2である。$\triangle AOC=\frac{1}{2}\times OC\times$｜点Aの$x$座標｜，$\triangle BOC$

$=\frac{1}{2}\times$OC$\times$｜点Bのx座標｜だから，△AOC：△BOC$=\frac{1}{2}\times$OC$\times$｜点Aのx座標｜：$\frac{1}{2}\times$OC$\times$｜点Bのx座標｜=｜点Aのx座標｜：｜点Bのx座標｜=｜-3｜：｜2｜=3：2

【11】3

〈解説〉1から10までの整数の中に，2の倍数は10÷2=5より5個，3の倍数は10÷3=3あまり1より3個，2と3の最小公倍数の6の倍数は10÷6=1あまり4より1個あるから，2の倍数または3の倍数は5+3−1=7〔個〕ある。よって，引いたカードに書いてある数が2の倍数または3の倍数である確率は$\frac{7}{10}$である。

【12】4

〈解説〉電気抵抗20Ωの電熱線に2.0Aの電流を流したときの電圧は，オームの法則の電圧〔V〕=電流〔I〕×抵抗〔R〕より，2.0×20=40〔V〕である。このときの電力は，電力〔W〕=電圧〔V〕×電流〔I〕=40×2.0=80〔W〕である。よって，この電熱線に10分間電流を流した際の熱量は，熱量〔J〕=電力〔W〕×時間〔s〕=80×10=800〔J〕

【13】1

〈解説〉BTB溶液は，酸性では黄色，中性では緑色，アルカリ性では青色に色が変化する。塩酸は塩化水素の水溶液であり強酸であるため，塩酸にBTB溶液を加えると，黄色を示す。

【14】2

〈解説〉血液の循環回路には，体循環と肺循環がある。肺循環は，心臓の右心室から肺動脈(②)で静脈血(①)を肺に送り，肺で二酸化炭素を排出し，酸素を受け取って動脈血(④)になり，肺静脈(③)を通って心臓の左心房に送られる。二酸化炭素を多く含む血液を静脈血，酸素を多く含む血液を動脈血という。また，心臓から出ていく血管を動脈，心臓に戻ってくる血管を静脈という。

【15】4

〈解説〉1　カンラン石や輝石は，色が黒や緑などであり有色鉱物である。無色鉱物は，セキエイ，アルカリ長石，斜長石である。　2　火山岩には，流紋岩，安山岩，玄武岩がある。深成岩には，花こう岩，閃緑岩，はんれい岩がある。　3　マグマが地表や地表付近で急激に冷えて固まってできた岩石を火山岩といい，マグマが地下深くでゆっくりと冷えて固まってできた岩石を深成岩という。火山岩と深成岩は，マグマが冷え固まる時間の違いによって分けられているため，誤りである。　4　石基がなく，同じような大きさの鉱物の結晶が組み合わさっている等粒状組織は，深成岩の特徴である。一方，火山岩は，石基と斑晶から成る斑状組織であることが特徴である。

【16】2

〈解説〉行進曲「威風堂々」はE.エルガー，ポロネーズ第6番「英雄」はF.ショパン，管弦楽組曲「惑星」はG.ホルストが，それぞれの曲の作曲者である。

【17】4

〈解説〉日本の民謡には，拍がある規則正しいリズムの「八木節様式」と，拍のない自由なリズムの「追分節様式」がある。追分節様式には，長持歌や馬子唄もこれに属している。八木節様式は三味線の演奏に合わせて歌い，追分節様式は尺八の演奏とともにゆったりと抑揚をつけながら歌うことが多い。八木節と追分節を聞き比べて違いを感じ取った上で，選択肢の民謡を聞いてみると，拍の有無が分かりやすい。

【18】3

〈解説〉作品は，高橋由一の「鮭」である。高橋は明治初期の洋画家で，はじめ日本画を学んでいたが，のちに洋画に転向し，写実的手法で静物，肖像，風景などを描き，油彩による写実を追求した。「鮭」は，国の重要文化財である。

【19】1

〈解説〉色光の三原色は赤(Red)，緑(Green)，青(Blue)で，頭文字からRGBと表記されることもある。また，色料の三原色はシアン(緑みの青，Cyan)，マゼンタ(赤紫，Magenta)，イエロー(黄，Yellow)で，同様にCMYと表記される場合がある。色光の三原色は混色すればするほど明度が上がる加法混色で，色料の三原色は混色すればするほど明度が下がる減法混色である。明度とは色が持つ3つの属性のうちの一つで，明るさの度合いのこと。

【20】2

〈解説〉空欄穴埋め問題。関係代名詞の用法に関する文法的な知識が問われている。ここでは，friendを修飾していて，友人「の」父親についての文が続くので，whoseが関係代名詞として適切。文を訳すと，「私は父親が日本の有名なコメディアンである友人がいる」となる。

【21】1

〈解説〉アは，「科学的，歴史的，芸術的価値があるものを，保存し，公に公開する建物や空間」とあるので，3の博物館の説明。　イは，「多くのセクションに分かれていて，それぞれが特定のものを売る大きな店舗」とあるので，2のデパートの説明。　ウは，「病気や怪我を負った人々を，医者や看護師が世話をする場所」とあるので，4の病院の説明。以上より，1が説明されていない。

【22】4

〈解説〉会話文穴埋め問題。Aが，「彼は今日が私たちの結婚記念日だと知っているのに，まだゴルフをやっている」とあるので，Bはその彼の行動に対して,「なぜそんなに自分勝手なのだろう」と言っていると推測するのが自然。したがって,4のWhyが適切。

【23】3
〈解説〉会話文穴埋め問題。自分たちが所属する科学クラブが賞をとり,トロフィーをもらったと,Bが言っている。それを受けたAが発言した言葉なので,3の「それは素晴らしい」が適切。その後の会話とも矛盾していない。

【24】3
〈解説〉ロシア連邦初代大統領は,ボリス・エリツィンである。ゴルバチョフ氏は,1985年にソ連共産党書記長に就任し,「グラスノスチ(情報公開)」,「ペレストロイカ(建て直し)」といった改革を進め,停滞したソ連の政治経済の立て直しを図った。また新思考外交のもと,西側諸国との対話を進め,1989年アメリカのブッシュ(父)大統領とのマルタ会談において,冷戦の終結を宣言した。1990年には憲法改正によってソ連大統領に就任したが,1991年にソ連邦の解体とともに大統領を辞任した。

【25】4
〈解説〉為替相場とは,外国為替市場において,異なる通貨が交換される際の交換比率である。我が国で最も頻繁に目にするのは,円・ドル相場である。ドルと交換する場合を考えると,例えば同じ15000円でも,1ドル150円のときは100ドルに交換されるのに対し,1ドル120円になると125ドルに交換され,より多くのドルを交換することができる。このように,円の価値が交換通貨に対して価値が高くなる状態が円高である。円安はその逆である。金融相場は,金融事情が変動の原因となる株価又は商品の相場動向のことを指す。

【26】2

〈解説〉濱口竜介氏は1978年生まれの映画監督で，「寝ても覚めても」でもベネチア国際映画祭銀獅子賞を受賞している。また，出題されたように「ドライブ・マイ・カー」でアカデミー賞を受賞し，また同作品でカンヌ国際映画祭脚本賞も受賞している。2023年には，「悪は存在しない」でベネチア国際映画祭銀獅子賞を受賞し，黒澤明監督以来の世界3大映画祭コンペティション部門受賞及びアメリカアカデミー賞受賞の快挙を成し遂げた。一方，是枝裕和氏は1962年生まれの映画監督で，2018年に「万引き家族」でカンヌ国際映画祭において最高の賞にあたるパルムドールを受賞している。「ドライブ・マイ・カー」は，村上春樹氏の短編集『女のいない男たち』に収録された短編作品である。

【27】1

〈解説〉コメニウスの主著には『大教授学』の他に，世界初の絵入り教科書といわれる『世界図絵』がある。『大教授学』については，あらゆる人に，あらゆる事柄を教授する普遍的な技法を指し示す旨を述べる冒頭の一節が有名である。エラスムスは，16世紀初めに活動したルネサンスを代表する人文主義者で，聖職者の偽善などを鋭く風刺した『愚神礼賛』などの著作で知られる。ルターは，エラスムスと同じ時期に活動した宗教改革者で，『九十五箇条の意見書』を発表して，宗教改革運動の発端となった。ミルトンは17世紀のイギリスの詩人で，深遠・雄大な長編叙事詩『失楽園』を完成したことで知られる。

【28】3

〈解説〉バンデューラは，自分自身が経験しないことでも他者の行動を観察することで学習し，新しい行動を習得することを主張し，社会的学習理論や観察学習を提唱した。一方，ケーラーは「洞察」あるいは「洞察学習」を提唱した。洞察学習は，洞察力によって諸事情を統合し，認知構造を変化させ，問題を解決するというものである。

【29】2

〈解説〉教育基本法第5条は，義務教育について規定した条文である。第1項では，保護する子に普通教育を受けさせる義務を国民に課している。第2項では，義務教育として行われる普通教育の目的が示されている。なお，第1項にある「別に法律で定める」の法律とは，学校教育法を指している。

【30】1

〈解説〉地方公務員法第35条は，職務に専念する義務について規定した条文である。地方公務員には，職務上の義務と身分上の義務がある。職務上の義務は，職務遂行に関して守るべき義務で，第35条はその一つである。一方身分上の義務は，職務の内外を問わず，職員としての身分を有する限り守らなければならない義務で，第33条の信用失墜行為の禁止や第34条の秘密を守る義務などがある。服務に関する規定である第30条～第35条は特に出題頻度が高いので，条文の文言は暗記しておく必要がある。

【31】4

〈解説〉学校教育法第11条は，教育上必要がある場合の校長・教員の懲戒権を認める一方で，体罰の禁止を規定した条文である。空欄②になっている「文部科学大臣の定めるところにより」は，省令である学校教育法施行規則第26条を指している。この条文も，あわせて理解しておきたい。

【32】1

〈解説〉学校保健安全法第27条は，学校安全計画の策定等について定めた条文である。学校安全計画とは，年間を通した学校安全に関する諸活動の基本計画であり，本条によって，全ての学校で学校安全計画の策定・実施が義務付けられている。学校保健安全法が平成21(2009)年に改正された際，旧法では保健計画と安全計画は「学校保健安全計画」

として一体的に取り扱われてきたが，改正により学校保健計画と学校安全計画を別に立案することとなり，学校保健計画の策定と実施の規定(第5条)と学校安全計画の策定と実施の規定(第27条)が，それぞれ別に定められた。

【33】4

〈解説〉いじめ防止対策推進法第28条は，いじめの重大事態に対する学校の設置者又はその設置する学校による対処について定めた条文である。本条では，いじめによって，児童生徒の心身又は財産に重大な被害が生じた場合，あるいは，相当の期間学校を欠席することを余儀なくされた場合をいじめの重大事態とし，いずれかの疑いが認められたときには速やかに事実関係を明らかにするための調査を行うものとされている。いじめの重大事態に関しては，平成29(2017)年に最終改定された「いじめの防止等のための基本的な方針」及び同年に出された「いじめの重大事態の調査に関するガイドライン」も，あわせて学習しておきたい。

【34】3

〈解説〉令和3(2021)年6月に公布，令和4(2022)年4月より施行された「教育職員等による児童生徒性暴力等の防止等に関する法律」は，教育職員等による児童生徒性暴力等を禁止し，児童生徒性暴力等の防止に関する基本理念や国等の責務を明らかにするとともに，児童生徒性暴力等により教員免許状が失効した者等に係るデータベースの整備等を含む児童生徒性暴力等の防止に関する措置等を定めている。出題されている第4条は，同法の基本理念について規定している。

【35】1

〈解説〉教育振興基本計画は，教育基本法第17条第1項に基づき，教育振興に関する施策の総合的・計画的な推進を図ることを目的として，政府が策定する計画である。内容は今後の教育政策の方向性を論じた第

1部と，今後5年間の教育政策の目標と施策群を論じた第2部で構成されており，問題文は第1部の「Ⅲ．2030年以降の社会を展望した教育政策の重点事項」の一つとして論じられたものである。なお，教育振興基本計画は5年ごとに新たな計画が策定されており，令和5(2023)年6月には第4期の計画が公表されたので，今後はそれを確認しておくとよい。

【36】2

〈解説〉① 第1段落は，教育課程の基本理念について説明する部分である。その基本理念が「社会に開かれた教育課程」である。「社会に開かれた教育課程」は，現行の学習指導要領の理念といえるものであり，「資質・能力の三つの柱」，「カリキュラム・マネジメント」などの重要な事項の全ての基盤となる考え方である。その「社会に開かれた教育課程」のポイントは，1)よりよい学校教育を通じてよりよい社会を創るという目標を学校と社会が共有する，2)これからの社会を創りだしていく子供たちに必要な資質・能力が何かを明らかにし，それを学校教育で育成する，3)地域と連携・協働しながら目指すべき学校教育を実現する，の3つである。 ② 学習指導要領とは，全国のどの地域で教育を受けても，一定の水準の教育を受けられるようにするため，学校教育法等に基づき，各学校で教育課程を編成する際の基準を定めたものである。

【37】1

〈解説〉このガイドラインは，平成28(2016)年度の発達障害者支援法の大幅な改正，通級による指導を担当する教員の基礎定数化，学習指導要領改訂による個別の支援計画や個別の指導計画の作成・活用の義務化など，特別支援教育を取り巻く環境が変化する中で，平成16(2004)年のガイドラインを見直したものである。問題文は，個別の指導計画の作成とそのねらいについて記述された部分である。個別の指導計画は，児童生徒一人一人の障害の状態等に応じたきめ細かな指導が行えるよう，学校における教育課程や指導計画，当該児童生徒の個別の教育支援計画を踏まえて，より具体的に児童生徒一人一人の教育的ニーズに対応して，指導目標や指導内容・方法を盛り込んだものである。個別の指導計画は，学級の担任や特別支援教育コーディネーターを中心に，全ての教師の理解と協力の下で作成される。また，保護者と共有することも大切である。

【38】2

〈解説〉この手引は，平成25(2013)年にとりまとめられた「教育支援資料」を改訂し，障害のある子供の就学相談や学びの場の検討等の内容をより充実させたものである。　①　平成24(2012)年の児童福祉法改正によって，障害種別で分かれていた施設体系は，「障害児通所支援」と「障害児入所支援」にまとめられた。「障害児通所支援」では，児童発達支援センターなどによる児童発達支援のほか，医療型児童発達支援，放課後等デイサービス，保育所等訪問支援などが実施されている。　②　5歳児健康診査は，3歳検診までに発達の問題を指摘されなかった軽度の発達の遅れ，偏り，対人関係の問題を明らかにすることを目的としている。

【39】3

〈解説〉学校教育法第75条は，特別支援学校への就学対象の障害者が視覚障害者，聴覚障害者，知的障害者，肢体不自由者又は病弱者であることを規定し，学校教育法施行令第22条の3では，対象の障害種ごとの障害の程度を示している。「話し声を解することが著しく困難」とは，聴力レベルが概ね60デシベル以上の状態において，補聴器等を使用しても，通常の会話における聴き取りが困難であるということを意味している。

【40】2

〈解説〉義務教育の段階における普通教育に相当する教育の機会の確保等

に関する法律第3条はこの法律の基本理念を定めており，その解説ともいえる部分からの出題である。 ① 不登校児童生徒への支援に当たっては，不登校は学校生活その他の様々な要因によって生じるものであり，不登校が当該児童生徒に起因するものと一般に受け取られないよう，また，不登校というだけで問題行動であると受け取られないよう配慮することが必要であることを指摘している。 ②・③ 支援に際しては，登校という結果のみを目標にするのではなく，児童生徒が自らの進路を主体的に捉えて，社会的に自立することを目指す必要があることを指摘している。

【41】4

〈解説〉教育相談体制の今後の方向性や，スクールカウンセラー及びスクールソーシャルワーカーの役割の明確化等を検討するため，教育相談等に関する調査研究協力者会議が設置され，その検討の結果，「児童生徒の教育相談の充実について～学校の教育力を高める組織的な教育相談体制づくり～(報告)」が公表された。出題された通知は，その周知徹底を図るために発出されたものである。 ① 空欄の前に，「事案が発生してからのみではなく」とあることから，事前の対応に関する言葉と推察できることから，「未然防止」が当てはまる。 ② これからの学校が複雑化・多様化した課題を解決していくために，「チームとしての学校」と呼ばれる考え方が提唱されている。 ③ 教育相談にチームとして取り組む際，子どもの困っている状況への気付きから支援までをスムーズにつなげるための中心的な存在が，教育相談コーディネーターである。子供・担任・保護者のニーズを把握し，情報を共有し，子供を支援するチームとして効果的に関われるようにコーディネートしていく役割を担う。

【42】4

〈解説〉生徒指導提要は，令和4(2022)年12月に改訂版が公表された。特に出題された「生徒指導の目的」と，その前に示されている「生徒指導の定義」が，早速複数の自治体で出題されている。「生徒指導の目的」については，特に「自己」に関わることと「社会」に関わることの2つの要素が示されていることに注目したい。「自己」については自己の可能性の伸長等と自己の幸福追求を，「社会」については社会的資質・能力を育成し，社会に受け入れられる自己実現を支えることを，それぞれにおける目的として明示している。

【43】2

〈解説〉「学校評価ガイドライン」は，各学校や設置者における学校評価の取組の参考に資するよう，その目安となる事項を示すことを目的として作成され，平成28(2016)年の改訂では，義務教育学校並びに小中一貫型小学校及び小中一貫型中学校が発足することを踏まえ，小中一貫教育を実施する学校における学校評価の留意点が盛り込まれた。学校は，学校の教育活動その他の学校運営の取組について評価し，その結果に基づき学校運営の改善を図るとともに，その評価結果を保護者や地域に公開して，説明責任を果たすことが大切である。

【44】1

〈解説〉出題の答申は，2020年代を通じて実現を目指す学校教育を「令和の日本型学校教育」とし，その姿を「すべての子供たちの可能性を引き出す，個別最適な学びと，協働的な学び」として示した。「第Ⅰ部　総論」「3　2020年代を通じて実現すべき『令和の日本型学校教育』の姿」「(1)　子供の学び」の一部からの出題である。出題の答申の中心となる学びである「個別最適な学び」と「協働的な学び」を一体的に充実することによって，学習指導要領の今改訂の基本的な考え方の1つである「主体的・対話的で深い学びの実現に向けた授業改善」につなげていくことの重要性が示されている。

2023年度　実施問題

【1】故事成語とその意味の組み合わせとして適切でないものを，次の1～4の中から1つ選びなさい。

1	三顧の礼	目上の人がある人に対し，仕事を引き受けてもらいたいと，丁寧に頼むこと。
2	四面楚歌	助けがなく，まわりが敵・反対者ばかりであること。
3	水魚の交わり	仲の悪い者同士や敵味方が同じところにいること。
4	泣いて馬謖(ばしょく)を斬る	規律を保つためには，愛する者をも止むを得ず処分すること。

(☆☆☆◎◎◎)

【2】次の文章が示す人物として正しいものを，以下の1～4の中から1つ選びなさい。

> 江戸時代に活躍した俳人であり，
>
> 鳥羽殿へ五六騎急ぐ野分かな
>
> 春の海ひねもすのたりのたりかな
>
> 不二ひとつうづみ残して若葉かな
>
> などの俳句を残した。その俳風は古典趣味的な浪漫性と印象の鮮明な絵画性が特徴である。近代に入って，正岡子規や萩原朔太郎らから高く評価された。

1　小林一茶　　2　松尾芭蕉　　3　向井去来　　4　与謝蕪村

(☆☆☆◎◎◎)

【3】次の(ア)，(イ)は小説の一節です。(ア)，(イ)の小説の作者と作品名の組み合わせがすべて正しいものを，以下の1～4の中から1つ選びなさい。

(ア)　木曽路（きそじ）はすべて山の中である。

(イ)　先生は例月その日になると雑司ヶ谷（ぞうしがや）の墓地にある或仏へ花を手向（たむ）けに行く習慣なのだそうである。

1　(ア)　伊藤左千夫『野菊の墓』　　(イ)　森鷗外『雁』
2　(ア)　川端康成『雪国』　　(イ)　国木田独歩『武蔵野』
3　(ア)　島崎藤村『夜明け前』　　(イ)　夏目漱石『こころ』
4　(ア)　堀辰雄『風立ちぬ』　　(イ)　永井荷風『すみだ川』

(☆☆☆◎◎◎)

【4】次の文の下線部の助詞と同じ種類，同じ意味で使われているものを，以下の1～4の中から1つ選びなさい。

練習は辛いけれど頑張る。

1　せっかく買ったのに全然使っていない。
2　時間がないから新幹線で行こう。
3　歩きながらスマートフォンを使ってはいけません。
4　君にしか頼めない。

(☆☆☆◎◎◎)

【5】次の表は，日本のある島の特徴についてまとめたものです。表中のA～Cにあたる島を，地図中の㋐～㋕からそれぞれ選び，その組み合わせとして正しいものを，あとの1～4の中から1つ選びなさい。

表

島	特徴
A	多くの島が集まる諸島であり、その中で最大面積の島は「島後」と呼ばれている。
B	1993年に世界自然遺産に登録されており、樹齢1000 年以上の天然スギも多く生育する。
C	東経135度の経線が通過しており、この島の名前を冠したたまねぎは有名である。

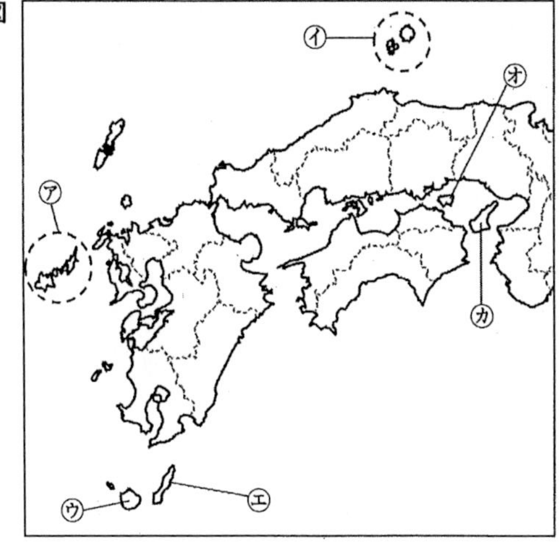

1　A－㋐　　B－㋒　　C－㋔
2　A－㋐　　B－㋓　　C－㋕
3　A－㋑　　B－㋒　　C－㋕
4　A－㋑　　B－㋓　　C－㋔

(☆☆☆◎◎◎)

【6】明治時代初期に関する次の①～④の文について，その正誤の組み合わせとして正しいものを，以下の1～4の中から1つ選びなさい。

①　徴兵告諭にもとづき国家総動員法が1873年に公布され，満20歳に達した男子に兵役の義務が課された。

②　1869年，薩摩・長州・土佐・肥前の4藩主が朝廷へ版籍奉還を出願すると，他藩もこれにならった。

③　五稜郭に立てこもっていた旧幕府軍の榎本武揚らが1869年5月に降伏し，西南戦争が終結した。

④　金貨と交換できる兌換銀行券の発行のため，1872年に渋沢栄一が中心となって国立銀行条例を制定した。

1　①　正　②　誤　③　正　④　誤
2　①　誤　②　正　③　正　④　誤
3　①　誤　②　正　③　誤　④　正
4　①　正　②　誤　③　誤　④　正

(☆☆☆◎◎◎)

【7】17～18世紀のヨーロッパに関する記述として最も適切なものを，次の1～4の中から1つ選びなさい。

1　プロイセン国王フリードリヒ＝ヴィルヘルム1世は，ユンカーと呼ばれる地主貴族を官僚や将校に登用し，徴兵制をしいて軍国主義的な絶対王政の基礎をつくりあげた。

2　「太陽王」と呼ばれたフランス国王ルイ16世は，1661年から親政を開始し，財務総監に平民出身のコルベールを登用して重商主義を推し進めた。

3　ステュアート朝のエリザベス1世の治世中に，イングランドとスコットランドが合併してグレートブリテン王国が成立した。

4　ロシアのマリア＝テレジアは，啓蒙専制君主として法律の整備などの改革を行った。対外政策ではオホーツク海まで進出し，日本にラクスマンを派遣した。

(☆☆☆◎◎◎)

【8】循環小数$0.\dot{2}\dot{1}$＝0.212121……を分数で表した値として正しいものを，次の1～4の中から1つ選びなさい。

1　$\frac{2}{11}$　　2　$\frac{5}{22}$　　3　$\frac{7}{33}$　　4　$\frac{8}{33}$

(☆☆☆◎◎◎)

【9】半径10cm，中心角150°のおうぎ形の面積として正しいものを，次の1～4の中から1つ選びなさい。

1　$\frac{25}{3}\pi \text{cm}^2$　　2　$\frac{50}{3}\pi \text{cm}^2$　　3　$25\pi \text{cm}^2$　　4　$\frac{125}{3}\pi \text{cm}^2$

(☆☆☆◎◎◎)

【10】1つのさいころを2回投げるとき，2回とも5以上の目が出る確率として正しいものを，次の1～4の中から1つ選びなさい。ただし，さいころは，1から6までのどの目が出ることも同様に確からしいものとします。

1　$\frac{1}{18}$　　2　$\frac{1}{12}$　　3　$\frac{1}{9}$　　4　$\frac{5}{36}$

(☆☆☆◎◎◎)

【11】放物線$y=ax^2$と直線$y=2x+b$が2点A，Bで交わっています。点Aのx座標が－1，点Bのx座標が2であるとき，aの値として正しいものを，次の1～4の中から1つ選びなさい。

1　1　　2　2　　3　3　　4　4

(☆☆☆◎◎◎)

【12】1辺の長さが10cm，質量が2kgの立方体を水平な床に置いた時の圧力を，次の1～4の中から1つ選びなさい。ただし，質量100gの物体にはたらく重力の大きさを1Nとします。

1　2Pa　　2　20Pa　　3　200Pa　　4　2000Pa

(☆☆☆◎◎◎)

【13】次の物質のうち，単体はいくつありますか。以下の1～4の中から1つ選びなさい。

酸素，水，アンモニア，銅

1　1つ　　2　2つ　　3　3つ　　4　4つ

(☆☆☆◎◎◎)

【14】次は，消化された養分がヒトの体内にとり入れられるしくみについて述べた文です。文中の[　①　]，[　②　]にあてはまる語句の組み合わせとして最も適切なものを，以下の1～4の中から1つ選びなさい。

ブドウ糖とアミノ酸は小腸の柔毛で吸収されて[　①　]に入り，[　②　]を通って全身の細胞へ運ばれる。

1　①　リンパ管　　②　肝臓
2　①　毛細血管　　②　肝臓
3　①　リンパ管　　②　腎臓
4　①　毛細血管　　②　腎臓

(☆☆☆◎◎◎)

【15】1年を通して太陽の日周運動を観察したものを，透明半球に記録しました。このとき，日本における(ア)夏至，(イ)春分・秋分，(ウ)冬至の太陽の動き方を示した図として最も適切なものを，次の1～4の中から1つ選びなさい。

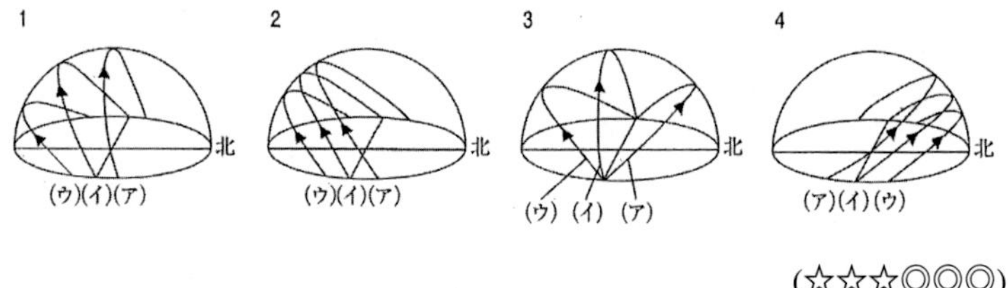

(☆☆☆◎◎◎)

【16】曲名と作曲者の組み合わせが適切なものを，次の1～4の中から1つ選びなさい。

	曲名	作曲者
1	エリーゼのために	ベートーヴェン
2	ハンガリー狂詩曲	バッハ
3	幻想即興曲	モーツァルト
4	展覧会の絵	ブラームス

(☆☆☆☆◎◎◎)

【17】日本の民謡について，曲名と歌い継がれている地域の組み合わせとして適切なものを，次の1～4の中から1つ選びなさい。

	曲名	歌い継がれている地域
1	ソーラン節	京都府
2	よさこい節	徳島県
3	こきりこ節	沖縄県
4	花笠音頭	山形県

(☆☆☆☆◎◎◎◎)

【18】次の作品の作者として正しいものを，以下の1～4の中から1つ選びなさい。

1　平山郁夫　　2　横山大観　　3　下村観山　　4　東山魁夷

(☆☆☆◎◎◎)

【19】次は，色彩に関して述べた文章です。文中の[　①　]～[　③　]にあてはまる語句の組み合わせとして最も適切なものを，以下の1～4の中から1つ選びなさい。

> 全ての色は，色相，明度，彩度の3つの性質によってとらえることができる。[　①　]は，もっとも明度が高く，黒はもっとも明度が低い。同じような色でも，色みが[　②　]色は彩度が低く，色みがはっきりしている色は彩度が高い。色は大きく分けると，無彩色と有彩色に分けられ，無彩色は3つの性質のうち，[　③　]だけをもつ。

1　①黄　②　暗い　③　明度
2　①白　②　鈍い　③　明度
3　①白　②　暗い　③　色相
4　①黄　②　鈍い　③　色相

(☆☆☆◎◎◎)

【20】次の文の(　　)にあてはまる最も適切な語または語句を，以下の1～4の中から1つ選びなさい。

Australia is the country (　　) I've wanted to visit for a long time.

1　which　2　at which　3　in which　4　where

(☆☆☆◎◎◎)

【21】次のア～ウの英文で説明されていないものを，以下の1～4の中から1つ選びなさい。

ア　a musical instrument like a large box that you hold in both hands. You play it by pressing the sides together and pulling them out again, while you push buttons and keys.

イ　an electronic keyboard instrument which can reproduce and combine a large range of recorded sounds, often in order to copy other musical instruments or voices.

ウ　a musical instrument made of two rows of wooden bars of different lengths that you hit with two small sticks.

1　木琴　2　アコーディオン　3　シンセサイザー
4　ピアノ

(☆☆☆◎◎◎)

【22】次の会話文の(　　)にあてはまる最も適切な語句を，以下の1～4の中から1つ選びなさい。

A : I forgot my dictionary at home. (　　) use yours?

B : Sure. Here you are.

1　Will you　　2　Shall I　　3　Can you　　4　May I

(☆☆☆◎◎◎)

【23】次の会話文の(　　)にあてはまる最も適切な語句を，以下の1～4の中から1つ選びなさい。

A : I'm sorry, but I didn't know yesterday was your birthday.

B : No problem. My father bought me this camera for my birthday! Isn't it great?

A : Oh, how nice! Thank you for showing it to me. Can I try it?

B : Of course. I'll teach you (　　) to use it.

1　how　　2　when　　3　which　　4　what

(☆☆☆◎◎◎)

【24】次は，2021年の国内政治について述べた文章です。文中の[　①　]～[　③　]にあてはまる語句の組み合わせとして正しいものを，以下の1～4の中から1つ選びなさい。

> 2021年10月31日，[　①　]議員の選挙の投開票が前議員の任期満了日[　②　]に行われた。その後，2021年11月10日に[　③　]が召集され，第101代の首相が選出された。

1　①　衆議院　　②　以降　　③　特別国会(特別会)
2　①　衆議院　　②　以前　　③　臨時国会(臨時会)
3　①　参議院　　②　以降　　③　臨時国会(臨時会)
4　①　参議院　　②　以前　　③　特別国会(特別会)

(☆☆☆◎◎◎)

【25】次は，ある経済連携協定について述べた文です。文中の[　①　]にあてはまる語句として最も適切なものを，以下の1～4の中から1つ選びなさい。

[　①　]とは，世界のGDP，貿易総額及び人口の約3割，我が国の貿易総額のうち約5割を占める地域の経済連携のことであり，2020年11月に協定への署名が行われた。参加国は，我が国をはじめ，ASEAN諸国，中国，韓国，オーストラリア及びニュージーランドである。

1　APEC　　2　OECD　　3　RCEP　　4　TPP11

(☆☆☆◎◎◎)

【26】次は，ある世界文化遺産について述べた文です。文中の[　①　]にあてはまる語句として最も適切なものを，以下の1～4の中から1つ選びなさい。

2021年7月，国際連合教育科学文化機関(ユネスコ)の世界遺産委員会は，日本が推薦した「北海道・北東北の[　①　]遺跡群」を世界文化遺産に登録することを決めた。

1　旧石器　　2　縄文　　3　弥生　　4　古墳

(☆☆☆◎◎◎)

【27】次の文中の[　①　]に入る人物名として正しいものを，以下の1～4の中から1つ選びなさい。

スウェーデンの教育者で思想家の[　①　]が著した『児童の世紀(子どもの世紀)』は，新教育運動とその子ども観の特質である「児童から(子どもから)」思想に大きな影響を与えた。

1　コメニウス　　2　ケイ　　3　シュタイナー　　4　フレーベル

(☆☆☆◎◎◎)

【28】次の文中の[　①　]に入る語句として適切なものを，以下の1～4の中から1つ選びなさい。

ローゼンタールらは，教師が子どもに対して抱く期待が子どもに伝わり，教師の期待に沿う形で子どもの行動が形成されていくという研究結果を発表した。この現象は，[　①　]と呼ばれている。

1　外発的動機づけ　　2　オペラント条件づけ
3　適性処遇交互作用　　4　ピグマリオン効果

(☆☆☆◎◎◎)

【29】次は，「教育基本法　第4条」の全文です。文中の[　①　]，[　②　]にあてはまる語句の組み合わせとして正しいものを，以下の1～4の中から1つ選びなさい。

すべて国民は，ひとしく，その能力に応じた教育を受ける[　①　]を与えられなければならず，人種，信条，性別，社会的身分，経済的地位又は門地によって，教育上差別されない。 2　国及び地方公共団体は，障害のある者が，その障害の状態に応じ，十分な教育を受けられるよう，教育上必要な支援を講じなければならない。 3　国及び地方公共団体は，能力があるにもかかわらず，経済的理由によって修学が困難な者に対して，[　②　]の措置を講じなければならない。

1　①　機会　　②　助成
2　①　権利　　②　助成
3　①　機会　　②　奨学
4　①　権利　　②　奨学

(☆☆◎◎◎)

【30】次は，「地方公務員法　第30条」の全文です。文中の[　①　]，[　②　]にあてはまる語句の組み合わせとして正しいものを，以下の1～4の中から1つ選びなさい。

すべて職員は，[　①　]の奉仕者として[　②　]の利益のために勤務し，且つ，職務の遂行に当つては，全力を挙げてこれに専念しなければならない。

1　①　全体　　②　公共
2　①　全体　　②　地域
3　①　住民　　②　公共
4　①　住民　　②　地域

(☆☆◎◎◎)

【31】次は，「学校教育法　第11条」の全文です。文中の[　①　]～[　③　]にあてはまる語句の組み合わせとして正しいものを，以下の1～4の中から1つ選びなさい。

校長及び教員は，教育上必要があると認めるときは，[　①　]の定めるところにより，児童，生徒及び学生に[　②　]を加えることができる。ただし，[　③　]を加えることはできない。

1　①　文部科学大臣　　②　体罰　　③　懲戒
2　①　文部科学大臣　　②　懲戒　　③　体罰
3　①　教育委員会　　②　体罰　　③　懲戒
4　①　教育委員会　　②　懲戒　　③　体罰

(☆☆◎◎◎)

【32】次は，「学校教育法　第31条」の全文です。文中の[　①　]，[　②　]にあてはまる語句の組み合わせとして正しいものを，以下の1～4の中から1つ選びなさい。

小学校においては，前条第1項の規定による目標の達成に資するよう，教育指導を行うに当たり，児童の体験的な学習活動，特に[　①　]活動など社会奉仕体験活動，自然体験活動その他の体験活

動の充実に努めるものとする。この場合において，[　②　]関係団体その他の関係団体及び関係機関との連携に十分配慮しなければならない。

1　①　地域貢献　　②　社会教育
2　①　ボランティア　　②　地域福祉
3　①　ボランティア　　②　社会教育
4　①　地域貢献　　②　地域福祉

(☆☆◎◎◎)

【33】次は，「学校保健安全法」の一部です。文中の[　①　]，[　②　]にあてはまる語句の組み合わせとして正しいものを，以下の1～4の中から1つ選びなさい。

(出席停止)
第19条　校長は，感染症にかかつており，かかつている疑いがあり，又はかかるおそれのある児童生徒等があるときは，政令で定めるところにより，出席を停止[　①　]。
(臨時休業)
第20条　学校の設置者は，感染症の予防上必要があるときは，臨時に，学校の全部又は一部の休業を[　②　]。

1　①　させなければならない　　②　行わなくてはならない
2　①　させなければならない　　②　行うことができる
3　①　させることができる　　②　行わなくてはならない
4　①　させることができる　　②　行うことができる

(☆☆◎◎◎)

【34】次は，「いじめ防止対策推進法　第16条」の全文です。文中の[　①　]，[　②　]にあてはまる語句の組み合わせとして正しいものを，以下の1～4の中から1つ選びなさい。

> 学校の設置者及びその設置する学校は，当該学校におけるいじめを早期に発見するため，当該学校に在籍する児童等に対する定期的な[　①　]その他の必要な措置を講ずるものとする。
> 2　国及び地方公共団体は，いじめに関する通報及び相談を受け付けるための体制の整備に必要な施策を講ずるものとする。
> 3　学校の設置者及びその設置する学校は，当該学校に在籍する児童等及びその保護者並びに当該学校の教職員がいじめに係る相談を行うことができる体制(次項において「相談体制」という。)を整備するものとする。
> 4　学校の設置者及びその設置する学校は，相談体制を整備するに当たっては，家庭，地域社会等との連携の下，いじめを受けた児童等の教育を受ける権利その他の[　②　]が擁護されるよう配慮するものとする。

1　①　調査　　②　基本的人権
2　①　調査　　②　権利利益
3　①　面談　　②　基本的人権
4　①　面談　　②　権利利益

(☆☆◎◎◎)

【35】次は，「第3期教育振興基本計画」(平成30年6月15日　閣議決定)の「第1部　我が国における今後の教育政策の方向性　Ⅳ．今後の教育政策に関する基本的な方針」の一部です。文中の[　①　]～[　③　]にあてはまる語句の組み合わせとして正しいものを，以下の1～4の中から1つ選びなさい。

> (多様なニーズに対応した教育機会の提供)
> ○　一人一人が豊かな生活を送り，また，公平公正で活力ある社会を実現する上で，障害の有無や，[　①　]指導の必要性，[　②　]や高校中退など，多様な観点からのニーズに対応した教

育機会の提供が必要である。また，教育の場において，個人の性的指向や[　③　]の多様性に適切に配慮することも求められる。

1　①　日本語　②　不登校　③　性自認
2　①　日本語　②　未就学　③　民族
3　①　適応　②　未就学　③　性自認
4　①　適応　②　不登校　③　民族

(☆☆☆◎◎◎)

【36】次は，「小学校学習指導要領」(平成29年告示)の「第1章　総則　第2　教育課程の編成」の一部です。文中の[　①　]～[　③　]にあてはまる語句の組み合わせとして正しいものを，以下の1～4の中から1つ選びなさい。

各学校においては，児童や学校，地域の実態及び児童の発達の段階を考慮し，豊かな[　①　]の実現や[　②　]等を乗り越えて次代の社会を形成することに向けた現代的な諸課題に対応して求められる資質・能力を，[　③　]的な視点で育成していくことができるよう，各学校の特色を生かした教育課程の編成を図るものとする。

1　①　人生　②　環境問題　③　課題解決
2　①　人生　②　災害　③　教科等横断
3　①　生活　②　災害　③　課題解決
4　①　生活　②　環境問題　③　教科等横断

(☆☆☆◎◎◎)

【37】次は，「障害者基本法　第16条」の一部です。文中の[　①　]～[　③　]にあてはまる語句の組み合わせとして正しいものを，以下の1～4の中から1つ選びなさい。

国及び地方公共団体は，障害者が，その年齢及び能力に応じ，かつ，その特性を踏まえた十分な教育が受けられるようにするため，[　①　]障害者である児童及び生徒が障害者でない児童及び生徒と共に教育を受けられるよう配慮しつつ，教育の内容及び方法の改善及び充実を図る等必要な施策を講じなければならない。
2　国及び地方公共団体は，前項の目的を達成するため，障害者である児童及び生徒並びにその保護者に対し十分な情報の提供を行うとともに，[　①　]その意向を尊重しなければならない。
3　国及び地方公共団体は，障害者である児童及び生徒と障害者でない児童及び生徒との交流及び[　②　]を積極的に進めることによつて，その[　③　]を促進しなければならない。

1　①　合理的な範囲で　②　協調学習　③　相互理解
2　①　合理的な範囲で　②　共同学習　③　成長
3　①　可能な限り　②　共同学習　③　相互理解
4　①　可能な限り　②　協調学習　③　成長

(☆☆☆◎◎◎)

【38】次は，「障害者の権利に関する条約　第24条」(和文)の一部です。文中の[　①　]～[　③　]にあてはまる語句の組み合わせとして正しいものを，以下の1～4の中から1つ選びなさい。

1　締約国は，教育についての障害者の権利を認める。締約国は，この権利を差別なしに，かつ，[　①　]を基礎として実現するため，障害者を包容するあらゆる段階の[　②　]及び[　③　]を確保する。当該[　②　]及び[　③　]は，次のことを目的とする。

1　①　機会の均等　②　教育制度　③　生涯学習
2　①　機会の均等　②　学校教育　③　生涯教育
3　①　合理的配慮　②　学校教育　③　生涯学習
4　①　合理的配慮　②　教育制度　③　生涯教育

(☆☆☆◎◎◎)

【39】次の文は,「特別支援教育資料(令和2年度)」(令和3年10月　文部科学省初等中等教育局特別支援教育課)をもとに，義務教育段階における特別支援学校，特別支援学級，通級による指導の状況を説明したものです。文中の[　①　]~[　③　]にあてはまる数字の組み合わせとして正しいものを，以下の1~4の中から1つ選びなさい。

> 令和2年5月1日現在，義務教育段階において特別支援学校に在籍する児童生徒は[　①　]人，特別支援学級に在籍する児童生徒は[　②　]人である。また，令和元年5月1日現在，義務教育段階において通級による指導を受けている児童生徒は，[　③　]人である。

1　①　133,398　②　76,922　③　302,473
2　①　133,398　②　302,473　③　76,922
3　①　76,922　②　133,398　③　302,473
4　①　76,922　②　302,473　③　133,398

(☆☆☆◎◎◎)

【40】次の文は,「生徒指導提要」(平成22年3月　文部科学省)の一部です。文中の[　①　]~[　③　]にあてはまる語句の組み合わせとして正しいものを，以下の1~4の中から1つ選びなさい。

> 児童生徒の[　①　]に対する指導や，学校・学級の集団全体の安全を守るために管理や指導を行う部分は[　②　]の領域である一方，指導を受けた児童生徒にそのことを自分の課題として受け止めさせ，問題がどこにあるのか，今後どのように行動すべきかを主体的に考え，行動につなげるようにするには，[　③　]における面接の技法や，発達心理学，臨床心理学の知見が，指導の効果を高める上でも重要な役割を果たし得ます。

1　①　逸脱行動　②　生活指導　③　教育相談
2　①　逸脱行動　②　生徒指導　③　カウンセリング
3　①　問題行動　②　生徒指導　③　教育相談

4　①　問題行動　　②　生活指導　　③　カウンセリング

(☆☆☆◎◎◎)

【41】次の文は，「不登校児童生徒への支援の在り方について(通知)」(令和元年10月25日　文部科学省)の一部です。文中の[　①　]，[　②　]にあてはまる語句の組み合わせとして正しいものを，以下の1～4の中から1つ選びなさい。

> 8. 児童生徒の立場に立った柔軟な[　①　]や転校等の対応
>
> いじめが原因で不登校となっている場合等には，いじめを絶対に許さないき然とした対応をとることがまずもって大切であること。また，いじめられている児童生徒の緊急避難としての[　②　]が弾力的に認められてもよく，そのような場合には，その後の学習に支障がないよう配慮が求められること。そのほか，いじめられた児童生徒又はその保護者が希望する場合には，柔軟に[　①　]や転校の措置を活用することが考えられること。

1　①　学級替え　　②　別室登校
2　①　学級替え　　②　欠席
3　①　自宅学習　　②　欠席
4　①　自宅学習　　②　別室登校

(☆☆☆◎◎◎)

【42】次の文は，「生徒指導提要」(平成22年3月　文部科学省)の一部です。文中の[　①　]～[　③　]にあてはまる語句の組み合わせとして正しいものを，以下の1～4の中から1つ選びなさい。

> 学校全体で進める生徒指導とは，学校の中だけで完結するものではありません。家庭や地域社会及び関係機関等との連携・協力を密にし，児童生徒の[　①　]を広い視野から考える開かれた生徒指導の推進を図ることが重要です。そのためには，保護者との間で学校

だよりや学級・学年通信等，あるいはPTAの会報，保護者会などにより相互の[　②　]を深めることが大切であり，また，[　③　]や関係機関等との懇談会などを通して[　②　]と連携を深めるなどの取組が必要です。学校が中心となって生徒指導を進めていくことは当然のことですが，家庭や地域の力を活用できれば，より豊かな生徒指導を進めていくことができます。

1　①　成長発達　②　交流　③　学校運営協議会
2　①　成長発達　②　意見交換　③　地域懇談会
3　①　健全育成　②　意見交換　③　学校運営協議会
4　①　健全育成　②　交流　③　地域懇談会

(☆☆☆◎◎◎)

【43】次の文は，「学校評価ガイドライン」(平成28年改訂　文部科学省)の一部です。文中の[　①　]，[　②　]にあてはまる語句の組み合わせとして正しいものを，以下の1～4の中から1つ選びなさい。

○　自己評価や[　①　]評価を最大限有効に活用し，学校運営の改善をより確実に進めていくためには，これらの評価に加えて，学校運営の質を確認するとともに，学校の優れた取組や改善すべき課題などを学校や設置者等が改めて認識できるような取組を行うことが重要である。

このため，学校教育法に規定されている学校評価の一環として，学校とその設置者が実施者となり，「第三者評価」として次のような評価を実施していくことが有効である。

・　保護者や地域住民による評価とは異なる，学習指導や学校のマネジメント等について[　②　]性を有する者による[　②　]的視点からの評価
・　各学校と直接の関係を有しない者による，当該学校の教職員や保護者等とは異なる立場からの評価

1　①　地域関係者　　②　公益
2　①　学校関係者　　②　専門
3　①　学校関係者　　②　公益
4　①　地域関係者　　②　専門

(☆☆☆◎◎◎)

【44】次の文は，文部科学大臣メッセージ「子供たち一人ひとりに個別最適化され，創造性を育む教育ICT環境の実現に向けて」(令和元年12月19日)の一部です。文中の[　①　]～[　③　]にあてはまる語句の組み合わせとして正しいものを，以下の1～4の中から1つ選びなさい。

この新たな教育の技術革新は，多様な子供たちを誰一人[　①　]ことのない公正に個別最適化された学びや創造性を育む学びにも寄与するものであり，特別な支援が必要な子供たちの可能性も大きく広げるものです。 また，1人1台端末の整備と併せて，統合型校務支援システムをはじめとしたICTの導入・運用を加速していくことで，授業準備や成績処理等の負担軽減にも資するものであり，学校における働き方改革にもつなげていきます。 忘れてはならないことは，ICT環境の整備は手段であり目的ではないということです。子供たちが変化を前向きに受け止め，豊かな創造性を備え，[　②　]社会の創り手として，予測不可能な未来社会を自立的に生き，社会の形成に参画するための資質・能力を一層確実に育成していくことが必要です。その際，子供たちがICTを適切・安全に使いこなすことができるよう[　③　]などの情報活用能力を育成していくことも重要です。

1　①　落ちこぼれさせる　　②　活力ある
　　③　ネットリテラシー
2　①　落ちこぼれさせる　　②　持続可能な
　　③　プログラミング的思考

3 ① 取り残す ② 持続可能な
③ ネットリテラシー
4 ① 取り残す ② 活力ある
③ プログラミング的思考

(☆☆☆◎◎◎)

解答・解説

【1】3

〈解説〉「水魚の交わり」は，水と魚のように切っても切れない親しい関係のこと。仲の悪い者同士や敵味方が同じところにいることを表すのは「呉越同舟」である。

【2】4

〈解説〉与謝蕪村は他に「さみだれや大河を前に家二軒」「菜の花や月は東に日は西に」の句も有名である。

【3】3

〈解説〉(ア)『夜明け前』は，明治維新の理想と現実を描いた歴史小説である。主人公である木曽の庄屋のモデルは作者自身の父である。
(イ)『こころ』は，青年「私」が先生と呼ぶ謎の多い人物の内面と過去を描いた小説である。

【4】1

〈解説〉「けれど」と1「のに」は逆接の接続助詞である。2「で」は手段・方法の格助詞，3「ながら」は動作の並行の接続助詞，4「しか」は限定の係助詞である。

【5】3

〈解説〉㋐は五島列島，㋑は隠岐諸島，㋒は屋久島，㋓は種子島，㋔は小豆島，㋕は淡路島である。　A 「島後」は隠岐諸島の主島である。B 「世界自然遺産」,「スギ」から屋久島と読み取ることはできるが，種子島と屋久島の場所を混同してしまうことが多いので注意すること。　C 東経135度といえば，兵庫県明石市が思いつくだろう。そこから淡路島にたどりつくようにしたい。小豆島は香川県の島で，オリーブの栽培で有名である。

【6】3

〈解説〉① 国家総動員法ではなく，徴兵令が正しい。国家総動員法は太平洋戦争前に施行されたものである。 ② 版籍奉還では不十分だったので，1871年に廃藩置県が実施された。 ③ 西南戦争は1877年の出来事。明治政府に対する士族の反乱であり，中心人物だった西郷隆盛は自害した。ここでは戊辰戦争が正しい。 ④ 渋沢栄一は大蔵省に入るが，退官後は王子製紙や大阪紡績などをおこし実業界で活躍した。

【7】1

〈解説〉2 「太陽王」と呼ばれたのはルイ14世である。ルイ16世はフランス革命で処刑された。　3 グレートブリテン王国の成立は1707年，エリザベス1世の在位期間は1558～1603年である。　4 マリア＝テレジアではなく，エカチェリーナ2世が正しい。マリア＝テレジアはオーストリアの女帝である。

【8】3

〈解説〉$x=0.\dot{2}\dot{1}$とすると，$100x=21.\dot{2}\dot{1}$だから，$100x-x=21.\dot{2}\dot{1}-0.\dot{2}\dot{1}$ ⇔ $99x=21$ ⇔ $x=\frac{21}{99}=\frac{7}{33}$とわかる。

【9】4

〈解説〉半径r，中心角a°のおうぎ形の面積は$\pi r^2\times\frac{a}{360}$だから，半径10cm，中心角150°のおうぎ形の面積は$\pi\times10^2\times\frac{150}{360}=\frac{125}{3}\pi$〔$cm^2$〕となる。

【10】3

〈解説〉1つのさいころを1回投げるとき，5以上の目が出る確率は$\frac{1}{3}$だから，1つのさいころを2回投げるとき，2回とも5以上の目が出る確率は$\frac{1}{3}\times\frac{1}{3}=\frac{1}{9}$である。

【11】2

〈解説〉放物線$y=ax^2$と直線$y=2x+b$が2点A，Bで交わっているということは，関数$y=ax^2$について，xの値が-1から2まで増加するときの変化の割合が，直線$y=2x+b$の傾き2に等しいということである。これより，「関数$y=ax^2$について，xの値がpからqまで増加するときの変化の割合は，$a(p+q)$に等しい」を用いると，$a(-1+2)=2$　$a=2$とわかる。

【12】4

〈解説〉1〔Pa〕=1〔N/m^2〕である。100cm^2の面に20Nの力がかかるので，$20\div0.01=2000$〔N/m^2〕=2000〔Pa〕の圧力になる。

【13】2

〈解説〉単体とは1種類の元素から成り，固有の化学的性質をもつものである。酸素はO_2，水はH_2O，アンモニアはNH_3，銅はCuの組成を持ち，酸素と銅が該当する。

【14】2

〈解説〉小腸は，栄養を分解し吸収する機能がある。アミノ酸やブドウ糖は小腸でかべにある柔毛から内部の毛細血管に吸収される。また，肝臓に貯蔵され，全身に運ばれる。

【15】2

〈解説〉日本での太陽の日周運動は，東から空に昇り南寄りを通って西に沈む。季節により日の出と日の入りの位置がずれ，夏は北寄りに移動し，冬は南寄りに移動する。地軸の傾きは不変なので，運動方向は季節によらず一定である。

【16】1

〈解説〉「エリーゼのために」はベートーベン作曲のピアノ曲,「ハンガリー狂詩曲」はリスト作曲のピアノ独奏曲,「幻想即興曲」はショパン作曲のピアノ曲,「展覧会の絵」はムソルグスキー作曲のピアノ組曲である。有名な楽曲は作曲者と共におぼえておくとよい。

【17】4

〈解説〉「ソーラン節」は北海道,「よさこい節」は高知県,「こきりこ節」は富山県,「花笠音頭」は山形県である。小学校音楽高学年の教科書では，全国の民謡が曲名や地域とともに声の出し方や節回しの面白さを感じとる教材として扱われていることが多い。

【18】1

〈解説〉問題は，平山郁夫の「シルクロードを行くキャラバン(西·月)」である。平山郁夫は広島県生まれの昭和·平成の日本画家である。少年期に広島で被爆し，原爆後遺症に苦しみながら平和を祈る作品として仏教の世界を描くようになる。やがて仏教および日本文化の源流であるシルクロードへの憧れを強くし，この作品をはじめシルクロードをテーマにした作品を数多く残した。

【19】2

〈解説〉色がもつ3つの属性，色相・明度・彩度を色の三要素(三属性)という。色相は赤みや青みといった色みの性質，彩度は色みの強弱の度合い，明度とは明るさの度合いのことで，白がもっとも明度が高く，黒がもっとも明度が低い。すべての有彩色の明度はその間にある。また，あらゆる色は無彩色と有彩色に分類できるが，属性として明度だけをもつのが無彩色である。

【20】1

〈解説〉この文ではvisitは他動詞なので，空欄にはwhichが適切。空欄を含めてこの文を訳すと，「オーストラリアは私が長い間行きたかった国です」となる。関係代名詞の他に，現在完了形が用いられている。

【21】4

〈解説〉説明されていないものを選ぶ点に注意。アはアコーディオン，イはシンセサイザー，ウは木琴の説明である。

【22】4

〈解説〉辞書を家に忘れてしまったAの発言に空欄がある。直後にBがAに何かを渡している様子であるから，Aは空欄を含む文で，Bに辞書を使わせてもらえるようお願いしていると考えるのが自然である。したがって，依頼をするときに用いる4のMay Iが適切である。

【23】1

〈解説〉昨日の誕生日に父親からカメラを買ってもらったBに，Aが使ってみてもよいかを尋ねた場面。BはAのお願いに対してよい返事をしており，「使い方」を教えてあげると言っていると考えるのが自然である。したがって空欄には1のhowが入る。

【24】1

〈解説〉任期満了日以降の投開票は現行の憲法下では初ということが報道されていた。時事問題は，このような珍しい出来事を取り上げることが多い。日々の出来事に意識しておくとともに，時事に関する解説本などで知識を吸収しておくとよいだろう。また，今回は全国的な時事問題であったが，埼玉県の時事問題が出題されることもある。埼玉県で起きた出来事も，県庁のHPなどで確認するとよい。なお，総選挙後に行われる国会は特別国会であり，内閣総理大臣の指名が行われる。

【25】3

〈解説〉RCEPについては何が「約3割」「約5割」なのかを確認しておくこと。他の地域連携協定と比べるときには，その割合が大切になってくる。1のAPECは「アジア太平洋経済協力」，2のOECDは「経済協力開発機構」，4のTPP11は「環太平洋パートナーシップに関する包括的及び先進的な協定」のことである。それぞれの加盟国なども確認しておくとよい。

【26】2

〈解説〉日本の世界遺産は25あり，内訳をみると文化遺産は20，自然遺産は5となっている(2022年10月現在)。世界遺産はどこを出題されてもよいように，文化庁ホームページなどで確認しておくとよい。縄文時代では，青森県の三内丸山遺跡があげられる。

【27】2

〈解説〉エレン・ケイの主著『児童の世紀(こどもの世紀)』は，1900年に刊行された。本書では，西欧先進諸国に成立・普及した近代国家づくりの一環としての公教育制度のあり方を批判した。そして，20世紀は児童の世紀であるとして，子どもの成長・発達を優先した教育を唱えた。

【28】4

〈解説〉ピグマリオン効果は，アメリカの心理学者ローゼンタールが提唱した。一方，「ある人物に対して周囲の期待が低い場合，その人物は周囲の期待通りにパフォーマンスが低下してしまう」ものをゴーレム効果と呼ぶ。あわせて学習しておくとよい。

【29】3

〈解説〉教育基本法第4条は，教育の機会均等についての規定である。本条文は，日本国憲法第14条第1項，第26条第1項を受け，規定されたといわれている。教育の機会均等については学校教育法などでも規定されているので，まとめて学習するとよい。

【30】1

〈解説〉地方公務員法第30条は，地方公務員の服務の根本基準を定めたもの。「全体の奉仕者」については日本国憲法第15条第2項，および地方公務員法第29条第1項第三号なども確認しておくとよい。

【31】2

〈解説〉学校教育法第11条は，懲戒に関する条文である。「文部科学大臣の定めるところにより……懲戒を加えることができる」については，学校教育法施行規則第26条などを確認するとよい。また，出席停止については学校教育法第35条，学校保健安全法第19条と比較しながら学習すること。

【32】3

〈解説〉体験活動については，まず自分の身体を通して実地・実物に関わる「直接体験」，インターネットやテレビ等を介して感覚的に学びとる「間接体験」，シミュレーションや模型等を通じて模擬的に学ぶ「擬似体験」に大別されること。現在では，間接体験や擬似体験が圧倒的に多くなったが，児童生徒への負の影響が指摘されており，直接体験の重要性が法や答申などで示されるようになっていることをおさえておきたい。

【33】4

〈解説〉文末が「……ことができる」は可能を意味し，本問の場合，主体者(校長，学校の設置者)が出席停止や休業するかどうかを判断する。一方，「……ならない」は強制を意味し，主体者は必ず行うことを意味する。なお，感染症における出席停止期間は，学校保健安全法施行規則第19条で示されている。本条文も頻出なので，学習しておくこと。

【34】2

〈解説〉まず，本法ではいじめ対策として予防，早期発見・早期解決を重視していることをおさえておくこと。ここでいう「定期的な調査」とは主にアンケート・質問票形式による調査を指し，教育相談等と組み合わせることで，いじめの早期発見を目指している。

【35】1

〈解説〉本資料では，今後の教育施策の基本的な方針として「夢と志を持ち可能性に挑戦するために必要となる力を育成する」「社会の持続的な発展を牽引するための多様な力を育成する」「生涯学び活躍できる環境を整える」「誰もが社会の担い手となるための学びのセーフティネットを構築する」「教育政策推進のための基盤を整備する」の5つとしている。これらを踏まえ，県・市の教育施策がされることから，詳細を含め理解しておきたい。

【36】2

〈解説〉「現代的な諸課題に対応して求められる資質・能力」に関する問題。まず，わが国の教育目標が『「生きる力」の育成』であることを確認すること。また，本資料では，児童には東日本大震災や熊本地震などの災害を乗り越える，次代の社会を形成するといった役割があり，そのために必要な資質・能力を教科横断的に育成することが今日の教育課題であると指摘している。

【37】3

〈解説〉障害者基本法は，障害をもつ人に関する法律や制度についての基本的な考え方を示したものである。平成23年に大幅に改正されたが，これは国連の「障害者の権利に関する条約」に批准する，障害をもつ人を暮らしやすくする，障害者に関係することを決める時は，必ず障害者の意見を聞いて決める等を目的としていることも知っておくとよい。

【38】1

〈解説〉障害者の教育に関する条文からの出題。わが国における障害者教育は「共生社会に向けたインクルーシブ教育」を目指しているが，その考え方は問題の条文などに基づく。障害者教育において，特に重要なキーワードの一つに「合理的配慮」がある。具体例なども含めて学習しておくとよい。

【39】4

〈解説〉ここでは細かな数値よりも，傾向などを把握しておくとよい。なお，令和3年のデータによると，ここ10年で義務教育段階の児童生徒数が93万人減(約0.9倍)に対して，特別支援教育を受ける児童生徒数は25.4万人増(約1.9倍)であり，特に特別支援学級で受ける児童生徒は17.1万人増(約2.1倍)，通級による指導を受ける児童生徒数は6.8万人増(約2.0倍)となっていることに注意したい。

【40】3

〈解説〉②の生徒指導と生活指導は類義語であるが，本資料では生活指導が多義的に扱われていること，用語の統一等の理由で「生徒指導」のみ使用されている。

【41】2

〈解説〉不登校になる原因は先生，他の児童生徒との人間関係が上位を占めており，本資料でも学級替えや転校について，原因をいじめと教員による体罰や暴言等，不適切な言動や指導の2つが示されている。なお，後者の対応としては「不適切な言動や指導をめぐる問題の解決に真剣に取り組むとともに，保護者等の意向を踏まえ，十分な教育的配慮の上で学級替えを柔軟に認めるとともに，転校の相談に応じることが望まれる」としている。

【42】4

〈解説〉学校運営協議会をもつ学校はコミュニティ・スクールとも呼ばれ，学校と地域住民等が力を合わせて学校の運営に取り組むことができるとされている。学校運営協議会の主な役割としては，校長が作成する学校運営の基本方針の承認，学校運営に関する意見を教育委員会や校長に述べる，教職員の任用に関して，教育委員会規則に定める事項について，教育委員会に意見を述べる，があげられる。

【43】2

〈解説〉同ガイドラインでは，学校関係者評価を実施するに当たって留意すべき事項として，義務教育学校においては，前期・後期課程の児童生徒の保護者の双方が評価者となることを基本とし，小中一貫型小学校及び小中一貫型中学校においては，学校関係者評価委員会は両校横断的な組織とし，接続する小学校・中学校双方の保護者を評価者に加えることが望ましい，としている。

【44】3

〈解説〉ネットリテラシーはインターネットの便利さ，脅威やルールを理解し，適切に使用するための能力のことである。インターネットの普及により，情報の送受信が簡便になったが，その情報が正しいかどうかの判断は読み手にゆだねられている，一度発信した情報を完全に取り消すことはできない等，インターネットにおける被害者や加害者にならないため重要視されている。

2022年度　実施問題

【1】次の四字熟語の反対の意味をもつことわざとして正しいものを，以下の1～4の中から1つ選びなさい。

一石二鳥

1　瓜のつるには茄子(なすび)はならぬ
2　虻蜂(あぶはち)取らず
3　逃(に)がした魚は大きい
4　柳の下にいつも泥鰌(どじょう)は居らぬ

(☆☆☆◎◎◎)

【2】次の(ア)と(イ)と同じ季節を表す季語の組み合わせとして正しいものを，以下の1～4の中から1つ選びなさい。

(ア)　小春　　(イ)　土用

1　(ア)　寒月　　(イ)　薫風
2　(ア)　柘榴　　(イ)　葵
3　(ア)　東風　　(イ)　十六夜
4　(ア)　夷講　　(イ)　種蒔

(☆☆☆◎◎◎)

【3】次の文学作品と作者の組み合わせとしてすべて正しいものを，1～4の中から1つ選びなさい。

1　『ドン・キホーテ』セルバンテス　　『罪と罰』ゴーリキー
2　『白鯨』魯迅　　『女の一生』モーパッサン
3　『青い鳥』プルースト　　『トニオ・クレーゲル』ゲーテ
4　『月と六ペンス』モーム　　『人形の家』イプセン

(☆☆☆◎◎◎)

【4】次の文における敬語の使い方として最も適切なものを，1～4の中から1つ選びなさい。

1　お客様がいらっしゃいました。

2　私の御提案を申し上げます。

3　父は出かけていらっしゃいます。

4　粗品ですが，どうぞいただいてください。

(☆☆☆◎◎◎)

【5】次の表は，2018年の日本の港(空港を含む)における貿易の特徴についてまとめたものです。表中のA～Dにあたる港を，地図中の㋐～㋓からそれぞれ選び，その組み合わせとして正しいものを，以下の1～4の中から1つ選びなさい。

表

港	貿易の特徴
A	輸出額が第１位であるこの港の輸出品の上位は、自動車（25.0%）や自動車部品（17.5%）である。
B	輸入額が第１位であるこの港の輸入品の上位は、通信機（14.0%）や医薬品（11.6%）である。
C	この港の輸出品の上位は、原動機（12.3%）、自動車部品（11.2%）、二輪自動車類（7.2%）である。
D	この港の輸入品の上位は、原油（54.1%）、天然ガス類（17.7%）、石油製品（4.1%）である。

（出典：「地球データファイル（2020年版）より作成」）

地図

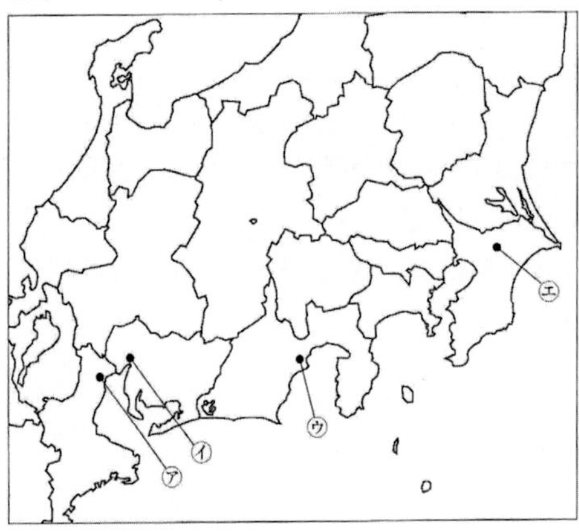

1　A－㋐　B－㋒　C－㋓　D－㋑

2　A－㋐　B－㋓　C－㋒　D－㋑
3　A－㋑　B－㋒　C－㋓　D－㋐
4　A－㋑　B－㋓　C－㋒　D－㋐

(☆☆☆◎◎◎)

【6】次の著作物と関係する人物の組み合わせとしてすべて正しいものを，1～4の中から1つ選びなさい。

1　『古事記伝』賀茂真淵　　　『ハルマ和解』稲村三伯
2　『柳子新論』山県大弐　　　『西説内科撰要』工藤平助
3　『群書類従』塙保己一　　　『解体新書』杉田玄白
4　『国意考』前野良沢　　　『華夷通商考』荷田春満

(☆☆☆◎◎◎)

【7】次は，内閣総理大臣の指名について述べた文章です。文章中の[　①　]，[　②　]にあてはまる語句の組み合わせとして最も適切なものを，以下の1～4の中から1つ選びなさい。

> 内閣総理大臣は，国会議員の中から国会の議決で指名される。また，衆議院と参議院とが異なった指名の議決をした場合，参議院は[　①　]を求めなければならない。そして，[　①　]を開いても意見が一致しないとき，又は衆議院が指名の議決をした後，国会休会中の期間を除いて[　②　]日以内に参議院が指名の議決をしないときは，衆議院の議決を国会の議決とする。

1　①　特別委員会　　②　30　　2　①　特別委員会　　②　10
3　①　両院協議会　　②　30　　4　①　両院協議会　　②　10

(☆☆☆◎◎◎)

【8】$\dfrac{\sqrt{3}}{\sqrt{7}-\sqrt{6}}$を有理化した値として正しいものを，次の1～4の中から1つ選びなさい。

1　$\sqrt{21}-3\sqrt{2}$　　2　$\sqrt{21}+3\sqrt{2}$　　3　$\dfrac{\sqrt{21}+3\sqrt{2}}{13}$
4　$\dfrac{3\sqrt{2}-\sqrt{21}}{13}$

(☆☆☆◎◎◎)

【9】$x=2$, $y=-5$のとき, $(x+2y)^2-x(2x-y)$の式の値として正しいものを, 次の1～4の中から1つ選びなさい。

1　46　　2　54　　3　146　　4　154

(☆☆☆◎◎◎)

【10】次の図で, $\angle x$の大きさとして正しいものを, 以下の1～4の中から1つ選びなさい。

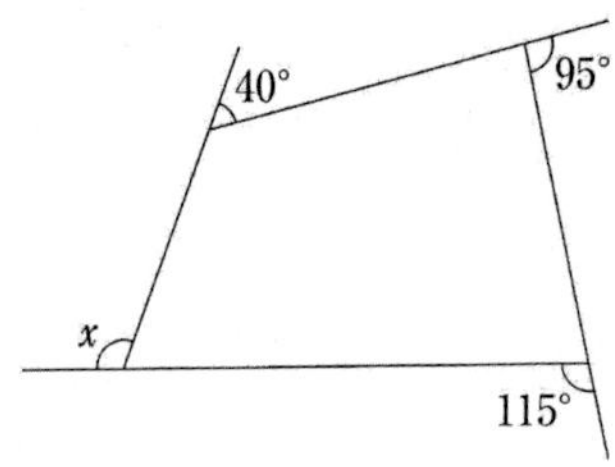

1　95°　　2　100°　　3　110°　　4　120°

(☆☆☆◎◎◎)

【11】次の図のように, $y=-2x^2$のグラフ上に, x座標がそれぞれ-2, $\dfrac{1}{2}$である2点A, Bをとります。この2点A, Bを通る直線の式として正しいものを, 以下の1～4の中から1つ選びなさい。

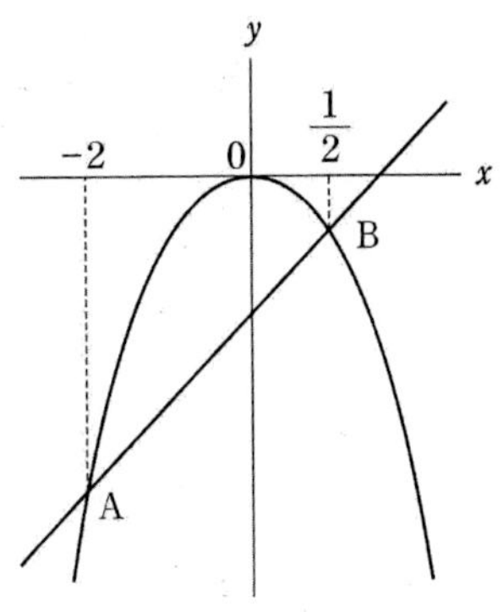

1　$y=\frac{1}{3}x-2$　　2　$y=3x-2$　　3　$y=\frac{1}{3}x-6$　　4　$y=3x-6$

(☆☆☆◎◎◎)

【12】空気中から直方体のガラスに光を入射させたときの光の道すじとして最も適切なものを，次の1～4の中から1つ選びなさい。

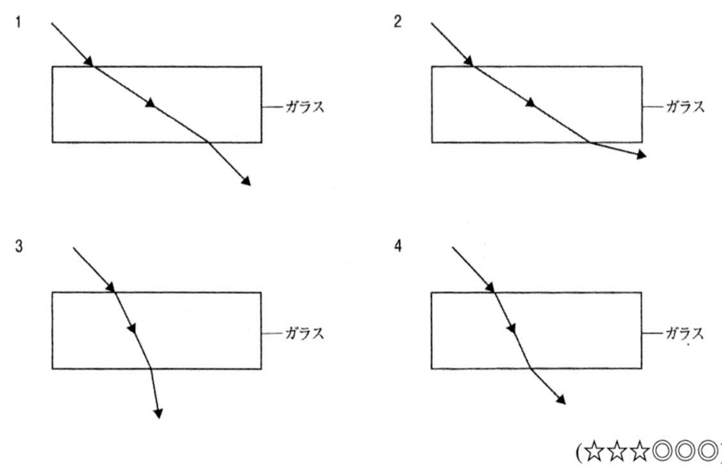

(☆☆☆◎◎◎)

【13】次は，水とエタノールの混合物を加熱し，分離する実験について述べた文章です。文章中の[　①　]，[　②　]にあてはまる語句の組み合わせとして正しいものを，以下の1～4の中から1つ選びなさい。

水とエタノールの混合物を熱すると，水よりも沸点が[　①　]エタノールを多く含んだ気体が先に出てくる。このように，物質の沸点の違いを利用して，蒸発する気体を冷やして再び液体を得る操作を[　②　]という。

1　①　低い　　②　再結晶　　2　①　低い　　②　蒸留
3　①　高い　　②　再結晶　　4　①　高い　　②　蒸留

(☆☆☆◎◎◎)

【14】次の図は，ある被子植物の花のつくりを模式的に表したものです。花のつくりの中で，受粉後，成長して果実になる部分を，以下の1～4の中から1つ選びなさい。

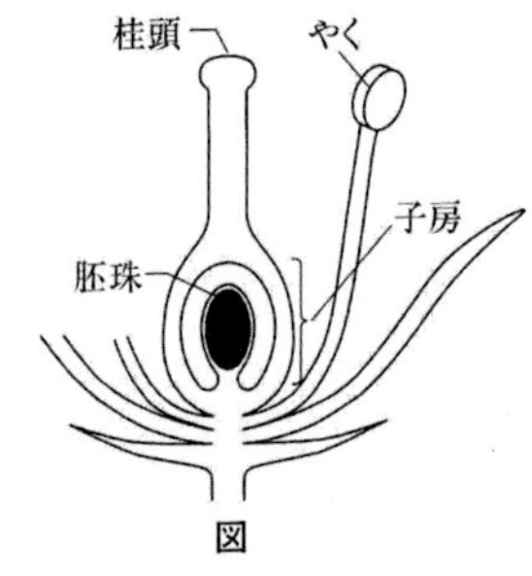

図

1　子房　　2　やく　　3　柱頭　　4　胚珠

(☆☆☆◎◎◎)

【15】次は，地上から見た星の動きについて述べた文章です。文章中の[　①　],[　②　]にあてはまる語句の組み合わせとして正しいものを，以下の1～4の中から1つ選びなさい。

日本のある地点で，夜空の星の動きを観察した。図は[　①　]の空の星の動きを模式的に表したもので，星が[　②　]の向きに動いていく様子が観測された。

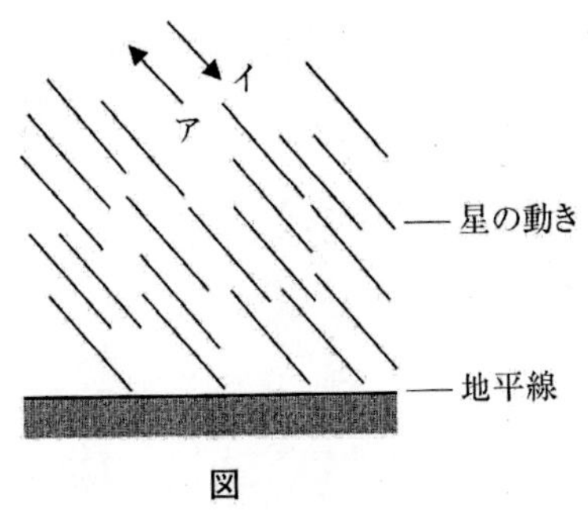

図

1 ① 東　② ア　2 ① 東　② イ
3 ① 西　② ア　4 ① 西　② イ

(☆☆☆◎◎◎)

【16】次の曲名と作曲者の組み合わせとして誤っているものを，次の1～4の中から1つ選びなさい。

	曲名	作曲者
1	故郷	岡野　貞一
2	この道	山田　耕筰
3	月の砂漠	古関　裕而
4	花	滝　廉太郎

(☆☆☆◎◎◎)

【17】弦楽器，打楽器，木管楽器，金管楽器の組み合わせとして正しいものを，次の1～4の中から1つ選びなさい。

	弦楽器	打楽器	木管楽器	金管楽器
1	ヴァイオリン	シンバル	ファゴット	フルート
2	ヴィオラ	シンバル	サキソフォーン	トランペット
3	ヴァイオリン	ユーフォニューム	ファゴット	トランペット
4	鉄琴	ティンパニー	サキソフォーン	フルート

(☆☆☆◎◎◎◎)

【18】彫刻作品と作者の組み合わせとして誤っているものを，次の1～4の中から1つ選びなさい。

	1	2	3	4
作品	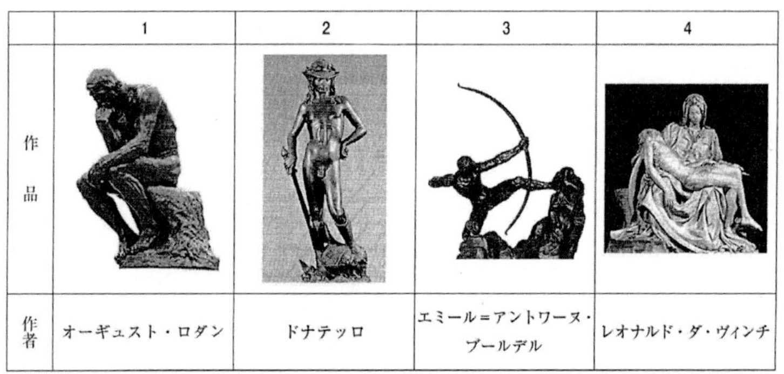			
作者	オーギュスト・ロダン	ドナテッロ	エミール＝アントワーヌ・ブールデル	レオナルド・ダ・ヴィンチ

(☆☆☆◎◎◎)

【19】加工に用いる用具の使い方に関する説明として適切でないものを，次の1～4の中から1つ選びなさい。

1　たがねは，正確に寸法を測ることができる。

2　金切りばさみは，アルミニウム缶を切ることができる。

3　ペンチは，針金を切ることができる。

4　金のこは，ガラス板を押す力で切ることができる。

(☆☆☆◎◎◎)

【20】次の文の(　　)にあてはまる最も適切な語または語句を，以下の1～4の中から1つ選びなさい。

The girl eating some cake (　　) very happy.

1　look　　2　looking　　3　looks　　4　to look

(☆☆☆◎◎◎)

【21】次のア～ウの英文で説明されていないものを，以下の1～4の中から1つ選びなさい。

ア　a game played on a field by two teams of ten players, in which each player has a long stick with a net on the end of it and uses this to throw, catch, and carry a small ball

イ　an outdoor game played by two teams with an oval ball that you kick or carry

ウ　a game in which two teams try to score points by throwing or hitting a ball with their hands

1　サッカー　　2　ラクロス　　3　ラグビー　　4　ハンドボール

(☆☆☆◎◎◎)

【22】次の会話文の(　　)にあてはまる最も適切なものを，以下の1～4の中から1つ選びなさい。

A : Do you mind if I borrow this umbrella?

B : (　　) Here you are.

1　You're welcome.　　2　Yes, I do.　　3　That's right.

4　Not at all.

(☆☆☆◎◎◎)

【23】次の会話文の(　　)にあてはまる最も適切な語または語句を，以下の1～4の中から1つ選びなさい。

A : The musical we saw yesterday was boring.

B : I didn't think much of it either.

A : We (　　) have stayed at home.

B : I think so.

1　should　　2　must　　3　cannot　　4　need not

(☆☆☆◎◎◎)

【24】次は，「大阪ブルー・オーシャン・ビジョン」について述べた文です。文中の空欄にあてはまる語として最も適切なものを，以下の1～4の中から1つ選びなさい。

海洋プラスチックごみによる新たな汚染を2050年までにゼロにすることを目標とする，2019年6月の[　　]で共有された構想である。

1　COP25　　2　G20サミット　　3　IPCC第49回総会
4　TICAD7

(☆☆☆◎◎◎)

【25】次は，プライマリー・バランスについて述べた文です。文中の空欄にあてはまる語として最も適切なものを，以下の1～4の中から1つ選びなさい。

国や地方自治体の歳入から公債費を除く歳出を差し引いて計算した収支で，[　　]を表す指標として用いられる。

I　PFIの進捗度　　2　所得格差　　3　財政の健全性
4　経常収支

(☆☆☆◎◎◎)

【26】次は，ある国連機関について述べた文章です。その略称として正しいものを，以下の1～4の中から1つ選びなさい。

世界の紛争地などで飢餓に苦しむ人々を支援し続け，平和と安定に貢献し続けてきた。その活動が評価され，2020年のノーベル平和賞を受賞した。

1　IAEA　　2　UNHCR　　3　UNICEF　　4　WFP

(☆☆☆◎◎◎)

【27】次の文章中の[①], [②]にあてはまる人物名の組み合わせとして正しいものを，以下の1～4の中から1つ選びなさい。

日本の教育学の父とされる福岡藩の儒者であった[①]は，1710年に5巻からなる『和俗童子訓』を執筆した。その中の「教女子法」には，女子の生活の心得が説かれている。これは後に『女大学』として独立して刊行され，明治以降も広く流布した。しかし，『学問のすゝめ』で知られる[②]は，『女大学評論』『新女大学』を刊行し，女子の自然な感情を抑圧するものとして批判した。

1 ① 貝原益軒 ② 大隈重信
2 ① 貝原益軒 ② 福沢諭吉
3 ① 本居宣長 ② 大隈重信
4 ① 本居宣長 ② 福沢諭吉

(☆☆☆◎◎◎)

【28】次は，エリクソンが提唱した発達段階について述べた文章です。文章中の[①], [②]にあてはまる語句の組み合わせとして正しいものを，以下の1～4の中から1つ選びなさい。

エリクソンは心理社会的観点から発達段階を[①]に分けた理論を提唱した。これによれば，各発達段階において克服すべき課題があるとするもので，青年期における課題として[②]の達成を挙げた。

1 ① 4段階 ② 自我同一性　2 ① 4段階 ② 基本的信頼
3 ① 8段階 ② 自我同一性　4 ① 8段階 ② 基本的信頼

(☆◎◎◎◎◎)

【29】次は，「いじめ防止対策推進法　第15条」の一部です。文中の[①], [②]にあてはまる語句の組み合わせとして正しいものを，以下の1～4の中から1つ選びなさい。

学校の設置者及びその設置する学校は，児童等の豊かな[　①　]と道徳心を培い，心の通う対人交流の能力の素地を養うことがいじめの防止に資することを踏まえ，全ての教育活動を通じた道徳教育及び[　②　]等の充実を図らなければならない。

1　①　情操　　②　体験活動　　2　①　情操　　②　特別活動
3　①　人間性　②　体験活動　　4　①　人間性　②　特別活動

(☆◎◎◎◎◎)

【30】次は，教科用図書の使用に関して述べた文です。文中の[　①　]，[　②　]にあてはまる語句の組み合わせとして正しいものを，以下の1～4の中から1つ選びなさい。

学校教育法によって，小学校，中学校，義務教育学校，高等学校，中等教育学校，特別支援学校においては，[　①　]の検定を経た教科用図書又は[　②　]が著作の名義を有する教科用図書を使用しなければならないことが定められている。

1　①　中央教育審議会　　②　文部科学省
2　①　文部科学大臣　　②　文部科学省
3　①　文部科学省　　②　各都道府県教育委員会
4　①　中央教育審議会　　②　各都道府県教育委員会

(☆☆◎◎◎◎)

【31】次は，「学校保健安全法　第9条」の全文です。文中の[　①　]～[　④　]にあてはまる語句の組み合わせとして正しいものを，以下の1～4の中から1つ選びなさい。

> 養護教諭その他の職員は，相互に連携して，健康相談又は児童生徒等の[　①　]の日常的な観察により，児童生徒等の[　②　]を把握し，健康上の問題があると認めるときは，遅滞なく，当該児童生徒等に対して必要な[　③　]を行うとともに，必要に応じ，その保護者(学校教育法第16条に規定する保護者をいう。第24条及び第30条において同じ。)に対して必要な[　④　]を行うものとする。

1　①　健康状態　②　心身の状況　③　助言　④　指導
2　①　心身の状況　②　健康状態　③　指導　④　助言
3　①　健康状態　②　心身の状況　③　指導　④　助言
4　①　心身の状況　②　健康状態　③　助言　④　指導

(☆☆☆◎◎◎◎)

【32】次は，「教育公務員特例法　第17条」の一部です。文中の[　①　]，[　②　]にあてはまる語句の組み合わせとして正しいものを，以下の1～4の中から1つ選びなさい。

> 教育公務員は，教育に関する他の職を兼ね，又は教育に関する他の事業若しくは事務に従事することが[　①　]の遂行に支障がないと任命権者(地方教育行政の組織及び運営に関する法律第37条第1項に規定する県費負担教職員については，市町村(特別区を含む。以下同じ。)の教育委員会。第23条第2項及び第24条第2項において同じ。)において認める場合には，[　②　]を受け，又は受けないで，その職を兼ね，又はその事業若しくは事務に従事することができる。

1　①　授業　②　給与
2　①　授業　②　研修
3　①　本務　②　給与
4　①　本務　②　研修

(☆◎◎◎◎◎)

【33】次の1～4の中から，下線部が誤っているものを1つ選びなさい。

1　小学校は，前条第1項の規定による評価の結果を踏まえた当該小学校の児童の保護者その他の当該小学校の関係者(当該小学校の職員を除く。)による評価を行い，その結果を公表しなければならない。(学校教育法施行規則第67条)

2　いじめの防止等のための対策は，いじめを受けた児童等の生命及び心身を保護することが特に重要であることを認識しつつ，国，地方公共団体，学校，地域住民，家庭その他の関係者の連携の下，いじめの問題を克服することを目指して行われなければならない。(いじめ防止対策推進法第3条)

3　学校においては，事故等により児童生徒等に危害が生じた場合において，当該児童生徒等及び当該事故等により心理的外傷その他の心身の健康に対する影響を受けた児童生徒等その他の関係者の心身の健康を回復させるため，これらの者に対して必要な支援を行うものとする。この場合においては，第10条の規定を準用する。(学校保健安全法第29条)

4　公立学校の教育公務員の政治的行為の制限については，当分の間，地方公務員法第36条の規定にかかわらず，国家公務員の例による。(教育公務員特例法第18条)

(☆☆☆◎◎◎◎)

【34】次は，「地方公務員法　第36条」の一部です。文中の[　①　]，[　②　]にあてはまる語句の組み合わせとして正しいものを，以下の1～4の中から1つ選びなさい。

職員は，[　①　]の結成に関与し，若しくはこれらの団体の[　②　]となつてはならず，又はこれらの団体の構成員となるように，若しくはならないように勧誘運動をしてはならない。

1　①　法人その他の非営利団体　　②　一員

2　①　法人その他の非営利団体　　②　役員

3 ① 政党その他の政治的団体 ② 一員
4 ① 政党その他の政治的団体 ② 役員

(☆◎◎◎◎◎)

【35】次は，第3期教育振興基本計画(平成30年6月 閣議決定)「第1部 我が国における今後の教育政策の方向性 Ⅲ．2030年以降の社会を展望した教育政策の重点事項」の一部です。文章中の[①]，[②]にあてはまる語句の組み合わせとして正しいものを，以下の1～4の中から1つ選びなさい。

○ さらに，人生100年時代においては，生涯の様々なステージに必要となる能力を着実に身に付け，発揮することが一層重要となることから，[①]の充実を図ることが必要である。このように，幼児期から高齢期までの一貫した理念として，一人一人が，生涯にわたって必要な[②]を身に付け，他者と協働しながら，様々な社会的変化を乗り越え，自らの可能性を最大限に伸長することのできる教育を実現する必要がある。

1 ① 生涯学習 ② 知識・技能
2 ① 生涯学習 ② 思考力・判断力・表現力等
3 ① リカレント教育 ② 知識・技能
4 ① リカレント教育 ② 思考力・判断力・表現力等

(☆☆◎◎◎◎)

【36】次は，中央教育審議会「幼稚園，小学校，中学校，高等学校及び特別支援学校の学習指導要領等の改善及び必要な方策等について(答申)」(平成28年12月)の一部です。文章中の[①]～[③]にあてはまる語句の組み合わせとして正しいものを，以下の1～4の中から1つ選びなさい。

> これからの教育課程や学習指導要領等は，学校の[　①　]の下，子供たちの多様で質の高い学びを引き出すため，学校教育を通じて子供たちが身に付けるべき[　②　]や学ぶべき内容などの全体像を分かりやすく見渡せる「学びの地図」として，教科等や学校段階を越えて教育関係者間が共有したり，子供自身が学びの[　③　]を自覚する手掛かりを見いだしたり，家庭や地域，社会の関係者が幅広く活用したりできるものとなることが求められている。教育課程が，学校と社会や世界との接点となり，さらには，子供たちの成長を通じて現在と未来をつなぐ役割を果たしていくことが期待されているのである。

1　①　試行錯誤　　②　知識・技能　　③　意義
2　①　試行錯誤　　②　資質・能力　　③　目標
3　①　創意工夫　　②　知識・技能　　③　目標
4　①　創意工夫　　②　資質・能力　　③　意義

(☆☆◎◎◎◎)

【37】次は，文部科学省「特別支援教育資料(令和元年度)　第2部　調査編」(令和2年9月)の通級による指導実施状況について述べた文章です。文章中の[　①　]，[　②　]にあてはまる語句の組み合わせとして正しいものを，以下の1～4の中から1つ選びなさい。

> 国公立の小・中・高等学校において，通級による指導を受けている児童生徒数は134,185名(前年度123,095)であり，11,090名増加している。このうち最も多い障害種別は[　①　]であり，最も多く増加している障害種別は[　②　]で3,409名である。

1　①　自閉症　　②　学習障害
2　①　言語障害　　②　学習障害
3　①　言語障害　　②　注意欠陥多動性障害(ADHD)
4　①　自閉症　　②　注意欠陥多動性障害(ADHD)

(☆☆☆☆◎◎)

【38】次は，中央教育審議会初等中等教育分科会「共生社会の形成に向けたインクルーシブ教育システム構築のための特別支援教育の推進(報告)」(平成24年7月)の一部です。文章中の[①]，[②]にあてはまる語句の組み合わせとして正しいものを，以下の1～4の中から1つ選びなさい。

> 「合理的配慮」は，一人一人の障害の状態や教育的ニーズ等に応じて決定されるものであり，設置者・学校と本人・保護者により，発達の段階を考慮しつつ，「合理的配慮」の観点を踏まえ，「合理的配慮」について可能な限り合意形成を図った上で決定し，提供されることが望ましく，その内容を個別の[①]に明記することが望ましい。なお，設置者・学校と本人・保護者の意見が一致しない場合には，「教育支援委員会」(仮称)の助言等により，その解決を図ることが望ましい。また，学校・家庭・[②]における教育が十分に連携し，相互に補完しつつ，一体となって営まれることが重要であることを共通理解とすることが重要である。

1 ① 教育支援計画 ② 医療機関
2 ① 教育支援計画 ② 地域社会
3 ① 学習指導計画 ② 医療機関
4 ① 学習指導計画 ② 地域社会

(☆☆◎◎◎◎)

【39】次は，中央教育審議会「特別支援教育を推進するための制度の在り方について(答申)」(平成17年12月)の一部です。文章中の[①]，[②]にあてはまる語句の組み合わせとして正しいものを，以下の1～4の中から1つ選びなさい。

我が国が目指すべき社会は，障害の有無にかかわらず，誰もが相互に[　①　]を尊重し支え合う共生社会である。その実現のため，障害者基本法や障害者基本計画に基づき，ノーマライゼーションの理念に基づく障害者の社会への参加・参画に向けた総合的な施策が政府全体で推進されており，その中で，学校教育は，障害者の[　②　]を見通した取組を含め，重要な役割を果たすことが求められている。

1　①　人権と尊厳　　②　教育的ニーズ
2　①　人権と尊厳　　②　自立と社会参加
3　①　人格と個性　　②　教育的ニーズ
4　①　人格と個性　　②　自立と社会参加

(☆☆◎◎◎◎)

【40】次は，「第3期教育振興基本計画」(平成30年6月　閣議決定)の一部です。文中の[　①　]，[　②　]にあてはまる語句の組み合わせとして正しいものを，以下の1～4の中から1つ選びなさい。

地域住民や保護者等が学校運営に参画する仕組みである[　①　]制度を全ての公立学校において導入することを目指し，各地域における推進を担う人材の確保・育成等を通じて，[　②　]の導入の促進及び運営の充実を図る。

1　①　地域学校協働本部　　②　フリー・スクール
2　①　地域学校協働本部　　②　コミュニティ・スクール
3　①　学校運営協議会　　②　フリー・スクール
4　①　学校運営協議会　　②　コミュニティ・スクール

(☆◎◎◎◎◎)

【41】次は，「いじめの防止等のための基本的な方針」〔平成25年10月文部科学大臣決定(最終改定　平成29年3月)〕の一部です。文章中の

[　①　], [　②　]にあてはまる語句の組み合わせとして正しいものを，以下の1～4の中から1つ選びなさい。

i)　重大事態の発生と調査

(学校の設置者又はその設置する学校による対処)

第28条　学校の設置者又はその設置する学校は，次に掲げる場合には，その事態(以下(重大事態」という。)に対処し，及び当該重大事態と同種の事態の発生の防止に資するため，速やかに，当該学校の設置者又はその設置する学校の下に組織を設け，質問票の使用その他の適切な方法により当該重大事態に係る事実関係を明確にするための調査を行うものとする。

一　いじめにより当該学校に在籍する児童等の生命，心身又は[　①　]に重大な被害が生じた疑いがあると認めるとき。

二　いじめにより当該学校に在籍する児童等が相当の期間学校を欠席することを余儀なくされている疑いがあると認めるとき。

(略)

①　重大事態の意味について

(中略)

法第2号の「相当の期間」については，不登校の定義を踏まえ，年間[　②　]日を目安とする。ただし，児童生徒が一定期間，連続して欠席しているような場合には，上記目安にかかわらず，学校の設置者又は学校の判断により，迅速に調査に着手することが必要である。

1　①　財産　　②　15
2　①　金品等　②　30
3　①　財産　　②　30

4　①　金品等　　②　15

(☆☆◎◎◎)

【42】次は，「生徒指導提要」(平成22年3月　文部科学省)の一部です。文中の[　①　]，[　②　]にあてはまる語句の組み合わせとして正しいものを，以下の1～4の中から1つ選びなさい。

教育相談と生徒指導の相違点としては，教育相談は主に個に焦点を当て，面接や演習を通して個の[　①　]の変容を図ろうとするのに対して，生徒指導は主に集団に焦点を当て，行事や[　②　]などにおいて，集団としての成果や変容を目指し，結果として個の変容に至るところにあります。

1　①　外面　　②　特別活動
2　①　外面　　②　課外活動
3　①　内面　　②　特別活動
4　①　内面　　②　課外活動

(☆☆◎◎◎◎)

【43】次は，「学校現場における業務改善のためのガイドライン」(平成27年7月　文部科学省)の一部です。文章中の[　①　]，[　②　]にあてはまる語句の組み合わせとして正しいものを，以下の1～4の中から1つ選びなさい。

○　学校評価，とりわけその実施が義務付けられている[　①　]は，校長のリーダーシップの下で，当該学校の全教職員が参加し，設定した目標や具体的計画等に照らして，その達成状況や達成に向けた取組の適切さ等について評価を行うものであり，学校のマネジメント力を高める有効なツールである。
○　学校評価の実施に当たっては，重点的な評価項目の一つとして，業務改善による教員が[　②　]の確保を明確に位置付け，校長のリーダーシップの下，全教職員が業務改善の実施状況

> の点検・評価に関わることにより，当事者意識を持って更なる業務改善を図っていくことが重要である。このため，教育委員会は，明確な方針の策定や好事例の普及などを通じ，学校評価と連動した業務改善の点検・評価の取組を推進することが必要である。

1　①　自己評価　　②　子供と向き合う時間
2　①　外部評価　　②　自己研鑽を行う時間
3　①　自己評価　　②　自己研鑽を行う時間
4　①　外部評価　　②　子供と向き合う時間

(☆☆◎◎◎)

【44】次は，文部科学省「小学校，中学校，高等学校及び特別支援学校等における児童生徒の学習評価及び指導要録の改善等について(通知) 2．学習評価の主な改善点について」(平成31年3月)の一部です。文章中の[　①　]，[　②　]にあてはまる語句の組み合わせとして正しいものを，以下の1～4の中から1つ選びなさい。

> (1)　各教科等の目標及び内容を「知識及び技能」，「思考力，判断力，表現力等」，「学びに向かう力，人間性等」の資質・能力の三つの柱で再整理した新学習指導要領の下での指導と評価の一体化を推進する観点から，[　①　]の観点についても，これらの資質・能力に関わる「知識・技能」，「思考・判断・表現」，「主体的に学習に取り組む態度」の3観点に整理して示し，設置者において，これに基づく適切な観点を設定することとしたこと。その際，「学びに向かう力，人間性等」については，「主体的に学習に取り組む態度」として[　①　]を通じて見取ることができる部分と[　①　]にはなじまず，[　②　]等を通じて見取る部分があることに留意する必要があることを明確にしたこと。

1　①　観点別学習状況の評価　　②　診断的評価
2　①　観点別学習状況の評価　　②　個人内評価

3　①　集団に準拠した評価　　②　診断的評価
4　①　集団に準拠した評価　　②　個人内評価

(☆☆◎◎◎◎)

解答・解説

【1】2

〈解説〉「一石二鳥」は，一つの行為で二つの利益を得ること。　1「瓜のつるには茄子はならぬ」は，平凡な親から非凡な子は生まれないこと，ある原因からは，それ相当の結果しか生じないこと。　2「虻蜂取らず」は，二つのものを同時に手に入れようとしてどちらも得られないこと。一石二鳥の反対の意味を表すことわざである。　3「逃がした魚は大きい」は，手に入らなかったものは実際より価値があるように思われること。　4「柳の下にいつも泥鰌は居らぬ」は，一度うまくいったからといって，いつも同じように上手くいくわけではないこと。

【2】1

〈解説〉季語の問題。「小春」は冬，「土用」は夏。「土用」は一年に四回あるが，季語で「土用」といえば夏を指す。1の「寒月」は冬，「薫風」は夏。2の「柘榴」は秋，「葵」は夏。3の「東風」は春，「十六夜」は秋。4の「夷講」は冬，「種蒔」は春。

【3】4

〈解説〉1の『罪と罰』は，ロシアの作家ドストエフスキーの作品。2の『白鯨』は，アメリカの小説家ハーマン・メルヴィルの作品。3の『青い鳥』は，ベルギーの詩人・劇作家であるメーテルリンクの作品，『トニオ・クレーゲル』はドイツの作家トーマス・マンの作品である。

【4】1

〈解説〉2 「私の提案を申し上げます」などが正しい。　3 「父は出かけております」などが正しい。　4 「どうぞお納めください」「(食べ物であれば)どうぞ召し上がってください」などが正しい。

【5】4

〈解説〉表中のAは輸出額が第1位であること，自動車の占める割合が大きいことから名古屋港と判断できる。地図中の㋑にあたる。Bは輸入額が第1位であること，通信機や医薬品といった軽量の貿易品が占める割合が大きいことから，成田国際空港と判断できる。地図中の㋓にあたる。Cは輸出品の上位が原動機・自動車部品・二輪自動車類なので，浜松などオートバイ生産が盛んな東海工業地域に隣接する清水港と判断できる。地図中の㋒にあたる。Dは原油が54.1％と輸入品の半分以上を占めるので，石油コンビナートが発達している四日市港と判断できる。地図中の㋐にあたる。

【6】3

〈解説〉1 『古事記伝』は本居宣長の著作である。　2 『西説内科撰要』は宇田川玄随の著作である。　4 『国意考』は賀茂真淵の著作，『華夷通商考』は西川如見の著作である。

【7】4

〈解説〉この文章は，日本国憲法第67条〔国会の内閣総理大臣の指名，衆議院の優越〕をまとめたものである。なお，「30日以内」は，衆議院の予算先議権における参議院に課せられた日数である(日本国憲法第60条参照)。

【8】2

〈解説〉$\dfrac{\sqrt{3}}{\sqrt{7}-\sqrt{6}}=\dfrac{\sqrt{3}\times(\sqrt{7}+\sqrt{6})}{(\sqrt{7}-\sqrt{6})\times(\sqrt{7}+\sqrt{6})}=\dfrac{\sqrt{3}\times\sqrt{7}+\sqrt{3}\times\sqrt{6}}{(\sqrt{7})^2-(\sqrt{6})^2}$

$$=\frac{\sqrt{21}+3\sqrt{2}}{7-6}=\sqrt{21}+3\sqrt{2}$$

【9】1

〈解説〉$x=2$，$y=-5$を $(x+2y)^2-x(2x-y)$の式に代入すると，$\{2+2\cdot(-5)\}^2-2\cdot\{2\cdot2-(-5)\}=(2-10)^2-2\cdot9=64-18=46$

【10】3

〈解説〉多角形の外角の和は360°だから，$\angle x=360-(115+95+40)=110$〔°〕

【11】2

〈解説〉点A，Bは$y=-2x^2$上にあるから，そのy座標はそれぞれ$y=-2\times(-2)^2=-8$，$y=-2\times\left(\frac{1}{2}\right)^2=-\frac{1}{2}$　よって，A$(-2,\ -8)$，B$\left(\frac{1}{2},\ -\frac{1}{2}\right)$　異なる2点$(x_1,\ y_1)$，$(x_2,\ y_2)$を通る直線の式は$(y_2-y_1)(x-x_1)-(x_2-x_1)(y-y_1)=0$だから，2点A，Bを通る直線の式は，$\left\{-\frac{1}{2}-(-8)\right\}\left\{x-(-2)\right\}-\left\{\frac{1}{2}-(-2)\right\}\left\{y-(-8)\right\}=0$　⇔　$y=3x-2$

【12】4

〈解説〉空気中からガラスに光が進むときは屈折角は入射角より小さくなり，ガラスから空気に光が進むときは屈折角は入射角より大きくなる。

【13】2

〈解説〉水の沸点は100℃，エタノールの沸点は78℃なので，水とエタノールの混合物を加熱すると，エタノールが先に蒸発する。物質の沸点の差を利用して，混合物を分離する操作を蒸留という。なお，再結晶は，溶解度の差を利用して結晶性物質を精製する方法のことである。

【14】1

〈解説〉受粉後，成長した子房は果実になり，胚珠は種子になる。なお，やくはおしべの先端にある花粉が入った袋状の部分，柱頭はめしべの先にあり，受粉の際に花粉がつく場所である。

【15】4

〈解説〉東の空では，斜め右上に星が上がっていくように見え，南の空では左から右にほぼ水平に星が移動しているように見え，西の空では斜め右下に星が沈むように見える。

【16】3

〈解説〉3の「月の砂漠」の作曲者は佐々木すぐるである。古関裕而は「栄冠は君に輝く」などの作曲で広く知られている。岡野貞一は「故郷」「おぼろ月夜」，山田耕筰は「赤とんぼ」「この道」，滝廉太郎は「荒城の月」「花」などが代表曲である。小学校，中学校の共通教材となっている曲もある。

【17】2

〈解説〉フルートは木管楽器，ユーフォニュームはチューバの仲間で金管楽器，鉄琴は打楽器である。

【18】4

〈解説〉4の彫刻作品「ピエタ」像の作者はミケランジェロで，ミケランジェロの著名入りの唯一の作品である。1の作品は，近代彫刻の父と言われるオーギュスト・ロダンの「考える人」である。2の作品は，ルネサンス初期のイタリアの彫刻家ドナテッロの「ダヴィデ像」である。3の作品は，フランスの彫刻家エミール＝アントワーヌ・ブールデルの「弓をひくヘラクレス」である。

【19】1

〈解説〉1のたがねは，金属を切断したり，削ったりするときに用いる鋼鉄製の工具である。正確に寸法を測ることができる道具として，ノギスがある。金切りばさみは，スチール(鉄)やアルミニウムなど金属の薄い板を切るときに用いられる。

【20】3

〈解説〉文法上の知識から，他の選択肢を消去することでも解答できる。ここでは，「主語 look(s) 補語」で，「主語が補語のように見える」というlookの用法を理解しているかが問われている。The girlが主語なので，三人称単数現在形のsをつけた3のlooksが適切。

【21】1

〈解説〉スポーツについて説明した英文を読んで，「説明されていない」スポーツを選ぶ問題。チーム人数等のルールを熟知していなくても，long stick with a netなど，それぞれのスポーツ特有の道具やルールについての記述から推測が可能である。アは，「ネットのついた長いスティック」をもってゲームをすることから，ラクロスの説明である。イは，「楕円形のボールを蹴ったり運んだり」するゲームであることから，ラグビーの説明である。ウは，「手で投げたりシュートを打ったりする」ゲームであることから，サッカーではなく，ハンドボールの説明である。したがって，説明されていないのは，1のサッカーである。

【22】4

〈解説〉文脈と文法の両面から判断して選択する。傘を借りて良いかと問うAに対してのBの返答が空欄になっている。直後に，「どうぞ」と言っていることから，貸して良い，という答えをしているが，AはDo you mindという質問の仕方をしているので，「気にしません」に対応する4のNot at all. が適切。

【23】1

〈解説〉文脈と文法の両面から判断して選択する。昨日鑑賞したミュージカルについて退屈だったと話している。したがって，空欄部分を含む一文が「家にいるべきだった」となるshouldが最も適切。過ぎた事柄に対して「こうするべきだった」と述べる表現should have＋(過去分詞)は重要なので，理解しておくと良い。

【24】2

〈解説〉G20は，世界的に重要な経済・金融問題を協議する国際会議，また，そのメンバーである20か国・地域をさす。その国々・地域は，日本，アメリカ，イギリス，フランス，ドイツ，イタリア，カナダのいわゆるG7に加え，ロシア，中国，インド，韓国，オーストラリアなどの国々・地域である。特にG20サミットという場合は，その首脳会議を指す。2019年のG20サミットは，大阪で開催された。

【25】3

〈解説〉プライマリー・バランスとは基礎的財政収支のことで，公債金を除いた税収などの歳入から国債費を除いた歳出を引いた値で，財政健全化目標に用いられる指標の1つである。

【26】4

〈解説〉WFPは，World Food Programmeの略で，世界食糧計画あるいは国連世界食糧計画と訳される。国際連合の一機関である。世界最大の人道支援機関であり，2020年にノーベル平和賞を受賞した。なお，IAEAは国際原子力機関，UNCHRは国連難民高等弁務官事務所，UNICEFは国連児童基金の各略称である。

【27】2

〈解説〉『和俗童子訓』は，貝原益軒著作の児童教育書である。同書は封建制度の厳しい江戸時代に書かれたものであり，巻之五の女子教育論

(教女子法)は，後に「女大学」として出版されたが，封建的隷属的道徳が強調されるものであった。それに対して福沢諭吉は，近代社会生活における女性のあり方を説く『新女大学』などを著述し批判した。

【28】3

〈解説〉エリクソンは「乳児期」「幼児前期」「幼児後期」「学童期」「青年期」「成人期」「壮年期」「老年期」の8段階に分ける発達理論を提唱した。青年期の発達課題である「自我同一性」は「アイデンティティ」ともいう。いろいろな対人関係の中で社会化されながら自我を発達させていき，社会的自己・役割を形成していくのである。

【29】1

〈解説〉いじめ防止対策推進法は，平成23(2011)年に滋賀県大津市で起こったいじめによる中学生の自殺をきっかけとして法整備がなされ，平成25(2013)年に成立し施行した法律である。いじめの防止対策などの基本的方針を定めている。出題された同法第15条は，学校におけるいじめの防止に関する規定である。全ての教育活動を通じて，いじめを未然に防止することの必要性が示されている。

【30】2

〈解説〉出題された内容は，学校教育法第34条第1項に定められたものである。この規定は小学校に関するものであるが，中学校は同法第49条，高等学校は同法第62条，特別支援学校は同法第82条で準用されている。教科書検定の主体は「文部科学大臣」であることは頻出なので，必ず押さえておきたい。

【31】3

〈解説〉学校保健安全法第9条は保健指導に関する規定である。この条文は，健康相談(同法第8条参照)や健康観察により「児童生徒等の心身の状況を把握」→「健康上の問題がある」場合は，児童生徒に指導，保護者に助言，といった一つの流れとして押さえておきたい。

【32】3

〈解説〉地方公務員の服務の一つに「営利企業への従事等の制限」があるが(地方公務員法第38条第1項)，これとは別に，教育公務員には教育に関する職の兼職等に関する規定がある(教育公務員特例法第17条)。この教育公務員特例法第17条は，こうした兼職が，自分の技能等を熟練させる研修としての意味を持つので，地方公務員法第38条の制限を緩和するための特例である，と説明されることが多い。

【33】1

〈解説〉1は，「公表するよう努めるものとする」が正しい。学校評価について学校教育法施行規則は，自己評価と学校関係者評価を予定している。自己評価は「公表するものとする」となっており，その実施等が法的義務になっているのに対し(同法第66条)，学校関係者評価はその実施等が努力義務にとどめられている(同法第67条)。なお，2のいじめ防止対策推進法第3条はその基本理念，3の学校保健安全法第29条第3項は危険等発生時の必要な支援等，4の教育公務員特例法第18条は公立学校の教育公務員の政治的行為の制限について，それぞれ規定している。

【34】4

〈解説〉地方公務員法第36条は，政治的行為の制限を定めた規定である。特に同条第1項は，政党その他の政治的団体への関与に関することを規定している。具体的には，政党その他の政治的団体の結成に関与すること，そうした団体の役員になること，団体加入の勧誘運動等が禁止されている。地方公務員法は，公務員が政党に加入すること自体は禁止していないことに留意したい。

【35】3

〈解説〉「第3期教育振興基本計画」は，教育基本法の理念を踏まえ，第2期教育振興基本計画において掲げた「自立」，「協働」，「創造」の三つの方向性を実現するための生涯学習社会の構築を目指すという理念を引き継ぎつつ，2030年以降の社会の変化を見据えた教育政策のあり方を示したものである。本問で出題されたのは，「Ⅲ．2030年以降の社会を展望した教育政策の重点事項」における一人一人の「可能性」を最大限高めるための一貫した教育の実現に関する項目の一つとして，リカレント教育の充実について説明している部分である。ちなみに，リカレント教育は，社会人が必要に応じて学校へ戻って再教育を受ける，循環・反復型の教育体制を指す。

【36】4

〈解説〉中央教育審議会「幼稚園，小学校，中学校，高等学校及び特別支援学校の学習指導要領等の改善及び必要な方策等について(答申)」の「第4章　学習指導要領等の枠組みの改善と，『社会に開かれた教育課程』」「2　学習指導要領等の改善の方向性」からの出題である。特に，「学びの地図」としての枠組みづくりと，各学校における創意工夫の活性化について述べられている部分からの出題である。この第4章ではこの記述のあとに，新しい学習指導要領に向けての改善すべき事項が6点に沿って示されており(①「何ができるようになるか」(育成を目指す資質・能力)など)，新学習指導要領を理解する上で，きわめて重要な内容になっている。

【37】3

〈解説〉通級による指導を受けている児童生徒数は，年々増加している。障害種別では,言語障害39,691人，自閉症25,635人，注意欠陥多動性障害(ADHD)24,709人の順に多い。前年度からの増加の数については，注意欠陥多動性障害が3,409名で最も多く，次いで情緒障害が3,083名，学習障害が2,096名などとなっている。

【38】2

〈解説〉中央教育審議会初等中等教育分科会「共生社会の形成に向けたインクルーシブ教育システム構築のための特別支援教育の推進(報告)」の「3　障害のある子どもが十分に教育を受けられるための合理的配慮及びその基礎となる環境整備」「(1)『合理的配慮』について」からの出題である。①は直前に「個別の」とあることから「教育支援計画」である。②は空欄が「における教育」にかかる言葉であることから，「医療機関」ではなく「地域社会」であることが読み取れる。問題によってはこのように，文脈を読み取って答えることもできる。

【39】4

〈解説〉中央教育審議会「特別支援教育を推進するための制度の在り方について(答申)」の「第2章　特別支援教育の理念と基本的な考え方」からの出題である。　①　頻出資料の「共生社会の形成に向けたインクルーシブ教育システム構築のための特別支援教育の推進(報告)」における「共生社会」の定義において，その社会が「誰もが相互に人格と個性を尊重し支え合」う社会であることが示されている。　②　本問で出題された答申において，特別支援教育の定義のなかで，障害のある幼児児童生徒の自立や社会参加に向けた主体的な取組を支援するという視点に立って，適切な指導及び必要な支援を行うことが示されている。文脈からも，②が「見通した取組」にかかる言葉であることから，「教育的ニーズ」ではなく「自立と社会参加」が当てはまることがわかる。

【40】4

〈解説〉「第3期教育振興基本計画」の「第2部　今後5年間の教育政策の目標と施策群」からの出題である。この計画で示されている5つの基本的な方針の一つである「夢と志を持ち，可能性に挑戦するために必要となる力を育成する」における「目標(6)　家庭・地域の教育力の向上，学校との連携・協働の推進」についての説明の一部である。学校運営協議会制度は，平成16(2004)年の「地方教育行政の組織及び運営に関する法律(地教行法)の一部を改正する法律」において創設され，地教行法第47条の5において，教育委員会は学校運営協議会を置くことが努力義務として定められた。中央教育審議会答申「新しい時代の教育や地方創生の実現に向けた学校と地域の連携・協働の在り方と今後の推進方策について」(平成27年12月)においても，同様のことを打ち出している。

【41】3

〈解説〉「いじめの防止等のための基本的な方針」の「第2　いじめの防止等のための対策の内容に関する事項」「4　重大事態への対処」「(1)学校の設置者又は学校による調査」からの出題である。いじめ防止対策推進法第28条は，いじめへの対処でも，特に「重大事態」が発生した場合のことを規定しているが，「いじめの防止等のための基本的な方針」は，その対応の詳細について説明している。不登校の定義については，「児童生徒の問題行動・不登校等生徒指導上の諸課題に関する調査」(文部科学省)において，「小学校及び中学校における長期欠席(不登校等)の状況等として『30日以上欠席者』」と定義されている。

【42】3

〈解説〉「生徒指導提要」の「第5章　教育相談」「第1節　教育相談の意義」からの出題である。①については前後に，「面接や演習を通して個の」「の変容を図ろうとする」とあることから，「外面」ではなく「内面」であることは明白である。②に関しては，その前に「集団」とあるので，集団活動をその特質とする特別活動を選択することができる。教育相談と生徒指導それぞれの役割を確実に押さえておきたい。

【43】1

〈解説〉「学校現場における業務改善のためのガイドライン」(文部科学省)の「2　業務改善の基本的な考え方と改善の方向性」「(1)　校長の

リーダーシップによる学校の組織的マネジメント」の中の「学校評価と連動した業務改善の点検・評価」からの出題である。 ① 学校教育法及び学校教育法施行規則は学校評価について，教職員が行う自己評価と，保護者等が行う学校関係者評価を予定しているが，前者についてはその実施・公表が法的義務になっていることを押さえていれば，「自己評価」を選択することができる。 ② 出題されたガイドラインのサブタイトルが「子供と向き合う時間の確保を目指して」であることから推し量ることができる。学校における業務の改善に関連しては，平成31(2019)年1月に中央教育審議会において「新しい時代の教育に向けた持続可能な学校指導・運営体制の構築のための学校における働き方改革に関する総合的な方策について(答申)」が取りまとめられたのを受けて，同年3月に文部科学省から「学校における働き方改革に関する取組の徹底について(通知)」が発出されている。

【44】2

〈解説〉新学習指導要領は，育成を目指す資質能力の明確化を重視し，その資質能力の三つの柱で再整理している。その三つの柱が，「知識及び技能」，「思考力，判断力，表現力等」，「学ぶに向かう力，人間性等」である。この三つの柱に基づいて実際にどのように評価すべきかについて，文部科学省が各教育委員会等に示したのが，本問で出題された通知である。観点が，これまで，「関心・意欲・態度」「思考・判断・表現」「技能」「知識・理解」の4つだったのが，新たに「知識・技能」「思考・判断・表現」「主体的に学習に取り組む態度」の3つになることをかならず押さえておきたい。また，「主体的に学習に取り組む態度」については，感性や思いやりなどは観点別学習状況の評価になじまないので，「個人内評価」を通じて見取る部分があることを指摘していることも重要である。なお，個人内評価は，児童生徒一人一人のよい点や可能性，進歩の状況について評価するものである。

2021年度　実施問題

【1】次の文章の下線部と同じ種類及び用法の接続詞が使われているものを，下の1～4の中から1つ選びなさい。

図書館は月曜日が休館だ。<u>ただし</u>，祝日の月曜日は除く。

1　遠くで雷鳴がした。<u>すると</u>，雨がにわかに降り出した。
2　猫はかわいい。<u>だが</u>，家では飼えない。
3　ここにいようか。<u>それとも</u>，出かけようか。
4　待ち合わせに遅れた。<u>なぜなら</u>，渋滞していたからだ。

(☆☆☆◎◎◎)

【2】作者と俳句の組み合わせとしてすべて正しいものを，次の1～4の中から1つ選びなさい。

	作　者	俳　句
1	尾崎放哉	入れものが無い両手で受ける 春風や闘志いだきて丘に立つ
2	河東碧梧桐	赤い椿白い椿と落ちにけり 曳かれる牛が辻でずつと見廻した秋空だ
3	高浜虚子	桐一葉日当りながら落ちにけり うしろすがたのしぐれてゆくか
4	正岡子規	柿くへば鐘が鳴るなり法隆寺 咳をしても一人

(☆☆☆◎◎◎)

【3】作品と作者の組み合わせとしてすべて正しいものを，次の1～4の中から1つ選びなさい。

1 『かもめ』チェーホフ　『変身』カフカ
2 『アンナ・カレーニナ』ドストエフスキー　『車輪の下』ヘッセ
3 『ペスト』カミュ　『ハックルベリー・フィンの冒険』コナン・ドイル
4 『赤と黒』スタンダール　『賢者の贈り物』ディケンズ

(☆☆☆◎◎◎)

【4】直木賞・芥川賞受賞者とその作品の組み合わせとしてすべて正しいものを，次の1～4の中から1つ選びなさい。

	回(年)	直木賞	芥川賞
1	第99回(1988)	景山民夫『遠い海から来たCOO』	村上春樹『ノルウェイの森』
2	第134回(2005)	東山彰良『容疑者Xの献身』	池井戸潤『下町ロケット』
3	第155回(2016)	荻原浩『海の見える理髪店』	村田沙耶香『コンビニ人間』
4	第156回(2016)	宮部みゆき『蜜蜂と遠雷』	又吉直樹『劇場』

(☆☆☆◎◎◎)

【5】次の表は，2017年の我が国の主要な野菜の都道府県別収穫量の上位3つと，その割合(%)を示したものです。AからDの中で長野県が入るものを，表中の1～4の中から1つ選びなさい。

表

	野菜	1位	2位	3位
1	ばれいしょ(じゃがいも)	A (78.6%)	長崎県(3.7%)	鹿児島県(3.6%)
2	レタス	B (37.9%)	茨城県(15.0%)	群馬県(8.4%)
3	ねぎ	千葉県(13.1%)	C (12.6%)	茨城県(11.2%)
4	ピーマン	茨城県(24.1%)	D (18.8%)	高知県(9.5%)

(本収穫量は，平成29年産野菜生産出荷統計(農林水産省)による)

(☆☆☆◎◎◎)

【6】次の江戸幕府の将軍とその在位期間中に起きたできごと等の組み合わせとしてすべて正しいものを，次の1～4の中から1つ選びなさい。

1 徳川秀忠 － 禁中並公家諸法度 － 紫衣事件 － 島原の乱

2　徳川家光　－　上げ米の制　－　海舶互市新例　－　宗門改
3　徳川吉宗　－　相対済し令　－　公事方御定書　－　目安箱
4　徳川家斉　－　寛政異学の禁　－　人返し令　－　蛮社の獄

(☆☆☆◎◎◎)

【7】アメリカの歴史について述べた文として正しいものを，次の1～4の中から1つ選びなさい。

1　独立戦争がはじまると，植民地側はジェファソンを総司令官に任命して戦闘態勢をととのえた。またワシントンが発表した『コモン＝センス』は独立の気運をもりあげた。

2　1860年，奴隷制の拡大に反対する民主党のリンカンが大統領に選出されると，奴隷制を支持する北部諸州は連邦から脱退し，アメリカ連合国を結成した。

3　フランクリン＝ローズヴェルト大統領はニューディールとよばれる経済政策を推進したが失敗し，その結果株価が大暴落して世界規模の恐慌を引きおこした。

4　1898年，マッキンリー大統領はキューバ独立支援を理由にアメリカ＝スペイン戦争をおこし，勝利をおさめてスペインからフィリピンやグアムなどを獲得した。

(☆☆☆◎◎◎)

【8】$(a^2+2)(b-a)$を展開した結果として正しいものを，次の1～4の中から1つ選びなさい。

1　$a^3+ab+2a-2b$
2　$-a^3+a^2b-2a+2b$
3　$a^3+a^2b+2a-b$
4　$-a^3-a^2b-a+2b$

(☆☆☆◎◎◎)

【9】次の図のように，点Oを中心とする円周上に3点A，B，Cをとります。また，OBとACとの交点をEとします。∠OAC＝19°，∠AEB＝53°のとき，∠xの大きさとして正しいものを，下の1～4の中から1つ選びなさい。

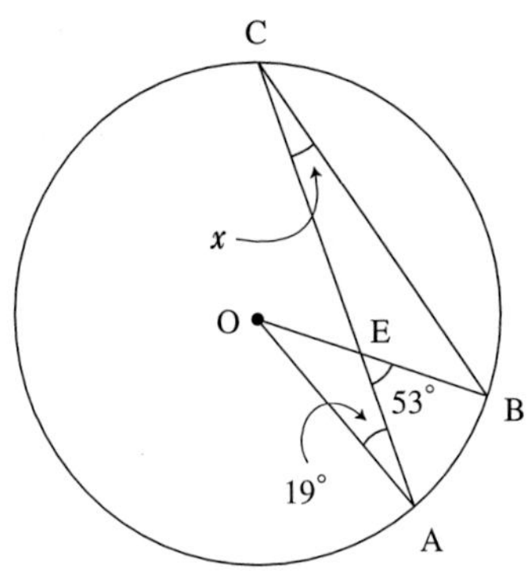

1　17°　　2　18°　　3　19°　　4　20°

(☆☆☆◎◎◎)

【10】次の図のように，関数$y=\frac{1}{2}x^2$のグラフ上にx座標がそれぞれ－3，2である2点A，Bをとります。この2点A，Bを通る直線の式として正しいものを，あとの1～4の中から1つ選びなさい。

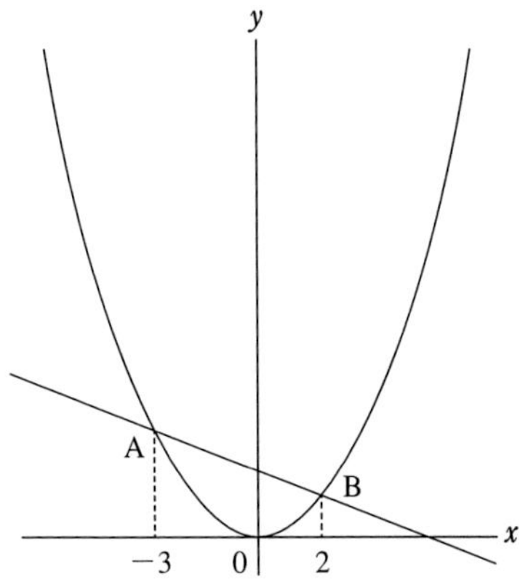

1　$y=-x+3$　　2　$y=-\frac{1}{2}x+3$　　3　$y=-x+6$

4　$y=-\frac{1}{2}x+6$

(☆☆☆◎◎◎)

【11】A，B，C，D，Eの5人が，くじ引きで順番を決めて，1列に並びます。このとき，列の両端がAとBである確率として正しいものを，次の1～4の中から1つ選びなさい。

1　$\frac{1}{6}$　　2　$\frac{1}{10}$　　3　$\frac{1}{15}$　　4　$\frac{1}{30}$

(☆☆☆◎◎◎)

【12】仕事の大きさに関する記述について，仕事の大きさが最も大きいものを，次の1～4の中から1つ選びなさい。なお，重力加速度はすべての記述において同一とします。

1　人が質量200gのリンゴを手で鉛直上向きに50cm持ち上げたとき，人がした仕事。

2　人が質量2kgのスイカを手で鉛直上向きに10cm持ち上げたとき，人がした仕事。

3　体重60kgの人が摩擦の無いスケートリンクの上で，5mの等速直線運動をしたとき，この人がされた仕事。

4　人が質量3kgのカバンを，地面から1mの高さを保ちながら5分間持ち続けたとき，人がした仕事。

(☆☆◎◎◎)

【13】次の図のように，銅板と亜鉛板を電極としてうすい塩酸の入ったビーカーの中に入れ，電子オルゴールを繋ぐと，電子オルゴールから音が鳴り出しました。このとき，銅板の表面からある気体が生じました。発生した気体として正しいものを，あとの1～4の中から1つ選びなさい。

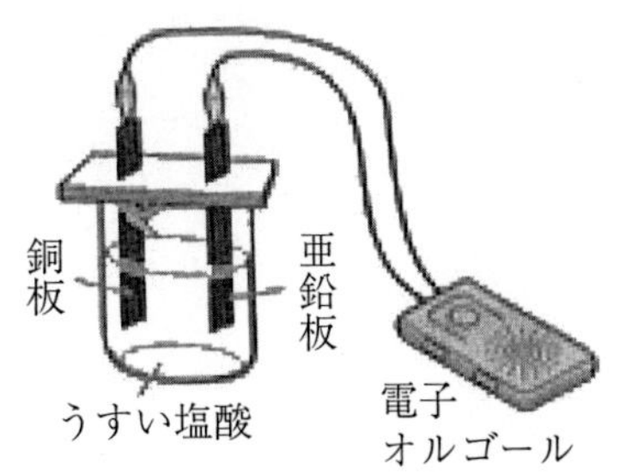

1　水素　　2　塩素　　3　酸素　　4　二酸化炭素

(☆☆◎◎◎)

【14】次の図のように，ある被子植物の茎を赤色に着色した水につけて放置し，この茎の横断面の切片をつくって顕微鏡で観察すると，茎のある部分が赤く染まっていました。また，この植物の葉脈を観察すると網状脈であることがわかりました。赤く染まった茎の組織と，この被子植物の分類の組み合わせとして正しいものを，下の1～4の中から1つ選びなさい。

1　師管　－　単子葉類　　2　師管　－　双子葉類
3　道管　－　単子葉類　　4　道管　－　双子葉類

(☆☆◎◎◎)

【15】太陽系の天体とその分類の組み合わせとして正しいものを，次の1～4の中から1つ選びなさい。

1　金星　－　惑星　　2　海王星　－　太陽系外縁天体

3　太陽　－　衛星　　4　月　－　恒星

(☆☆◎◎◎)

【16】歌曲と作曲者の組み合わせとして適切でないものを，次の1～4の中から1つ選びなさい。

	歌曲	作曲者
1	フィガロの結婚	ヴォルフガング・アマデウス・モーツァルト
2	蝶々夫人	ジャコモ・プッチーニ
3	カルメン	ジョルジュ・ビゼー
4	魔弾の射手	ジョアキーノ・ロッシーニ

(☆☆☆☆◎◎◎)

【17】次は，日本の民謡についてまとめたものです。曲名と歌い継がれている地域の組み合わせとして適切でないものを，次の1～4の中から1つ選びなさい。

	曲名	歌い継がれている地域
1	ソーラン節	北海道
2	八木節	長野県
3	デカンショ節	兵庫県
4	黒田節	福岡県

(☆☆☆☆◎◎◎)

【18】次の絵画の作者として正しいものを，あとの1～4の中から1つ選びなさい。

1　黒田清輝　　2　岸田劉生　　3　小田野直武　　4　東山魁夷

(☆☆☆◎◎◎)

【19】光と色彩に関する説明として適切でないものを，次の1～4の中から1つ選びなさい。

1　ものの色は，反射した光が目に入り知覚することで認識される。

2　色相には循環する性質があり，色合いの似ている色を順に配列すると円になる。

3　無彩色とは，色みを持たず明るさの違いだけを持つ色である。

4　赤い光は，可視光のなかでは波長が短く，その端は赤外線に接している。

(☆☆☆◎◎◎)

【20】次の文の(　　)に入る最も適切な語句を，下の1～4の中から1つ選びなさい。

This computer is (　　) than that one.

1　far expensive　　2　much expensive　　3　more expensive

4　the most expensive

(☆☆☆◎◎◎)

【21】次のア～ウの英文で説明されていないものを，下の1～4の中から1つ選びなさい。

ア　a V-shaped instrument with one sharp point and a pen or pencil at the other end, used for drawing circles or measuring distances on maps

イ　a piece of plastic in the shape of a half-circle, which is used for measuring and drawing angles

ウ　a tool for cutting paper or cloth, that has two sharp blades with handles, joined together in the middle

1　ハサミ　　2　三角定規　　3　コンパス　　4　分度器

(☆☆☆◎◎◎)

【22】次の会話文の(　　)に入る最も適切な文を，下の1～4の中から1つ選びなさい。

A : It has just stopped raining. Shall we play soccer?

B : (　　)

1　Yes. it is.　　2　I played soccer too.　　3　Oh, did you?

4　Sounds nice.

(☆☆☆◎◎◎)

【23】次の会話文の(　　)に入る最も適切な語句を，下の1～4の中から1つ選びなさい。

A : May I help you?

B : Yes. I'm having trouble reading these Japanese signs.

A : Which train are you (　　)?

B : The one that goes to Omiya.

A : That's track No.2. Right over there.

B : Thank you.

1　looking for　　2　looking ahead　　3　looking after

4　looking up to

(☆☆☆◎◎◎)

【24】次は，少年の扱いに関する法改正について述べた文章です。文章中の[　①　]～[　③　]に入る語句の組み合わせとして最も適切なものを，下の1～4の中から1つ選びなさい。

> 少年は若く，罪を犯しても更生する可能性が大きいので，法にふれた少年については成人と異なる扱いをするというのが[　①　]の趣旨である。同法は2000年の改正により，刑罰の適用年齢が[　②　]引き下げられるなどした。
>
> 2015年に[　③　]が改正され，18歳から選挙権をもつようになったことを契機に，少年の対象年齢を引き下げる案が検討されている。

1　①　刑法　　②　16歳以上から14歳以上に
　③　国会法及び地方自治法

2　①　刑法　　②　18歳以上から16歳以上に
　③　公職選挙法

3　①　少年法　　②　16歳以上から14歳以上に
　③　公職選挙法

4　①　少年法　　②　18歳以上から16歳以上に
　③　国会法及び地方自治法

(☆☆☆◎◎◎)

【25】企業などが，投資家や債権者といった利害関係者に，経営や財務状況などの各種情報を開示することを表す経済用語として正しいものを，次の1～4の中から1つ選びなさい。

1　コマーシャルペーパー

2　ストックオプション

3　デリバティブ

4　ディスクロージャー

(☆☆☆◎◎◎)

【26】現埼玉県深谷市出身で，2024年度上期を目途に発行が予定されている新しい日本銀行券(新一万円券)の表(肖像)として採用される人物の名前として正しいものを，次の1～4の中から1つ選びなさい。

1　北里柴三郎　　2　渋沢栄一　　3　辰野金吾　　4　津田梅子

(☆☆◎◎◎◎)

【27】次の文の(　　)に入る人物名として正しいものを，下の1～4の中から1つ選びなさい。

古代ギリシャの哲学者であった(　　)は，哲学者による政治の支配を構想し，アカデメイアと呼ばれる学校を設立した。彼の教育論は，その著書「国家」に記述されている。

1　プラトン　　2　ソクラテス　　3　アリストテレス

4　プロタゴラス

(☆☆☆◎◎◎)

【28】教育評価について説明した文として適切でないものを，次の1～4の中から1つ選びなさい。

1　教育評価の目的は，教師の指導と子どもたちの学習活動の改善を目指すために行うものであるということができる。

2　「5段階相対評価」に対しては，どんなに指導しようとも「1」や「2」を付ける子どもが存在することや，排他的な競争が常態化するという批判がある。

3　「到達度評価」は相対評価の一種で，学力内容としての「到達目標」を評価規準とすることによって，どのような学力が形成されたか否かを明らかにすることができる。

4　「個人内評価」とは，心身の特性の個人差を他人との比較ではなく，個人としてその特徴を捉えるものであり，例えば，時間経過を追って，個人のある特性についての進歩の状況，発達変容を明らかにする方法などがある。

(☆☆☆◎◎◎)

【29】次は,「教育基本法　第2条」の一部です。文中の[　①　],[　②　]に入る語句の組み合わせとして正しいものを,下の1～4の中から1つ選びなさい。

> 教育は,その目的を実現するため,[　①　]を尊重しつつ,次に掲げる目標を達成するよう行われるものとする。
> 一　幅広い知識と教養を身に付け,真理を求める態度を養い,豊かな[　②　]と道徳心を培うとともに,健やかな身体を養うこと。

1　①　学問の自由　　②　感性
2　①　学問の自由　　②　情操
3　①　個人の自由　　②　感性
4　①　個人の自由　　②　情操

(☆☆◎◎◎◎◎)

【30】次は,「地方公務員法　第29条」の一部です。文中の[　①　],[　②　]に入る語句の組み合わせとして正しいものを,下の1～4の中から1つ選びなさい。

> 職員が次の各号の一に該当する場合においては,これに対し懲戒処分として戒告,[　①　],[　②　]又は免職の処分をすることができる。

1　①　減給　②　停職　　2　①　減給　②　休職
3　①　降給　②　休職　　4　①　降給　②　停職

(☆☆☆◎◎◎)

【31】次は「地方公務員法　第32条」の全文です。文中の[　①　],[　②　]に入る語句の組み合わせとして正しいものを,あとの1～4の中から1つ選びなさい。

職員は，その職務を遂行するに当つて，[　①　]，条例，地方公共団体の規則及び地方公共団体の機関の定める規程に従い，且つ，[　②　]の職務上の命令に忠実に従わなければならない。

1　①　法律　　②　上司　　2　①　法律　　②　任命権者
3　①　法令　　②　上司　　4　①　法令　　②　任命権者

(☆☆◎◎◎◎◎)

【32】次は，「学校教育法　第21条」の一部です。文中の[　①　]，[　②　]に入る語句の組み合わせとして正しいものを，下の1～4の中から1つ選びなさい。

義務教育として行われる普通教育は，教育基本法(平成18年法律第120号)第5条第2項に規定する目的を実現するため，次に掲げる目標を達成するよう行われるものとする。 三　我が国と郷土の現状と歴史について，正しい理解に導き，伝統と文化を尊重し，それらをはぐくんできた我が国と郷土を[　①　]態度を養うとともに，進んで外国の文化の理解を通じて，[　②　]を尊重し，国際社会の平和と発展に寄与する態度を養うこと。

1　①　愛する　　　②　祖国　　2　①　愛する　　　②　他国
3　①　発展させる　②　祖国　　4　①　発展させる　②　他国

(☆☆◎◎◎◎)

【33】次は「いじめ防止対策推進法　第19条」の一部です。文中の[　①　]，[　②　]に入る語句の組み合わせとして正しいものを，あとの1～4の中から1つ選びなさい。

> 学校の設置者及びその設置する学校は，当該学校に在籍する児童及びその保護者が，発信された情報の高度の流通性，発信者の[　①　]その他のインターネットを通じて送信される情報の特性を踏まえて，インターネットを通じて行われるいじめを防止し，及び効果的に対処することができるよう，これらの者に対し，必要な[　②　]を行うものとする。

1　①　衝動性　　②　啓発活動　　2　①　衝動性　　②　削除要請
3　①　匿名性　　②　啓発活動　　4　①　匿名性　　②　削除要請

(☆☆☆◎◎◎◎)

【34】次は，「児童虐待の防止等に関する法律　第5条」の一部です。文中の[　　]に入る語句として正しいものを，下の1～4の中から1つ選びなさい。

> 学校，児童福祉施設，病院その他児童の福祉に業務上関係のある団体及び学校の教職員，児童福祉施設の職員，医師，歯科医師，保健師，助産師，看護師，弁護士その他児童の福祉に職務上関係のある者は，児童虐待を[　　]しやすい立場にあることを自覚し，児童虐待の早期[　　]に努めなければならない。

1　解決　　2　通告　　3　予防　　4　発見

(☆☆◎◎◎◎)

【35】次は，「地方教育行政の組織及び運営に関する法律　第1条の3」の一部です。[　①　]，[　②　]に入る語句の組み合わせとして正しいものを，あとの1～4の中から1つ選びなさい。

> [　①　]は，教育基本法第17条第1項に規定する基本的な方針を参酌し，その地域の実情に応じ，当該地方公共団体の教育，学術及び文化の振興に関する総合的な施策の[　②　](以下単に「[　②　]」という。)を定めるものとする。

1　①　教育委員会　　　②　規則
2　①　教育委員会　　　②　大綱
3　①　地方公共団体の長　②　規則
4　①　地方公共団体の長　②　大綱

(☆☆☆◎◎◎)

【36】次は，第3期教育振興基本計画(平成30年6月15日閣議決定)の「第1部　我が国における今後の教育政策の方向性」の一部です。文中の[　①　]，[　②　]に入る語句の組み合わせとして正しいものを，下の1～4の中から1つ選びなさい。

V．今後の教育政策に当たって特に留意すべき視点 3．新時代の到来を見据えた次世代教育の創造 ○　超スマート社会([　①　])の実現など，社会構造が急速に変革する中で，2030年以降の社会を展望した教育政策を進めていくために，一人一人の[　②　]を最大化するという観点から，第2部に記す各種政策を今後5年間において着実に推進していくこととする。

1　①　Society 4.0　②　資質・能力
2　①　Society 4.0　②　可能性とチャンス
3　①　Society 5.0　②　資質・能力
4　①　Society 5.0　②　可能性とチャンス

(☆☆☆◎◎◎)

【37】次は，中央教育審議会「幼稚園，小学校，中学校，高等学校及び特別支援学校の学習指導要領等の改善及び必要な方策等について(答申)」(平成28年12月)の一部です。文中の[　①　]～[　③　]に入る語句の組み合わせとして正しいものを，あとの1～4の中から1つ選びなさい。

> ○　次期学習指導要領が目指すのは，学習の内容と方法の両方を重視し，子供たちの学びの過程を質的に高めていくことである。単元や題材のまとまりの中で，子供たちが「何ができるようになるか」を明確にしながら，「何を学ぶか」という学習内容と，「どのように学ぶか」という学びの過程を，前項(2)において述べた「[　①　]」を通じて組み立てていくことが重要になる。
> ○　また，「[　①　]」は，学校の組織力を高める観点から，学校の組織や経営の見直しにつながるものである。その意味において，今回の改訂において提起された「[　②　]」と「[　①　]」は，[　③　]を軸にしながら，授業，学校の組織や経営の改善などを行うためのものであり，両者は一体として捉えてこそ学校全体の機能を強化することができる。

1　①　アクティブ・ラーニング
　　②　カリキュラム・マネジメント
　　③　教育課程
2　①　アクティブ・ラーニング
　　②　カリキュラム・マネジメント
　　③　学級
3　①　カリキュラム・マネジメント
　　②　アクティブ・ラーニング
　　③　教育課程
4　①　カリキュラム・マネジメント
　　②　アクティブ・ラーニング
　　③　学級

(☆☆☆◎◎◎)

【38】次は，文部科学省「特別支援教育の推進について(通知)」(平成19年4月)の一部です。文中の[　①　]，[　②　]に入る語句の組み合わせとして正しいものを，あとの1～4の中から1つ選びなさい。

特別支援教育は，障害のある幼児児童生徒への教育にとどまらず，障害の有無や[　①　]を認識しつつ様々な人々が生き生きと活躍できる[　②　]の形成の基礎となるものであり，我が国の現在及び将来の社会にとって重要な意味を持っている。

1　①　障害の程度　　　　②　共生社会
2　①　障害の程度　　　　②　福祉社会
3　①　その他の個々の違い　②　共生社会
4　①　その他の個々の違い　②　福祉社会

(☆☆☆◎◎◎)

【39】次は「発達障害者支援法　第8条」の一部です。文中の[　①　]，[　②　]に入る語句として正しいものを，下の1～4の中から1つ選びなさい。

国及び地方公共団体は，発達障害児(18歳以上の発達障害者であって高等学校，中等教育学校及び特別支援学校並びに専修学校の高等課程に在学する者を含む。以下この項において同じ。)が，その年齢及び能力に応じ，かつ，その特性を踏まえた十分な教育を受けられるようにするため，可能な限り発達障害児が発達障害児でない[　①　]教育を受けられるよう配慮しつつ，適切な教育的支援を行うこと，[　②　]の教育支援計画の作成(教育に関する業務を行う関係機関と医療，保健，福祉，労働等に関する業務を行う関係機関及び民間団体との連携の下に行う[　②　]の長期的な支援に関する計画の作成をいう。)及び[　②　]の指導に関する計画の作成の推進，いじめの防止等のための対策の推進その他の支援体制の整備を行うことその他必要な措置を講じるものとする。

1　①　児童と共に　　②　個別
2　①　児童と共に　　②　共通
3　①　児童とは別の　②　個別

4 ① 児童とは別の　② 共通

(☆☆☆◎◎◎)

【40】特別支援教育について説明した文として下線部が誤っているものを，次の1～4の中から1つ選びなさい。

1 学校教育法第72条は，特別支援学校の目的を定めるが，特別支援学校の対象者として，視覚障害者，聴覚障害者，知的障害者，肢体不自由者又は病弱者(身体虚弱者を含む)を定めている。

2 学校教育法第81条第2項において定めている特別支援学級の対象者は，同法第72条が定めている特別支援学校の対象者と同一である。

3 学校教育法第81条第3項によると，疾病により療養中の児童及び生徒に対して，特別支援学級を設け，又は教員を派遣して，教育を行うことができると定めている。

4 学校教育法施行規則第140条は，特別の教育課程に関して規定するが，特別の教育課程の対象者の中には，自閉症者，学習障害者，注意欠陥多動性障害者なども定められている。

(☆☆☆◎◎)

【41】次は，「生徒指導提要」(平成22年3月　文部科学省)の一部です。文中の[①]，[②]に入る語句の組み合わせとして正しいものを，あとの1～4の中から1つ選びなさい。

> 各学校においては，生徒指導が，教育課程の内外において一人一人の児童生徒の健全な成長を促し，児童生徒自ら現在及び将来における自己実現を図っていくための[①]能力の育成を目指すという生徒指導の積極的な意義を踏まえ，学校の教育活動全体を通じ，その一層の充実を図っていくことが必要です。
>
> 自己実現の基礎にあるのは，日常の学校生活の場面における様々な自己選択や自己決定です。そうした自己選択や自己決定の場や機会を与え，その過程において，教職員が適切に指導や援助を行うことによって，児童生徒を育てていくことにつながります。ただし，

自己決定や自己選択がそのまま自己実現を意味するわけではありません。選択や決定の際によく考えることや，その結果が不本意なものになっても真摯に受け止めること，自らの選択や決定に従って努力することなどを通して，将来における自己実現を可能にする力がはぐくまれていきます。また，そうした選択や決定の結果が周りの人や物に及ぼす影響や，周りの人や物からの反応などを考慮しようとする姿勢も大切です。自己実現とは単に自分の欲求や要求を実現することにとどまらず，[　②　]を前提とした概念だからです。

[　①　]能力をはぐくんでいくのは，学習指導の場を含む，学校生活のあらゆる場や機会です。授業や休み時間，放課後，部活動や地域における体験活動の場においても，生徒指導を行うことが必要です。その際，問題行動など目前の問題に対応するだけにとどめることがないようにする必要があります。発達の段階に応じた[　①　]能力の育成を図るには，各学校段階や各学年段階，また年齢と共に形成されてくる精神性や社会性の程度を考慮し，どの児童生徒にも一定水準の共通した能力が形成されるような計画的な生徒指導が求められます。

1　①　自己指導　　②　集団や社会の一員として認められていくこと
2　①　自己指導　　②　自ら生計をたて自活していくこと
3　①　自己主張　　②　集団や社会の一員として認められていくこと
4　①　自己主張　　②　自ら生計をたて自活していくこと

(☆☆☆◎◎◎)

【42】「平成30年度児童生徒の問題行動・不登校等生徒指導上の諸課題に関する調査結果について」(令和元年10月　文部科学省)のいじめに関する内容を説明した文章として誤っているものを，次の1～4の中から1つ選びなさい。

1　平成30年度の小学校・中学校・高等学校・特別支援学校におけるいじめの認知件数の合計は，前年度に比べ増加している。
2　平成30年度の小学校・中学校・高等学校・特別支援学校における

いじめの認知件数を校種別にみると，いずれも前年度に比べ増加している。

3　平成30年度の小学校・中学校・高等学校・特別支援学校におけるいじめの認知件数を学年別にみると，「中学2年生」が最も多い。

4　平成30年度の小学校・中学校・高等学校・特別支援学校におけるいじめられた児童生徒の相談の状況は，いずれの校種においても「学級担任に相談」のほうが「保護者や家族等に相談」よりも件数が多い。

(☆☆☆◎◎◎)

【43】学校運営協議会について説明した文として適切でないものを，次の1～4の中から1つ選びなさい。

1　教育委員会は教育委員会規則で定めるところにより，その所管に属する学校ごとに学校運営協議会を置くように努めなければならないが，二以上の学校について一の学校運営協議会を置くこともできる。

2　学校運営協議会の委員は，教育委員会が任命するが，対象学校に在籍する生徒，児童又は幼児の保護者であることを要する。

3　対象学校の校長は，当該対象学校の運営に関して，教育課程の編成その他教育委員会規則で定める事項について基本的な方針を作成し，当該対象学校の学校運営協議会の承認を得なければならない。

4　学校運営協議会は，対象学校の職員の採用その他の任用に関して教育委員会規則に定める事項について，当該職員の任命権者に対して意見を述べることができる。

(☆☆☆◎◎◎)

【44】次は，第3期教育振興基本計画(平成30年6月15日閣議決定)の「第1部 我が国における今後の教育政策の方向性」の一部です。文中の[　①　]，[　②　]に入る語句の組み合わせとして正しいものを，あとの1～4の中から1つ選びなさい。

Ⅱ．教育をめぐる現状と課題

1．これまでの取組の成果

○　こうした取組の成果として，初等中等教育段階においては，[　①　](OECD生徒の学習到達度調査)2015，[　②　](国際数学・理科教育動向調査)2015において我が国が引き続き世界トップレベルであることや，全国学力・学習状況調査において成績の低い県の成績も全国平均に近づく状況が見られ，学力の底上げが図られていることが明らかになっている。これらに加え，児童生徒の学習時間その他の学習状況においても，一定の改善が見られる。

1　①　PIAAC　②　TALIS　2　①　PIAAC　②　TIMSS
3　①　PISA　②　TALIS　4　①　PISA　②　TIMSS

(☆☆☆◎◎◎)

解答・解説

【1】4

〈解説〉「ただし」は，それより後に説明や補足をするときに使う接続詞である。出題の文では，休館の条件を補足説明している。4の「なぜなら」は，遅れた理由を補足説明している。1の「すると」は順接，2の「だが」は逆接，3の「それとも」は選択をするときに使われる接続詞である。

【2】2

〈解説〉河東碧梧桐は明治時代に活躍した俳人で，自由律俳句に進んだ。1の「春風や～」は高浜虚子の句，3の「うしろすがたの～」は種田山頭火の句，4の「咳をしても～」は尾崎放哉の句である。尾崎放哉や種田山頭火は，河東碧梧桐とともに自由律俳句の代表的俳人である。

【3】1

〈解説〉2 『アンナ・カレーニナ』はトルストイの作品。 3 『ハックルベリー・フィンの冒険』はマーク・トウェインの作品。 4 『賢者の贈り物』はオー・ヘンリーの作品。

【4】3

〈解説〉1 村上春樹は，これまで直木賞，芥川賞ともに受賞したことがない。 2 『容疑者Xの献身』は東野圭吾の作品である。また，池井戸潤『下町ロケット』は第145回直木賞を受賞した作品である。
4 『蜜蜂と遠雷』は恩田陸の作品であり，又吉直樹は『火花』で第153回芥川賞を受賞している。

【5】2

〈解説〉長野県は，レタスのような高原野菜の生産が盛んであることが特徴である。Aのばれいしょ(じゃがいも)1位は北海道である。ねぎは東京近辺で全体の3分の1程度収穫されている。Cには埼玉県が入る。深谷ネギが有名である。Dのピーマン2位は促成栽培で有名な宮崎県である。なお，年度によって収穫量が異なるので，おもな農作物の収穫量を調べる際には最新版で確認する必要がある。

【6】3

〈解説〉1 紫衣事件と島原の乱は3代将軍・徳川家光の時代のできごとである。 2 上げ米の制は8代将軍・徳川吉宗の享保の改革の政策の一つ。海舶互市新例は新井白石が制定した法令。 3 すべて徳川吉宗による享保の改革の政策である。 4 11代将軍・徳川家斉の在任は1787～1837年。寛政異学の禁は1790年，蛮社の獄は1839年のできごと。将軍は家慶になっていたが，1841年に死去するまで権力を持ち続けていた。人返し令は水野忠邦の天保の改革の政策である。改革は家斉死後に行われた。

【7】4

〈解説〉1 『コモン＝センス』はトマス・ペインによって書かれたものである。ワシントンは後のアメリカ合衆国初代大統領である。　2 奴隷制を支持していたのは南部諸州である。南北戦争は1861年に始まり，1863年にリンカン大統領は奴隷解放宣言を発表した。　3 世界恐慌の後に，フランクリン＝ローズヴェルトが大統領に就任し，ニューディール政策を実施した。

【8】2

〈解説〉分配法則を使って，$(a^2+2)(b-a)=a^2(b-a)+2(b-a)=a^2b-a^3+2b-2a=-a^3+a^2b-2a+2b$

【9】1

〈解説〉△OAEの内角と外角の関係から，∠AOE＝∠AEB－∠OAE＝53°－19°＝34°　弧ABに対する中心角と円周角の関係から，
$\angle x=\frac{1}{2}\angle \mathrm{AOB}=\frac{1}{2}\angle \mathrm{AOE}=\frac{1}{2}\times 34^\circ=17^\circ$

【10】2

〈解説〉点A，Bは$y=\frac{1}{2}x^2$上にあるから，そのy座標はそれぞれ　$y=\frac{1}{2}\times(-3)^2=\frac{9}{2}$，$y=\frac{1}{2}\times 2^2=2$　よって，$\mathrm{A}\left(-3,\ \frac{9}{2}\right)$，B(2，2)
異なる2点$(x_1,\ y_1)$，$(x_2,\ y_2)$を通る直線の式は　$(y_2-y_1)(x-x_1)-(x_2-x_1)(y-y_1)=0$　で与えられるから，2点A，Bを通る直線の式は
$\left(2-\frac{9}{2}\right)\{x-(-3)\}-\{2-(-3)\}\left(y-\frac{9}{2}\right)=0 \iff y=-\frac{1}{2}x+3$

【11】2

〈解説〉A，B，C，D，Eの5人が1列に並ぶ全ての並び方は5!通り。このうち，列の両端がAとBである並び方は3!×2!〔通り〕(両端を除く3人

の並び方×両端の2人の並び方)だから，求める確率は

$$\frac{3!\times2!}{5!}=\frac{3\cdot2\cdot1\times2\cdot1}{5\cdot4\cdot3\cdot2\cdot1}=\frac{1}{10}$$

【12】2

〈解説〉「物体に外力(保存力以外の力)による仕事が加えられない限り位置エネルギーと運動エネルギーの合計は一定となる」が力学的エネルギー保存則である。保存力とは，その力のする仕事が経路に無関係で一定になるものを言う。具体的には，重力，静電気力，弾性力などがある。また仕事とは「物体にはたらく力×その力によって力の向きに物体が移動する距離」であり，仕事〔J〕=力〔N〕×力の向きに動いた距離〔m〕で求められる。物体が仕事をされた場合はその物体の持つ力学的エネルギーは増え，物体が仕事をすると物体の持つ力学的エネルギーは減少する。　1　200gのリンゴを50cm鉛直方向に持ち上げたときの仕事は，2〔N〕$\times\frac{50}{100}$〔m〕=1〔J〕となる。　2　2kgのスイカを10cm持ち上げたときの仕事は，20〔N〕$\times\frac{10}{100}$〔m〕=2〔J〕となる。　3　スケートリンクの上は水平であり高さの違いはない。摩擦もなく等速直線運動をする人には加速度も働いていない。すなわち人には力も働いていないので，この人がされた仕事は0〔J〕である。4　カバンは地面から1mの高さに維持されている。すなわち位置エネルギーも運動エネルギーも変化していない。したがって人がこのカバンにした仕事は0〔J〕である。

【13】1

〈解説〉異なる2種類の金属を導線で結び電解質の水溶液に浸すと導線を電子が移動する，つまり電流が流れる。この仕組みを“電池”と言う。銅板と亜鉛板をうすい塩酸液の中に入れると，イオン化傾向の大きい亜鉛は塩酸液中に正イオンのZn^{2+}として溶け出し，同時に負電荷の電子e^-を放出する。反応式は$Zn\rightarrow Zn^{2+}+2e^-$となる。この電子は導線を通

って，電子オルゴールを経由しながら銅板側に移動する。この逆の流れが電流である。銅はイオン化傾向が小さく，亜鉛板側から来た電子は塩酸液中の正イオンの水素イオンと反応する。その反応式は$2H^+ + 2e^- \longrightarrow H_2 \uparrow$となる。すなわちここで水素ガスが発生する。電池の電極は亜鉛板が負極，銅板が正極となる。

【14】4

〈解説〉植物が吸い上げた水のほとんどは葉に送られ，葉に最も多くある葉緑素によって，外気からの二酸化炭素と光のエネルギーにより光合成が行われる。根にもあるが茎には維管束があり，水や無機塩類を通す道管を持つ木部と，光合成でできた栄養分などを通す師管を持つ師部がある。赤色に着色された水は木部の道管を通り，そこが赤くなる。単子葉類の植物は文字通り子葉が一枚であり，葉脈は平行脈である。双子葉類の植物は子葉が2枚であり，葉脈は網状脈である。これらよりこの被子植物の赤く染まった部分は道管であり，葉脈が網状であることから，双子葉類であることがわかる。

【15】1

〈解説〉太陽系においてその中心にあって自ら光る太陽を恒星という。その太陽の周りを公転する水星，金星，地球，火星，木星，土星，天王星，海王星を惑星という。これら惑星の周りを公転する天体を衛星という。月は地球の衛星である。海王星軌道より外側にある小天体は太陽系外縁天体という。冥王星はかつて太陽系惑星の1つとされていたが，現在は惑星の条件である，太陽の周りを公転している，自らの重力によってほぼ球形を保っている，軌道の近くに衛星以外の天体がない，の3つめの条件を満たしていないことから太陽系外縁天体となっている。

【16】4

〈解説〉「魔弾の射手」の作曲者は，カール・マリア・フォン・ウェーバーである。19世紀前半に初演されたドイツ民話を題材とするドイツオペラである。1の「フィガロの結婚」は，18世紀後半にウィーンで初演された。2の「蝶々夫人」は日本(長崎)を舞台にしたオペラで，20世紀初めにイタリアで初演された。3の「カルメン」は，スペインを舞台にしたフランスオペラの代表作である。

【17】2

〈解説〉「八木節」は，群馬県と栃木県の2県にわたり愛されている民謡である。小学校学習指導要領(平成29年告示)にも，音楽科の指導計画の作成と内容の取扱いの中で，「歌唱教材については，我が国や郷土の音楽に愛着がもてるよう，～(略)～それぞれの地方に伝承されているわらべうたや民謡など日本のうたを含めて取り上げるようにすること」と示され，小学校の教科書の中にも，日本の民謡をたずねて，民謡の声の出し方や節まわしのおもしろさを感じ取る教材が掲載されている。

【18】1

〈解説〉出題の作品は，黒田清輝によって1897年に制作された「湖畔」である。この作品は，「智・感・情」とともにパリ万国博覧会(1900年)に出品されている。黒田清輝は明治から大正にかけて活躍した洋画家である。岸田劉生は大正から昭和初期の洋画家であり，「麗子像」のシリーズが有名である。小田野直武は江戸時代中期の画家であり，秋田蘭画と呼ばれる一派を形成した。東山魁夷は昭和を代表する日本画家であり，風景画で有名である。

【19】4

〈解説〉赤い光は可視光のなかで波長が長い。可視光より波長の長いものは赤外線，可視光より波長の短いものが紫外線である。　2　色には「色相・明度・彩度」の三つの要素がある。色相は色合い，明度は明るさ，彩度はあざやかさを示している。「色合いの似ている色を順に配列すると円になる」のは色相環のことである。　3　無彩色とは，色みのない色のことであり，白と灰と黒などである。

【20】3

〈解説〉than～「～より」が空所後にあることから比較級の文と判断する。つづりの長い形容詞・副詞はmoreをつけて，比較級はmore expensiveとする。文末のoneは代名詞で前述のcomputerを指す。「このコンピューターはあのコンピューターより高価だ」。

【21】2

〈解説〉ア 「1つのとがった先と，もう一方にペンや鉛筆のついたV字形の道具で，円を描いたり地図上の距離を測るために使われる」のはコンパス。　イ 「半円状の1枚のプラスチックで，角度を測ったりかいたりするために使われる」のは分度器。　ウ 「紙や布を切るための道具で，2つの鋭利な刃と取っ手が真ん中でつながっている」のはハサミ。

【22】4

〈解説〉Shall we ～は相手を誘う文で，Let's ～とほぼ同意。sound＋形容詞で「～のように聞こえる，～のようだ」。Sounds nice.はIt sounds nice.のitが省略されたもの。A「雨がやんだところです。サッカーをしましょうか」。B「いいですね」。

【23】1

〈解説〉日本語の看板を読むのに困っているBに対して，A「あなたはどの列車を(　空欄　)しているのですか」，B「大宮へ行く列車です」，という会話なので，空欄には，look for ～「～を探す」が適切。他の選択肢は，look ahead「先のことを考える」。look after ～「～の世話をする」。look up to ～「～を尊敬する」。

【24】3

〈解説〉「少年」についての記述であるから①には少年法が入る。平成12(2000)年の改正によって，刑事処分の適用可能年齢が16歳以上から14歳以上に引き下げになった。選挙権の話が最後に出てきているので「公職選挙法」が③に入る。少年法における「少年」は「20歳未満」である。

【25】4

〈解説〉コマーシャルペーパーは企業が短期で資金の調達をするための，無担保の約束手形。ストックオプションは，予め決められた価格で自社株を買う権利。株価が上昇したら，そのときに権利行使し，つまり取得・売却して，上昇分の報酬を獲得できる制度。デリバティブは，株式や債券などの原資産から派生してうまれた先物取引などの金融商品。少ない資金で大きな取引ができるが，失敗したときの損失も大きい，典型的なハイリスク・ハイリターン商品である。

【26】2

〈解説〉2024年度から新しい一万円札，五千円札，千円札が流通することとなっている。肖像は，一万円札が現在の福沢諭吉から「日本の資本主義の父」といわれる渋沢栄一に，五千円札が樋口一葉 から「女子教育の先駆者」といわれる津田梅子に，千円札が野口英世から「近代日本医学の父」といわれる北里柴三郎になる。3の辰野金吾は，東京駅や日本銀行本店などを手掛けた日本を代表する建築家である。

【27】1

〈解説〉アカデメイアを創設し，『国家』が著書であるのは，プラトンである。プラトンは古代ギリシアの哲学者である。プラトンの師匠はソクラテスであり，アリストテレスはプラトンの弟子としてアカデメイアで学んだ。プロタゴラスははじめて「ソフィスト」を名乗った人物と言われている。「人間は万物の尺度である」という言葉が有名である。

【28】3

〈解説〉到達度評価とは，絶対評価の一種で，設定した到達目標に対する学習者の到達度によって評価を行う方法である。絶対評価とは，クラスや学校内の所属集団の他者の成績とは無関係に，あらかじめ設定された目標や評価規準に基づいて，評価を行う方法である。一方で相対評価とは，集団内のどの程度の水準に位置しているかに基づいて，評価を行う方法である。

【29】2

〈解説〉教育基本法第2条は，第1条の教育の目的の実現に向けて教育において達成すべき目標を規定しており，第一号から第五号まで5つの目標を示している。学習指導要領(平成29～30年告示)には，まず初めに「教育は，教育基本法第1条に定めるとおり，人格の完成を目指し，平和で民主的な国家及び社会の形成者として必要な資質を備えた心身ともに健康な国民の育成を期すという目的のもと，同法第2条に掲げる次の目標を達成するよう行われなければならない」と示されている。

【30】1

〈解説〉地方公務員法第29条は職員の懲戒処分に関する規定である。職員の懲戒処分には，戒告，減給，停職，免職の4種類があることは押さえておきたい。また，職員の分限処分について規定している同法第28条もあわせて理解しておくことが望ましい。

【31】3

〈解説〉地方公務員法第32条は，公務員の職務上の義務の一つである「法令等及び上司の職務上の命令に従う義務」に関する規定である。公務員の職務上の義務にはほかに，同法第31条の服務の宣誓，同法第35条の職務に専念する義務がある。公務員の服務に関する地方公務員法の各条文は，本問で出題された条文以外も頻出であるため，あわせて理解しておく必要がある。

【32】2

〈解説〉学校教育法第21条は，義務教育で達成すべき目標について，第一号から第十号まで10項目が示されている。いずれも重要であるが，特に，第一号，第二号，第三号，第十号は，教育基本法第2条(教育の目標)との違いに着目しながら理解するとよい。

【33】3

〈解説〉いじめは重要な教育課題の一つである。いじめ防止対策推進法は，いじめに関する唯一の法律であり，いじめの定義や対処法等について定めている条文は重点的に学習する必要がある。出題されている条文は，インターネットを通じて行われるいじめに対する対策の推進について定められたものである。

【34】4

〈解説〉児童虐待の防止等に関する法律第5条は，教員など児童と関わる職に就く者に対する児童虐待の早期発見についての努力義務を規定している。本問以外では，児童虐待の定義を示した第2条，児童虐待を発見した際の通告義務を規定した第6条などは確実に理解しておきたい。

【35】4

〈解説〉地方教育行政の組織及び運営に関する法律は，平成26(2014)年の改正で地方教育行政への首長の関与についての規定が設けられた。本問で出題されている同法第1条の3は，首長が当該地方の教育に関する大綱を策定することを規定したものである。あわせて，総合教育会議の設置を義務付けた同法第1条の4も注意しておきたい。

【36】4

〈解説〉society5.0とは，サイバー空間(仮想空間)とフィジカル空間(現実空間)を高度に融合させたシステムにより，経済発展と社会的課題の解決を両立する，人間中心の社会(Society)を目指すもので，第5期科学技術基本計画において初めて提唱された。Society4.0は情報社会のことである。

【37】3

〈解説〉第1部第4章2・(3)「主体的・対話的で深い学び」の実現について書かれた部分である。カリキュラム・マネジメントは学校を組織として捉える視点であり，アクティブ・ラーニングは授業における学習の指導法の一つである。アクティブ・ラーニングについては，子どもたちの「主体的・対話的で深い学び」を実現するために共有すべき授業改善の視点として，その位置付けが明確にされた。本文にあるように，どちらも教育課程を軸にし，授業や学級だけでなく，学校全体の改善に努めるものである。

【38】3

〈解説〉「特別支援教育の推進について(通知)」の「1．特別支援教育の理念」の一部である。特別支援教育は，「障害の有無やその他の個々の違いを認識しつつ様々な人々が生き生きと活躍できる共生社会の形成の基礎」とあるように，特別支援教育は全ての人が共に生きていく社会を目指すインクルーシブな教育を目指しており，全ての教師が持つべき視点の一つである。

【39】1

〈解説〉発達障害者支援法第8条は発達障害者の教育について定めている。同法第1条の目的を定めた条文には「(前略) 全ての国民が，障害の有無によって分け隔てられることなく，相互に人格と個性を尊重し合いながら共生する社会の実現に資することを目的とする」とあり，①はそれを受けての言葉になっている。

【40】2

〈解説〉2　学校教育法第72条が定めている特別支援学校の対象者は，「視覚障害者，聴覚障害者，知的障害者，肢体不自由者又は病弱者(身体虚弱者を含む。以下同じ。)」である。それに対し，同法第第81条第2項が定めている特別支援学級の対象者は，「知的障害者」「肢体不自由者」「身体虚弱者」「弱視者」「難聴者」「その他障害のある者で，特別支援学級において教育を行うことが適当なもの」である。このように，特別支援学校と特別支援学級の対象者には若干の差異がみられる。

【41】1

〈解説〉問題文は「生徒指導提要」(平成22年3月　文部科学省)第1章第1節1「生徒指導の意義」の一部分である。　①　自己指導能力とは，児童生徒が社会の中で自分らしく生きていくために，児童生徒自身が自己を成長させていく能力のことである。自己指導能力育成のための生徒指導の機能として，児童生徒に自己存在感を与えること，共感的な人間関係を育成すること，自己決定の場を与え自己の可能性の開発を援助することの3点に留意した教育活動が求められている。
②　自己実現の基礎には自己選択や自己決定があり，自己の選択や決定が所属する集団や社会に与える影響などを考慮することが，集団や社会の一員として認められていくことにつながっていく。

【42】3

〈解説〉いじめの認知件数が最も多いのは「小学校2年生」である。平成25(2013)年度から平成30(2018)年度までの5年間の調査結果の傾向として，小学校におけるいじめの認知が大幅に増加している。　1・2　全体の件数として平成30(2018)年度は，前年度に比べ約31％増加した。なお，平成18(2006)年度以前は「発生件数」という呼称が用いられていたが，件数の多寡よりも解消率を重視すべく，平成18年度分の調査から「認知件数」という呼称に改められている。　4　「学級担任に相談」が約80％と最も多く，「保護者や家族等に相談」は約23％である。

【43】2

〈解説〉教育委員会により任命される学校運営協議会の委員は，保護者に加えて地域住民や，地域学校協働活動推進員等学校運営に資する活動を行う者とされている。「学校運営協議会」制度は，平成16(2004)年に改正された地方教育行政の組織及び運営に関する法律で成立した。その主要な役割は，①校長が作成する学校運営に関する基本方針を承認する，②学校運営について教育委員会又は校長に意見を述べることができる，③教職員の任用について任命権者に意見を述べることができる，という三つである。また，平成29(2017)年3月の法改正により，二以上の学校に関し相互に密接な連携を図る必要がある場合には，二以上の学校について一協議会を置くことができるようになった。

【44】4

〈解説〉平成30(2018)年6月15日に閣議決定された第3期教育振興基本計画からの出題である。PISAとは，OECD(経済協力機構)が実施している国際学習到達度調査であり，TIMSSは，IEA(国際教育到達度評価学会)が実施する国際数学・理科教育動向調査のことである。「PISAショック」に象徴されるように，グローバル化の中で教育や学力の国際比較が人々の教育観や教育施策に大きな影響を与えており，こうした動向にも教員として目を向ける必要があるだろう。

2020年度　実施問題

【1】下線部の漢字の読み方がすべて異なるものを，次の1～4の中から1つ選びなさい。

1　絵画を描く　　画伯と話す　　画期的な作品だ
2　素性を知る　　要素を調べる　　絵の素養がある
3　銀行に行く　　親に孝行する　　修行の旅に出る
4　手紙を書く　　手綱を引く　　手腕を発揮する

(☆☆☆☆☆◎◎)

【2】作品と作者の組み合わせとして正しいものを，次の1～4の中から1つ選びなさい。

1　『金色夜叉』幸田露伴　　『友情』武者小路実篤
　『若菜集』島崎藤村
2　『潮騒』三島由紀夫　　『沈黙』遠藤周作
　『路傍の石』山本有三
3　『蒲団』田山花袋　　『雪国』川端康成
　『風立ちぬ』立原道造
4　『戦争と平和』トルストイ　　『赤毛のアン』リヒター
　『老人と海』ヘミングウェイ

(☆☆☆☆◎◎◎)

【3】次のア～エの古文と作品の組み合わせとして正しいものを，あとの1～4の中から1つ選びなさい。

ア　木の花は，濃きも薄きも，紅梅。桜は，花びら大きに，葉の色濃きが，枝ほそくて咲きたる。藤の花は，しなひ長く，色濃く咲きたる，いとめでたし。

イ　むかし，男ありけり。女のえ得まじかりけるを，年を経てよばひわたりけるを，からうじて盗みいでて，いと暗きに来けり。

ウ　花はさかりに，月はくまなきをのみ見るものかは。雨にむかひて月を恋ひ，たれこめて春の行方知らぬも，なほあはれに情ふかし。

エ　この芸において，大かた七歳を以て初めとす。この頃の能の稽古，かならず，その者自然とし出だす事に，得たる風体あるべし。

1　ア　枕草子　　イ　伊勢物語　　ウ　徒然草
　エ　風姿花伝

2　ア　枕草子　　イ　大和物語　　ウ　方丈記
　エ　南総里見八犬伝

3　ア　方丈記　　イ　大和物語　　ウ　徒然草
　エ　南総里見八犬伝

4　ア　方丈記　　イ　伊勢物語　　ウ　枕草子
　エ　風姿花伝

(☆☆☆◎◎◎◎)

【4】『古今和歌集』に和歌が収められている歌人の組み合わせとして正しいものを，次の1～4の中から1つ選びなさい。

1　西行　　後鳥羽上皇　　藤原定家

2　紀貫之　　小野小町　　藤原敏行

3　大伴家持　　山部赤人　　山上憶良

4　紀友則　　在原業平　　式子内親王

(☆☆☆◎◎◎◎)

【5】次の表は，2016年における地図中の㋐～㋓の県の農業産出額，林業産出額，漁業生産量についてまとめたものです。表中のA～Dにあたる県を，地図中の㋐～㋓からそれぞれ選び，その組み合わせとして正しいものを，あとの1～4の中から1つ選びなさい。

表

	農業産出額（億円）	林業産出額（千万円）	漁業生産量（t）
A	2,583	4,092	31,545
B	2,465	6,001	1,810
C	4,711	163	123,250
D	2,266	1,138	188,778

（「データでみる県勢2019年版」より作成）

地図

1　A－㋐　　B－㋑　　C－㋓　　D－㋒
2　A－㋑　　B－㋐　　C－㋒　　D－㋓
3　A－㋒　　B－㋑　　C－㋐　　D－㋓
4　A－㋑　　B－㋒　　C－㋓　　D－㋐

（☆☆☆◎◎◎）

【6】日本の第1回衆議院議員選挙に関する文について，その正誤の組み合わせとして正しいものを，下の1～4の中から1つ選びなさい。

①　選挙権は直接国税を15円以上納める満25歳以上の男子にあたえられた。
②　伊藤博文内閣のときに実施された。
③　選挙の結果，民党は過半数を占められなかった。
④　有権者数は全人口の約1％にすぎず，その大部分は農村の地主であった。

1　①　正　　②　誤　　③　正　　④　誤
2　①　誤　　②　正　　③　正　　④　誤
3　①　誤　　②　正　　③　誤　　④　正
4　①　正　　②　誤　　③　誤　　④　正

（☆☆☆◎◎◎）

【7】次の資料は，青鞜社を結成した人物の写真です。この人物を，下の1～4の中から1つ選びなさい。

資料

1　市川房枝　　2　平塚らいてう　　3　与謝野晶子　　4　荻野吟子

(☆☆☆◎◎◎)

【8】次は，国会の種類について述べた文です。文中の[　①　]～[　③　]に入る語句の組み合わせとして正しいものを，下の1～4の中から1つ選びなさい。

国会には，予算審議を中心に毎年[　①　]月に召集される常会，総選挙後に内閣総理大臣を指名する[　②　]会，内閣や議員の要求で必要に応じて開かれる[　③　]会の3種類がある。

1　①　1　　②　臨時　　③　特別
2　①　4　　②　特別　　③　臨時
3　①　1　　②　特別　　③　臨時
4　①　4　　②　臨時　　③　特別

(☆☆☆◎◎◎)

【9】$(\sqrt{5}-\sqrt{3})^2$を展開した式として正しいものを，次の1～4の中から1つ選びなさい。

1　$2-2\sqrt{15}$　　2　$8-2\sqrt{15}$　　3　2　　4　4

(☆☆☆◎◎◎)

【10】直線$y=2x+9$とx軸の交点をAとします。点Aを通り，直線$y=2x+9$と垂直に交わる直線の式として正しいものを，次の1～4の中から1つ選びなさい。

1　$y=\frac{1}{2}x-\frac{9}{2}$　　2　$y=\frac{1}{2}x-\frac{9}{4}$　　3　$y=-\frac{1}{2}x-\frac{9}{2}$

4　$y=-\frac{1}{2}x-\frac{9}{4}$

(☆☆☆◎◎◎)

【11】次の図のように，円Oの円周上に3点A，B，Cがあります。∠BAC＝48°であるとき，∠BCOの大きさとして正しいものを，下の1～4の中から1つ選びなさい。

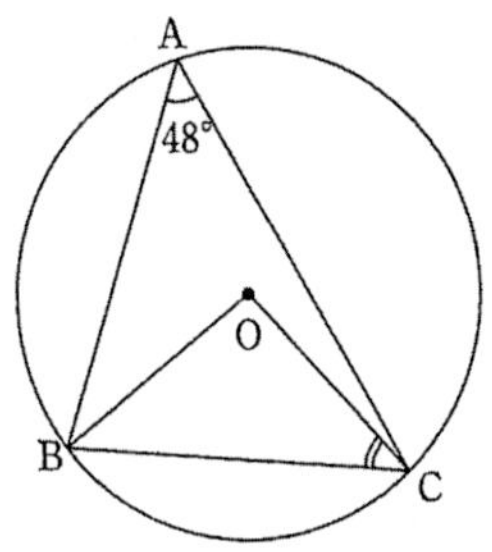

1　42°　　2　44°　　3　46°　　4　48°

(☆☆☆◎◎◎)

【12】次の表は，生徒30人の小テストの得点を度数分布表に整理したものです。生徒30人の小テストの得点の中央値(メジアン)として正しいものを，あとの1～4の中から1つ選びなさい。

小テストの得点（点）	人数（人）
0	1
1	5
2	9
3	6
4	5
5	4
計	30

1　3.5　　2　3　　3　2.5　　4　2

(☆☆☆◎◎◎)

【13】質量5kgの物体を，モーターを使って床から1.5mの高さまで，5秒で引き上げました。このとき，物体にした仕事の大きさとして最も適切なものを，次の1～4の中から1つ選びなさい。ただし，100gの物体を持ち上げるときに必要な力を1Nとします。

1　7.5J　　2　15J　　3　75J　　4　375J

(☆☆◎◎◎)

【14】塩酸の性質として適切でないものを，次の1～4の中から1つ選びなさい。

1　マグネシウムを入れると水素が発生する。

2　青色リトマス紙を赤色に変える。

3　緑色のBTB溶液を黄色に変える。

4　フェノールフタレイン溶液を赤色に変える。

(☆☆◎◎◎)

【15】酢酸カーミン溶液で赤く染まり，細胞分裂中の細胞にみられるひも状のものを何といいますか。最も適切なものを，次の1～4の中から1つ選びなさい。

1　核　　2　染色体　　3　胚　　4　卵細胞

(☆☆◎◎◎)

【16】日本のある地域で発生した地震では，観測地点での初期微動継続時間が2秒でした。このとき，地中を伝わるP波の速度を5km/s，S波の速度を3km/sとすると，震源から観測地点までの距離は何kmとなりますか。その数値として最も適切なものを，次の1～4の中から1つ選びなさい。

1　7.5km　　2　10km　　3　15km　　4　30km

(☆☆☆◎◎◎)

【17】文楽における「三人遣い」に含まれないものを，次の1～4の中から1つ選びなさい。

1　主遣い　　2　手妻遣い　　3　左遣い　　4　足遣い

(☆☆☆◎◎◎)

【18】すべての楽器が金管楽器であるものを，次の1～4の中から1つ選びなさい。

1	トランペット、トロンボーン、ホルン、チューバ
2	トランペット、トロンボーン、イングリッシュホルン、オーボエ
3	トランペット、トロンボーン、イングリッシュホルン、チューバ
4	トランペット、トロンボーン、ホルン、サクソフォーン

(☆☆☆◎◎◎)

【19】次の作品「ヴィーナスの誕生」の作者を，あとの1～4の中から1つ選びなさい。

1　レンブラント・ファン・レイン
2　ラファエロ・サンツィオ
3　サンドロ・ボッティチェリ
4　レオナルド・ダ・ヴィンチ

(☆☆☆◎◎◎)

【20】次の図は12色相環です。A～Cにあてはまる色の組み合わせとして正しいものを，下の1～4の中から1つ選びなさい。

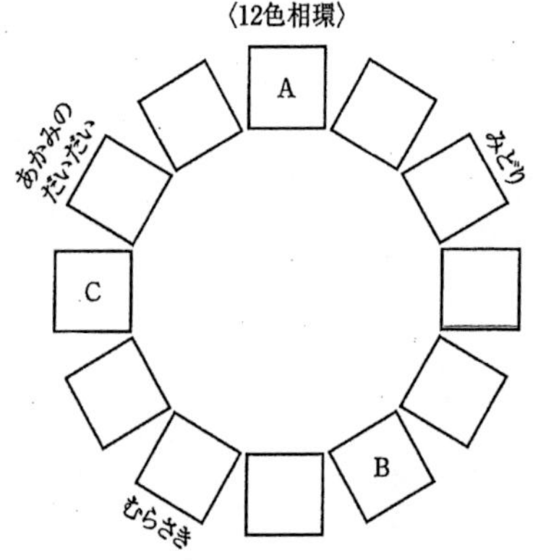

1　A　あお　　B　き　　C　あか
2　A　あか　　B　あお　　C　き
3　A　きみどり　　B　あかむらさき　　C　みどりみのあお
4　A　き　　B　あお　　C　あか

(☆☆☆◎◎◎)

【21】次の(　　)に入る最も適切な語または語句を，下の1～4の中から1つ選びなさい。

I'm interested in soccer but I don't play it. I often go to the stadium and enjoy (　　) games.

1　watch　　2　to watch　　3　watching　　4　watched

(☆☆◎◎◎◎◎)

【22】次のア～ウの英語で説明されていないものを，下の1～4の中から1つ選びなさい。

ア　a book in which you can write down the experiences you have each day or your private thoughts

イ　a book that gives a list of the words of a language in alphabetical order and explains what they mean, or gives a word for them in a foreign language

ウ　a book that teaches a particular subject and that is used especially in schools and colleges

1　小説　　2　辞典　　3　教科書　　4　日記

(☆☆◎◎◎◎◎)

【23】次の(　　)に入る最も適切な文を，下の1～4の中から1つ選びなさい。

A : Look. I made this cake. (　　)

B : Yes, please.

1　Can you give me some?

2　Would you like some?

3　Will you tell me how to make it?

4　Is this your first time?

(☆◎◎◎◎◎)

【24】次の(　　)に入る最も適切な語句を，下の1～4の中から1つ選びなさい。

A : I'm going to Okinawa with my family this summer.

B : That's nice! Will you take your dog with you?

A : No. I've already asked my grandparents to (　　) of our dog.

B : Nice. They like dogs too, right?

A: Yes.

1　be a kind　　2　come out　　3　get rid　　4　take care

(☆☆☆◎◎◎◎◎)

【25】21世紀に開催されたオリンピック競技大会(夏季)について，開催順に並んでいるものを，次の1～4の中から1つ選びなさい。

1　アテネ　→　北京　→　ロンドン　→　リオデジャネイロ
2　北京　→　ロンドン　→　アテネ　→　リオデジャネイロ
3　アテネ　→　ロンドン　→　北京　→　リオデジャネイロ
4　北京　→　アテネ　→　ロンドン　→　リオデジャネイロ

(☆☆☆◎◎◎)

【26】次は，内閣府が示す「6歳未満の子供を持つ夫婦の家事・育児関連時間(1日当たり・国際比較)」(平成30年版　少子化社会対策白書)のグラフです。(ア)～(エ)にあてはまる国の組み合わせとして最も適切なものを，下の1～4の中から1つ選びなさい。

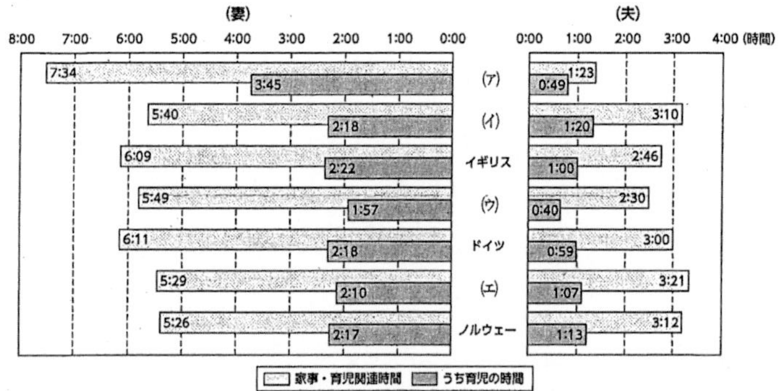

	(ア)	(イ)	(ウ)	(エ)
1	アメリカ	フランス	スウェーデン	日本
2	日本	アメリカ	フランス	スウェーデン
3	スウェーデン	日本	アメリカ	フランス
4	フランス	スウェーデン	日本	アメリカ

(☆☆◎◎◎)

【27】世界の教育史について述べた文として正しいものを，次の1～4の中から1つ選びなさい。

1　「近代教育思想の始祖」，また「子どもの発見者」として知られるルソーは，「人間は教育によってつくられる」とし，その教育は，「自然」「人間」「事物」の三者から成るものと述べている。

2　ヘルバルトは，「大教授学」の序論では，「教授のない教育などというものの存在を認めないしまた逆に，少なくともこの書物においては，教育しないいかなる教授も認めない」と述べ，実践的な科学的教育学の樹立を目指した。

3　パーカーストは，児童中心の教育原理のうえに，児童の個人差に着目し学校組織と教育方法を考案した。ウィネトカ・プランと呼ばれる学校組織は，今日のオープン・スクールの先駆的なものということができる。

4　ペスタロッチは，シカゴ大学に付属実験学校(小学校)を開設し，人間精神の発達についての実験を行った。ここでの3回の講演の記録が「学校と社会」である。

(☆☆☆◎◎◎)

【28】次は，ピアジェが提唱した思考の発達段階について述べた文章です。文章中の[　①　]～[　③　]にあてはまる語句の組み合わせとして最も適切なものを，下の1～4の中から1つ選びなさい。

> ピアジェは自分の3人の子供を対象に観察や実験を重ね，思考の発達段階を示した。
>
> 感覚運動期(0～2歳)の子供は，物をしゃぶったり触ったりと，感覚を使って周囲を理解しようとする。[　①　](2～7歳)では，言葉を用いた思考ができるようになるが，他人の視点に立って考えることが難しい。小学校低学年以降の[　②　](7～11歳)では，見た目に引きずられることなく，また客観的に考えることができるようになるが，思考の対象は具体的で日常的な物や場面に限られる。[　③　](11歳以降)では，文字式などの抽象的な記号の操作や抽象的な思考が可能になる。

1　①　前操作期　　②　後操作期　　③　形式的操作期

2　①　主観的操作期　②　具体的操作期　③　後操作期
3　①　前操作期　②　具体的操作期　③　形式的操作期
4　①　主観的操作期　②　前操作期　③　後操作期

(☆☆◎◎◎)

【29】教育心理に関する人物とその人物の説明の組み合わせとして誤っているものを，次の1～4の中から1つ選びなさい。

	人物	説明
1	ヴィゴツキー	発達の最近接領域説を唱えたり、集団独語に関してピアジェと論争を行ったりした。
2	エビングハウス	エビングハウスの保持（忘却）曲線が有名である。記憶研究において無意味綴りを用いたり、多くの測定法を考案したりした。
3	ブルーム	完全習得学習の理論、それを支える教育目標の分類学、評価法（診断的・形成的・総括的評価）を提唱した。
4	ワトソン	モデリング（観察学習）や自己効力感の研究を推進した。子供による暴力的なテレビ番組の視聴が攻撃性を高めることを示した実験が有名である。

(☆☆◎◎◎)

【30】次は，「教育基本法　第1条」の全文です。文中の[　①　]，[　②　]に入る語句の組み合わせとして正しいものを，下の1～4の中から1つ選びなさい。

> 教育は，[　①　]，平和で民主的な国家及び社会の[　②　]として必要な資質を備えた心身ともに健康な国民の育成を期して行われなければならない。

1　①　個人の尊厳を尊重し　②　形成者
2　①　個人の尊厳を尊重し　②　奉仕者
3　①　人格の完成を目指し　②　形成者
4　①　人格の完成を目指し　②　奉仕者

(☆☆◎◎◎◎)

【31】次は，「児童虐待の防止等に関する法律　第6条」の一部です。文中の[　①　]，[　②　]に入る語句の組み合わせとして正しいものを，下の1～4の中から1つ選びなさい。

> 児童虐待を受けたと思われる児童を発見した者は，速やかに，これを市町村，都道府県の設置する福祉事務所若しくは[　①　]又は[　②　]を介して市町村，都道府県の設置する福祉事務所若しくは[　①　]に通告しなければならない。

1　①　学校　　　　　②　弁護士
2　①　児童相談所　　②　児童委員
3　①　学校　　　　　②　児童委員
4　①　児童相談所　　②　弁護士

(☆☆☆◎◎◎◎)

【32】次は，「いじめ防止対策推進法　第2条」の一部です。文中の[　①　]，[　②　]に入る語句の組み合わせとして正しいものを，下の1～4の中から1つ選びなさい。

> この法律において「いじめ」とは，児童等に対して，当該児童等が在籍する学校に在籍している等当該児童等と[　①　]にある他の児童等が行う[　②　]影響を与える行為(インターネットを通じて行われるものを含む。)であって，当該行為の対象となった児童等が心身の苦痛を感じているものをいう。

1　①　一定の人的関係　　②　心理的又は物理的な
2　①　特別な人間関係　　②　心理的又は物理的な
3　①　特別な人間関係　　②　生命及び精神に
4　①　一定の人的関係　　②　生命及び精神に

(☆☆☆◎◎◎◎)

【33】次は，「教育基本法　第9条」の一部です。文中の[　①　]，[　②　]に入る語句の組み合わせとして正しいものを，下の1～4の中から1つ選びなさい。

法律に定める学校の教員は，自己の[　①　]を深く自覚し，絶えず研究と修養に励み，その[　②　]に努めなければならない。

1　①　資質の向上に必要な事項　②　職務の専念
2　①　崇高な使命　②　職責の遂行
3　①　資質の向上に必要な事項　②　職責の遂行
4　①　崇高な使命　②　職務の専念

(☆☆☆◎◎◎)

【34】次は，「地方公務員法　第33条」の全文です。文中の[　①　]，[　②　]に入る語句の組み合わせとして正しいものを，下の1～4の中から1つ選びなさい。

職員は，その職の[　①　]を傷つけ，又は職員の職全体の[　②　]となるような行為をしてはならない。

1　①　信頼　②　不利益
2　①　信頼　②　不名誉
3　①　信用　②　不名誉
4　①　信用　②　不利益

(☆☆☆◎◎◎◎)

【35】次は，「地方公務員法　第35条」の全文です。文中の[　①　]，[　②　]に入る語句の組み合わせとして正しいものを，あとの1～4の中から1つ選びなさい。

職員は，法律又は条例に特別の定がある場合を除く外，その勤務時間及び[　①　]のすべてをその職責遂行のために用い，当該[　②　]がなすべき責を有する職務にのみ従事しなければならない。

1 ① 職務上の能力 ② 教育委員会
2 ① 職務上の能力 ② 地方公共団体
3 ① 職務上の注意力 ② 教育委員会
4 ① 職務上の注意力 ② 地方公共団体

(☆☆☆◎◎◎◎)

【36】次は，第3期教育振興基本計画(平成30年6月15日閣議決定)の「第2部　今後5年間の教育政策の目標と施策群」の一部です。文中の[①]～[③]に入る語句の組み合わせとして正しいものを，下の1～4の中から1つ選びなさい。

> 1. 夢と志を持ち，可能性に挑戦するために必要となる力を育成する
>
> 目標(1)　確かな学力の育成
>
> 子供たちの基礎的・基本的な[①]・技能と思考力・[②]・表現力等，[③]学習に取り組む態度を育成する。

1 ① 資質 ② 読解力 ③ 主体的に
2 ① 知識 ② 読解力 ③ 対話的に
3 ① 資質 ② 判断力 ③ 対話的に
4 ① 知識 ② 判断力 ③ 主体的に

(☆☆☆◎◎◎)

【37】次は，中央教育審議会「幼稚園，小学校，中学校，高等学校及び特別支援学校の学習指導要領等の改善及び必要な方策等について(答申)」(平成28年12月)の一部です。[①]～[③]に入る語句の組み合わせとして正しいものを，あとの1～4の中から1つ選びなさい。

> 「カリキュラム・マネジメント」の実現に向けては，校長又は園長を中心としつつ，教科等の縦割りや学年を越えて，[①]で取り組んでいくことができるよう，学校の組織や経営の見直

しを図る必要がある。そのためには，管理職のみならず全ての教職員が「カリキュラム・マネジメント」の必要性を理解し，日々の授業等についても，教育課程全体の中での[　②　]を意識しながら取り組む必要がある。また，学習指導要領等の趣旨や枠組みを生かしながら，[　③　]や子供たちの姿等と指導内容を見比べ，関連付けながら，効果的な年間指導計画等の在り方や，授業時間や週時程の在り方等について，校内研修等を通じて研究を重ねていくことも重要である。

1　①　教職員間　②　言語活動　③　各学校の地域の実情
2　①　学校全体　②　言語活動　③　求められる資質・能力
3　①　教職員間　②　位置付け　③　求められる資質・能力
4　①　学校全体　②　位置付け　③　各学校の地域の実情

(☆☆☆◎◎◎)

【38】次は，中央教育審議会初等中等教育分科会「共生社会の形成に向けたインクルーシブ教育システム構築のための特別支援教育の推進(報告)」(平成24年7月)の一部です。文中の[　①　]～[　③　]に入る語句の組み合わせとして正しいものを，下の1～4の中から1つ選びなさい。

障害者の権利に関する条約第24条によれば，「インクルーシブ教育システム」とは，人間の[　①　]の尊重等の強化，障害者が精神的及び身体的な能力等を可能な最大限度まで発達させ，自由な社会に効果的に参加することを可能とするとの目的の下，障害のある者と障害のない者が共に学ぶ仕組みであり，障害のある者が「[　②　] education system」から排除されないこと，自己の生活する地域において初等中等教育の機会が与えられること，個人に必要な「[　③　]配慮」が提供される等が必要とされている。

1　①　普遍性　②　special　③　道徳的

2　①　多様性　②　general　③　合理的
3　①　多様性　②　special　③　合理的
4　①　普遍性　②　general　③　道徳的

(☆☆☆◎◎◎)

【39】特別支援教育に関する記述として，その正誤の組み合わせが正しいものを，下の1～4の中から1つ選びなさい。

①　知的障害のある児童生徒に対して効果的な指導を進めるため，各教科等を合わせて指導を行う指導の形態があり，「日常生活の指導」，「生活単元学習」，「作業学習」等が実践されている。

②　特別支援学級は，障害の種別ごとに置かれ，「知的障害特別支援学級」，「自閉症・情緒障害特別支援学級」，「肢体不自由特別支援学級」，「病弱・身体虚弱特別支援学級」の全部で4種類がある。

③　自立活動の内容は，「健康の保持」，「人間関係の形成」，「身体の動き」，「コミュニケーション」の全部で4つの区分で構成されている。

1　①　正　②　正　③　誤
2　①　誤　②　誤　③　正
3　①　正　②　誤　③　誤
4　①　誤　②　正　③　正

(☆☆☆◎◎)

【40】「平成29年度埼玉県公立学校における児童生徒の問題行動・不登校等生徒指導上の諸課題に関する調査結果について」の説明として下線部が誤っているものを，次の1～4の中から1つ選びなさい。

1　小・中・高等学校及び特別支援学校における平成29年度のいじめの認知件数は12,409件であり，<u>前年度に比べ，増加している</u>。

2　いじめの発見のきっかけについて，<u>小学校では「アンケート調査など学校の取組により発見」というケースが最も多く</u>，中学校では「本人からの訴え」というケースが最も多い。

3　平成29年度の1,000人当たりの不登校児童生徒数について，小学校では3.7人，中学校では28.4人と，いずれの校種においても，全国の数値を上回っている。

4　小・中・高等学校における平成29年度の暴力行為の発生件数は2,561件であり，前年度より増加している。平成29年度の校種毎の発生件数では，小学校が中学校を上回っている。

(☆☆☆◎◎◎)

【41】教育相談に関する文として適切でないものを，次の1～4の中から1つ選びなさい。

1　教育相談の充実を図るためには，専門家との日常的な連絡と協力関係が重要となるが，「連携」とは，学校だけでは対応しきれない児童生徒の問題行動に対して，関係者や関係機関と協力し合い，問題解決のために相互支援をすることである。

2　スクールカウンセラーは，不登校や児童生徒の問題行動の未然防止，早期発見・早期対応等のために，児童生徒の悩みや不安を受け止めて相談に当たり，関係機関と連携して必要な支援をするための心の専門家である。

3　教育相談は，生徒指導の一環として位置づけられるものであり，その中心的な役割を担うものである。

4　アンガーマネジメントとは，様々な社会的技能をトレーニングにより育てる方法で，「自己紹介」，「仲間の誘い方」，「仲間の入り方」，「上手な断り方」などの活動プログラムがある。

(☆☆☆◎◎◎)

【42】次の1～4の中から，下線部が誤っているものを1つ選びなさい。

1　学校においては，毎学年定期に，児童生徒等(通信による教育を受ける学生を除く。)の歯磨き指導を行うものとする。(学校保健安全法第13条)

2　学校においては，児童生徒等の心身の健康に関し，健康相談を行

うものとする。(学校保健安全法第8条)

3　学校においては，児童生徒等の安全の確保を図るため，当該学校の実情に応じて，危険等発生時において当該学校の職員がとるべき措置の具体的な内容及び手順を定めた対処要領(次項において「危険等発生時対処要領」という。)を作成するものとする。(学校保健安全法第29条)

4　学校においては，児童生徒等の安全の確保を図るため，当該学校の施設及び設備の安全点検，児童生徒等に対する通学を含めた学校生活その他の日常生活における安全に関する指導，職員の研修その他学校における安全に関する事項について計画を策定し，これを実施しなければならない。(学校保健安全法第27条)

(☆☆☆◎◎◎)

解答・解説

【1】4

〈解説〉1は絵画(かいが)，画伯(がはく)，画期的(かっきてき)，2は素性(すじょう)，要素(ようそ)，素養(そよう)，3は銀行(ぎんこう)，孝行(こうこう)，修行(しゅぎょう)，4は手紙(てがみ)，手綱(たづな)，手腕(しゅわん)である。

【2】2

〈解説〉1の『金色夜叉』は尾崎紅葉，3の『風立ちぬ』は堀辰雄，4の『赤毛のアン』はルーシー・モード・モンゴメリの作である。

【3】1

〈解説〉アは作者の考えや好みで書き始めていることに特徴があり，『枕草子』(37段目)が該当する。イは「むかし，男ありけり」という書き出しであり，主人公を「男」と呼んでいることから『伊勢物語』(6段)とわかる。ウは「花はさかりに，月はくまなきをのみ見るものかは」と社会一般の美意識に対する批評精神が表れている。反語や対句的な表現等漢文的な表現を自在に取り込んでいることも特徴で『徒然草』(第137段)である。エは「この芸において」「能の稽古」から，能学論書である『風姿花伝』とわかる。なお，『大和物語』は伊勢物語とともに歌物語であるが，宮中の人物などを具体的に述べ，説話的な面がある。『方丈記』は無常観と無常観に立った日常生活の捉えを述べている。『南総里見八犬伝』は勧善懲悪に貫かれた雄大な構想をもつ伝奇小説である。

【4】2

〈解説〉2　紀貫之は撰者の一人でもある。1は『新古今和歌集』の歌人で，後鳥羽上皇は撰集下命者，藤原定家は撰者の一人でもある。3は『万葉集』の歌人，4は紀友則，在原業平は古今和歌集の歌人だが，式子内親王は新古今和歌集の歌人である。

【5】1

〈解説〉地図中の㋐は新潟県，㋑は長野県，㋒は静岡県，㋓は千葉県である。表のBは，林業産出額が表中最も高いこと，漁業生産量が最も低いことから，山林が多く，海のない長野県と考えられる。漁業生産量の多いCとDは，銚子港と焼津港を有する千葉県と静岡県，Aが新潟県と判断する。CとDについては，農業産出額が多く林業産出額が最も少ないCが千葉県，Dが静岡県と判断できる。

【6】4

〈解説〉②　第1回衆議院議員選挙が実施されたのは1890年7月で，山県有朋内閣の時であった。　③　選挙の結果は，旧民権派が大勝した。

【7】2

〈解説〉青鞜社を結成したのは，平塚らいてうである。市川房枝は女性運動家で，婦人参政権獲得期成同盟会をつくり，戦後は参議院議員として活躍した。与謝野晶子は歌人，日露戦争を批判した。荻野吟子は，近代日本初の公認女医である。

【8】3

〈解説〉国会は毎年1回1月中に召集され，新年度予算を議論する常会(通常国会)，総選挙から30日以内に召集され内閣総理大臣の指名を行う特別会(特別国会)，内閣または衆参いずれかの議院の総議員の4分の1以上の要求で召集される臨時会(臨時国会)の3種類がある。

【9】2

〈解説〉乗法公式$(a-b)^2=a^2-2ab+b^2$より，$(\sqrt{5}-\sqrt{3})^2=(\sqrt{5})^2-2\times\sqrt{5}\times\sqrt{3}+(\sqrt{3})^2=5-2\sqrt{15}+3=8-2\sqrt{15}$

【10】4

〈解説〉点Aの座標は$y=2x+9$に$y=0$を代入して　$0=2x+9$　$x=-\frac{9}{2}$より，$\mathrm{A}\left(-\frac{9}{2},\ 0\right)$となる。2直線が垂直に交わるとき，その2直線の傾きの積は-1となるので，直線$y=2x+9$と垂直に交わる直線の傾きをa'とすると，$2\times a'=-1$より　$a'=-\frac{1}{2}$　点$(x_1,\ y_1)$を通り，傾きmの直線の式は$y-y_1=m(x-x_1)$となるから，求める直線の式は，

$y-0=-\frac{1}{2}\left\{x-\left(-\frac{9}{2}\right)\right\}$　⇔　$y=-\frac{1}{2}x-\frac{9}{4}$である。

【11】1

〈解説〉弧BCに対する中心角と円周角の関係から，$\angle\mathrm{BOC}=2\angle\mathrm{BAC}=2\times48=96$〔°〕　△BOCはOB＝OCの二等辺三角形だから，

$$\angle BCO=\frac{180-\angle BOC}{2}=\frac{180-96}{2}=42〔°〕$$

【12】3

〈解説〉中央値は資料の値を大きさの順に並べたときの中央の値であり，生徒の人数は偶数なので，本問では得点の低い方から15番目と16番目の生徒の得点の平均値が中央値となる。15番目は2点，16番目は3点なので，中央値は$\frac{2点+3点}{2}$=2.5〔点〕となる。

【13】3

〈解説〉仕事の大きさをW〔J〕，力の大きさをF〔N〕，力の向きに動いた距離をs〔m〕とすると，仕事Wは，$W=F\times s$で求められる。100gの物体を持ち上げるのに必要な力が1Nであるから，5kgの物体を持ち上げるのに必要な力は50Nである。以上のことを踏まえ計算すると，求める仕事の大きさは，50〔N〕×1.5〔m〕＝75〔J〕となる。仕事にかかった時間は仕事の大きさに関係しないため，無視してよい。

【14】4

〈解説〉フェノールフタレイン溶液は，無色透明の液体でアルカリ性の液体に入れると赤紫色になるが，塩酸は酸性のため不適。リトマス紙，BTB溶液，フェノールフタレイン溶液は基本的かつ代表的な指示薬である。この3つの指示薬については色の変化をきちんと覚えておきたい。

【15】2

〈解説〉細胞分裂中の細胞に，酢酸カーミン溶液をたらすと染色体が赤く染まる。染色体には，生物の形や性質といった「形質」を決める遺伝子が含まれている。

【16】3

〈解説〉P波はS波よりも早く進むため，P波が到達してからS波が到達するまでに時間の差が生まれる。つまり，(S波が震源から観測場所まで進むのにかかる時間)－(P波が震源から観測場所まで進むのにかかる時間)＝(初期微動継続時間) となる。ゆえに，震源から観測した場所までの距離をx〔km〕とすると，$\frac{x}{3}-\frac{x}{5}=2$となる。これを$x$について解くと，$x=15$〔km〕となる。

【17】2

〈解説〉古典芸能である文楽は「三人遣い」と「一人遣い」がある。「三人遣い」は主要な登場人物の場合に使われ，「主遣い」(人形の右手と頭を操る)，「左遣い」(人形の左手を操る)，「足遣い」(人形の両足を操る)がある。なお，「手妻遣い」は文楽とは関係がなく，江戸時代初期に表れたもので，「手妻」とは，古来より日本に伝わる日本独自の手品に当たるものである。

【18】1

〈解説〉注意したいものとして，ホルン，チューバは金管楽器，イングリッシュホルン，オーボエ，サクソフォーンは木管楽器である。ホルン(フレンチホルン)とイングリッシュホルンは，名前から同じ種類と考えがちだが，イングリッシュホルンは，別名「アルト・オーボエ」とも言われ，木管楽器である。相違点として，金管楽器は演奏者の唇の振動によって発音する管楽器群の総称であり，木管楽器は演奏者の唇の振動によらない方法で発音する管楽器の総称である。日頃からオーケストラや吹奏楽の演奏を聴く機会を持つことを勧めたい。

【19】3

〈解説〉ボッティチェリは15世紀後半の初期ルネサンスに活躍したフィレンツェ派を代表する画家。「ヴィーナスの誕生」は同じくボッティチェリの代表作「春(ラ・プリマベーラ)」の対画としてメディチ家より依頼され，制作されたといわれている。その他の作品に「東方三博士の礼拝」「反逆者たちの懲罰」「柘榴の聖母」などがある。

【20】4

〈解説〉色相環は，代表的な色相の色を系統的に(例えば波長順に)，円周上に表したもので，最も波長の長い赤と，最も波長の短い青紫を混色し紫・赤紫をつくり，これを接点にして環としている。色を整理分類するために，12色相あるいは24色相などに分割されているが，分割のしかたは体系によりさまざまである。

【21】3

〈解説〉enjoyは必ず…ingという動名詞を目的語にとる。その他動名詞を目的語にとる動詞で頻出なのは，look forward to …ing(…を楽しみにする)，keep …ing(…し続ける)，avoid …ing(～を避ける)，stop …ing(～を止める)等がある。

【22】1

〈解説〉アは「日々の出来事や個人的な考えを書く本」なので「日記」。イは「アルファベット順に言葉を並べてそれぞれの意味を説明したり，その単語の他の言語での意味を説明したりする本」なので「辞典」。ウは「学校や大学で使われる，特定の科目に関する本」なので「教科書」である。

【23】2

〈解説〉「見て，ケーキを作ったんです」という表現に続いてWould you like some?「少しいかがですか」と相手に勧める表現を選ぶのが適切。1は「少し頂けますか」，3は「どうやって作るか教えてもらえますか」，4は「初めて作ったんですか」という意味になるので文脈にそぐわない。

【24】4

〈解説〉「今年の夏家族で沖縄に行く」とAが話しているのに対して，Bが「犬も連れていくの?」と質問している。空欄にはtake care of …「…の世話をする」という表現を選んで,「祖父母に世話をお願いした」とするのが適切。なお, get rid of は「…を除去する」という意味である。

【25】1

〈解説〉21世紀になってから,オリンピック競技大会(夏季)はすでに4回開催されている。第28回大会(2004年)は,オリンピック発祥の地アテネ(ギリシャ)で,その後,北京(中国),ロンドン(イギリス),リオデジャネイロ(ブラジル)と続く。

【26】2

〈解説〉日本は,先進国の中で男性の「6歳未満の子供を持つ夫婦の家事・育児関連時間」が最も短いことを知っていれば,解答できるだろう。

【27】1

〈解説〉2 「大教授学」の著者は,実物観察に重点をおく直観教授を提唱したコメニウスである。 3 ウィネトカ・プランを創始したのはアメリカのウオッシュバーンである。 4 「学校と社会」は米国の哲学者・教育学者で,プラグマティズムを大成させ,実験主義の立場を確立し,特に教育では作業による経験学習を重視したデューイの著書である。

【28】3

〈解説〉ピアジェは,論理的操作ができるようになるかどうかという視点で,思考の発達段階を示した。論理的操作がまだできない段階が感覚運動期と前操作期であり,論理的操作ができるようになってくる段階が具体的操作期と形式的操作期である。

【29】4

〈解説〉ワトソンは「こころ(意識)」を心理学の対象とするのではなく,

観察可能な刺激と反応から個体の行動を研究する行動主義の心理学を提唱した。モデリング(観察学習)や自己効力感の研究を推進したのはバンデューラである。

【30】3

〈解説〉教育基本法は，教育を受ける権利を国民に保障した日本国憲法に基づき，日本の公教育の在り方を全般的に規定する法律である。日本国憲法と同様，最重要法規の一つなので，前文を含めて暗記しておくことが望ましい。

【31】2

〈解説〉「児童虐待防止法」は，第5条と第6条をセットで学習するとよい。第5条は虐待を受けたと思われる児童の早期発見についてであるが，虐待を発見しやすい立場にいるものとして学校の教職員があげられていることに注意したい。そして，第6条の通知について学習すること。特に第5条は努力義務，第6条は義務であることに十分注意したい。

【32】1

〈解説〉本条文では，深刻化するSNS等によるいじめを反映し，「インターネットを通じて行われているものを含む」と明記されていることに注意したい。いじめについては社会問題の一つとなっており，各自治体ではいじめに対する姿勢と対策を独自に打ち出している。受験生としては，受験する自治体の対策方針を学習し，具体的な方策をイメージしておくと論文や面接対策としても役立つと思われる。

【33】2

〈解説〉教育公務員特例法第21条第1項「教育公務員は，その職責を遂行するために，絶えず研究と修養に努めなければならない」と区別してしっかりとおぼえておくこと。

【34】3

〈解説〉信用失墜行為の禁止に関する問題。信用失墜行為の禁止は身分上の義務であり，職務の内外を問わず公務員がその身分を有することによって守るべき義務で，信用失墜行為の禁止のほか，秘密を守る義務，政治的行為の制限，争議行為等の禁止，営利企業等の従事制限の計5つがあることを知っておきたい。

【35】4

〈解説〉職務に専念する義務は地方公務員の職務上の義務で，地方公務員が勤務時間中に職務を遂行する上で守るべき義務であり，職務に専念する義務のほか，服務の宣誓，法令等及び上司の職務上の命令に従う義務の計3つがある。

【36】4

〈解説〉本資料では，これからの教育について「『生きる力』や，その中で重視されてきた知・徳・体の育成の現代的な意義を改めて捉え直し，夢と志を持って可能性に挑戦するために必要な力を確実に育んでいくことが重要」としている。その上で，第2期計画での課題等を踏まえ，客観的な根拠に基づき成果を検証し，より効果的・効率的な施策の立案することが必要，としている。本資料の内容を踏まえ，各自治体でも教育振興基本計画が作成されることに対して，十分に学習しておこう。

【37】4

〈解説〉なお，問題文にあるカリキュラム・マネジメントとは「学校教育に関わる様々な取組を，教育課程を中心に据えながら組織的かつ計画的に実施し，教育活動の質の向上につなげていくこと」であり，「アクティブ・ラーニング」「主体的・対話的で深い学び」とともに，新学習指導要領のキーワードであるのでおさえておくこと。

【38】2

〈解説〉③の合理的配慮は，インクルーシブ教育を行う上で重要なキーワードであり，障害者の権利に関する条約によると，「障害者が他の者との平等を基礎として全ての人権及び基本的自由を享有し，又は行使することを確保するための必要かつ適当な変更及び調整であって，特定の場合において必要とされるものであり，かつ，均衡を失した又は過度の負担を課さないもの」と定義されている。具体例は「文部科学省所管事業分野における障害を理由とする差別の解消の推進に関する対応指針」等で示されているので，熟読しておきたい。

【39】3

〈解説〉②　特別支援学級には知的障害，肢体不自由，病弱・身体虚弱，弱視，難聴，言語障害，自閉症・情緒障害の7種類の学級がある。
③　自立活動の内容は「健康の保持」，「心理的な安定」，「人間関係の形成」，「環境の把握」，「身体の動き」，「コミュニケーション」の6区分である。

【40】3

〈解説〉「全国の数値を上回っている」ではなく，「全国の数値を下回っている」が正しい。なお，埼玉県公立学校における不登校児童生徒数は，小学校1,368人，中学校 5,138人，高等学校6,506人(1,000人当たり11.8人)であり，全国における不登校児童生徒数は小学校34,732人(1,000人当たり5.5人)，中学校104,295人(1,000人当たり33.8人)，高等学校139,027人(1,000人当たり14.7人)である。

【41】4

〈解説〉アンガーマネジメントは，自分の中に生じた怒りの対処法を段階的に学ぶ方法で，例えば「きれる」行動に対して「きれる前の身体感覚に焦点を当てる」「身体感覚を外在化しコントロールの対象とする」などの段階を踏んで，怒りなどの否定的感情をコントロール可能な形に変えることを指す。様々な社会的技能をトレーニングにより育てる方法は，ソーシャルスキルトレーニングである。

【42】1

〈解説〉「歯磨き指導」ではなく，「健康診断」が正しい。なお，健康診断の検査項目などの細則については，学校保健安全法施行規則第5条以降に示されているので，セットで学習するとよい。

2019年度　実施問題

【1】次の作品でシェイクスピアの四大悲劇でないものを，1～4の中から1つ選びなさい。

1　『ロミオとジュリエット』

2　『ハムレット』

3　『リア王』

4　『マクベス』

(☆◎◎◎)

【2】次の作品と作者等の組み合わせとしてすべて正しいものを，1～4の中から1つ選びなさい。

1　『日本書紀』稗田阿礼　　『源氏物語』紫式部
　『古事記伝』本居宣長

2　『十六夜日記』阿仏尼　　『徒然草』兼好法師
　『東海道中膝栗毛』近松門左衛門

3　『浮雲』二葉亭四迷　　『みだれ髪』樋口一葉
　『山椒魚』井伏　鱒二

4　『路傍の石』山本有三　　『二十四の瞳』壺井栄
　『潮騒』三島由紀夫

(☆◎◎◎)

【3】次の俳句のうち『おくのほそ道』に収められていないものを，1～4の中から1つ選びなさい。

1　行く春や鳥啼き魚の目は泪

2　風流の初めやおくの田植うた

3　野ざらしを心に風のしむ身かな

4　閑かさや岩にしみ入る蟬の声

(☆☆◎◎◎)

【4】次の二十四節気と旧暦が示す季節の組み合わせとしてすべて正しいものを，1～4の中から1つ選びなさい。

1　立春－春　　芒種－夏　　小暑－秋　　大寒－冬
2　穀雨－春　　立夏－夏　　霜降－秋　　雨水－冬
3　啓蟄－春　　処暑－夏　　立秋－秋　　小雪－冬
4　清明－春　　大暑－夏　　白露－秋　　立冬－冬

(☆☆◎◎◎)

【5】次の表は，2015年の北海道，茨城県，埼玉県，新潟県，鹿児島県の農業産出額をまとめたものです。埼玉県と鹿児島県にあてはまる記号の組み合わせとして正しいものを，下の1～4の中から1つ選びなさい。

表

道県名	米　(億円)	野菜　(億円)	畜産　(億円)	果実　(億円)	花き　(億円)
ア	191	557	2,837	85	136
イ	1,284	370	502	82	92
ウ	354	1,003	310	69	174
エ	694	1,890	1,290	127	134
オ	1,149	2,224	6,512	64	122

(「データでみる県勢2018年版」より作成)

1　埼玉県－ア　　鹿児島県－オ　　2　埼玉県－イ　　鹿児島県－ウ
3　埼玉県－ウ　　鹿児島県－ア　　4　埼玉県－エ　　鹿児島県－イ

(☆☆☆◎◎◎)

【6】鎌倉幕府のしくみに関する記述として，その正誤の組み合わせが正しいものを，下の1～4の中から1つ選びなさい。

①　六波羅探題は鎌倉の警備をした。
②　守護は国内の軍事・警察の役割を果たした。
③　地頭は荘園や公領の管理，年貢の取り立てをした。
④　問注所は幕府の財政を司った。

1　①　正　　②　誤　　③　正　　④　誤
2　①　誤　　②　正　　③　誤　　④　正
3　①　正　　②　誤　　③　誤　　④　正

4　①　誤　　②　正　　③　正　　④　誤

(☆☆☆◎◎◎)

【7】次の資料は「平民宰相」と呼ばれた人物の写真です。この人物を，下の1～4の中から1つ選びなさい。

資料

1　大隈重信　　2　原敬　　3　高橋是清　　4　加藤高明

(☆☆☆◎◎◎)

【8】次の文章を読み，文章中の[　①　]～[　③　]に入る語句の組み合わせとして正しいものを，下の1～4の中から1つ選びなさい。

> 衆議院で可決した法律案を参議院が否決した場合，衆議院が出席議員の3分の2以上の多数で再可決すれば法律となる。また，衆議院の可決した法律案を受け取った参議院が[　①　]以内に議決しないときは，参議院が否決したものとして，衆議院が出席議員の3分の2以上の多数で再可決すれば法律となる。
>
> 衆議院は予算の先議権をもつが，参議院が衆議院と異なった議決をした場合，[　②　]で意見が一致しないときや[　③　]以内に参議院が議決しないときは，衆議院の議決が国会の議決となる。

1　①　60日　　②　公聴会　　③　45日

2　①　30日　②　両院協議会　③　45日
3　①　60日　②　両院協議会　③　30日
4　①　30日　②　公聴会　③　30日

(☆☆☆◎◎◎)

【9】2次方程式$(x-2)^2-9=0$の解として正しいものを，次の1～4の中から1つ選びなさい。

1　$x=-1,\ 5$　2　$x=-5,\ 1$　3　$x=2\pm\sqrt{3}$　4　$x=\pm 3$

(☆☆☆◎◎◎)

【10】1，2，3，4の数字を1つずつ記入した4枚のカードがあります。この4枚のカードをよくきって，カードを続けて3枚取り出し，取り出した順に左から右に並べて3けたの整数をつくります。この3けたの整数が3の倍数となる確率として正しいものを，次の1～4の中から1つ選びなさい。

1　$\frac{1}{6}$　2　$\frac{1}{4}$　3　$\frac{1}{3}$　4　$\frac{1}{2}$

(☆☆☆◎◎◎)

【11】関数$y=3x^2$の性質について述べた文として正しいものを，次の1～4の中から1つ選びなさい。

1　xの値が1ずつ増加すると，yの値は3ずつ増加する。
2　$x<0$のとき，xの値が増加すると，yの値は減少する。
3　グラフは，x軸について対称である。
4　グラフは，右上がりの直線である。

(☆☆☆◎◎◎)

【12】次の図のように，底面の半径が3cm，母線の長さが6cmの円錐があります。この円錐の体積として正しいものを，あとの1～4の中から1つ選びなさい。

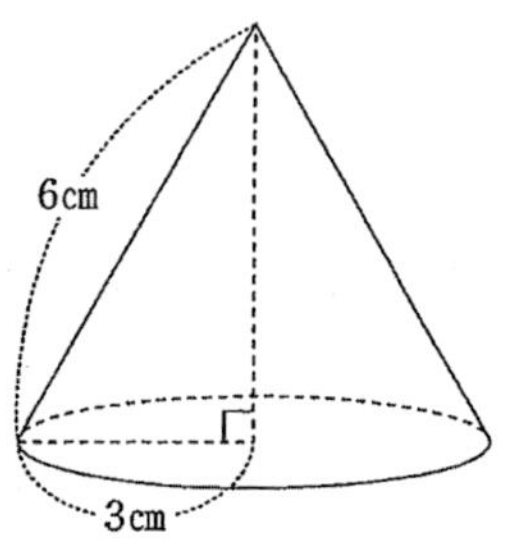

1　$3\sqrt{3}\ \pi\ \mathrm{cm}^3$　　2　$9\sqrt{2}\ \pi\ \mathrm{cm}^3$　　3　$9\sqrt{3}\ \pi\ \mathrm{cm}^3$　　4　$18\pi\ \mathrm{cm}^3$

(☆☆☆◎◎◎)

【13】次の図のように，抵抗が20Ωの電熱線Xと，抵抗が30Ωの電熱線Yを並列につないで回路を作り，回路に流れる電流の大きさを測定しました。図の電圧計が6Vを示しているとき，電流計が示す値として最も適切なものを，あとの1～4の中から1つ選びなさい。ただし，回路内の導線にかかる抵抗は考えないものとします。

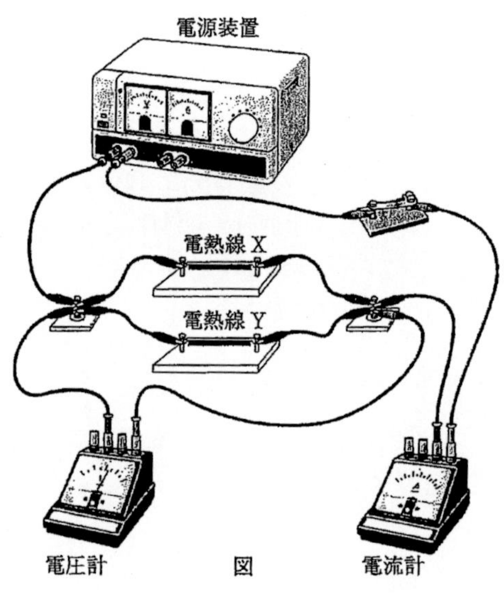

図

1　0.12A　　2　0.24A　　3　0.50A　　4　0.60A

(☆☆☆◎◎◎)

【14】それぞれ質量パーセント濃度が1%の塩酸と水酸化ナトリウム水溶液があります。その塩酸に水酸化ナトリウム水溶液を加えていくと，酸性もアルカリ性も示さない中性の水溶液になりました。この水溶液にさらに水酸化ナトリウム水溶液を加えていくと，水溶液はアルカリ性を示しました。このとき，水溶液中に最も数多く存在しているイオンを，次の1～4の中から1つ選びなさい。

1　H^+　　2　Cl^-　　3　Na^+　　4　OH^-

(☆☆☆◎◎◎)

【15】次の図は，シダ植物の仲間であるイヌワラビのからだのつくりをスケッチしたものです。図のA～Dのうち，イヌワラビの茎の部分を示したものとして最も適切なものを，下の1～4の中から1つ選びなさい。

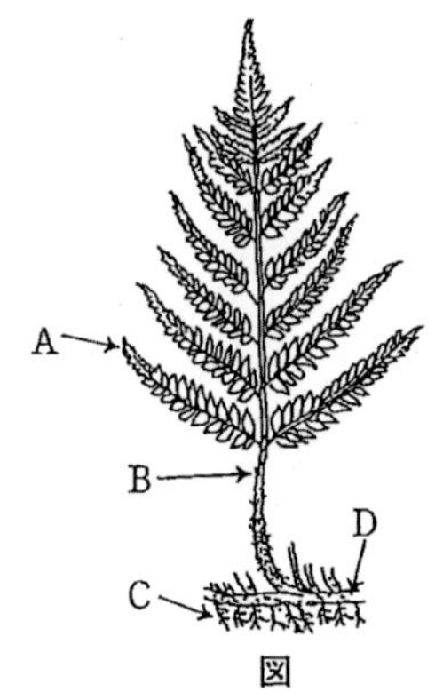

図

1　A　　2　B　　3　C　　4　D

(☆☆☆◎◎◎)

【16】日本の季節や時期とそのころの天気の特徴を述べた文の組み合わせとして最も適切なものを，次の1～4の中から1つ選びなさい。

	季節や時期	天気の特徴
1	春	高気圧と低気圧が交互に日本列島付近を通るため、同じ天気が長く続かない。また、この高気圧と低気圧は東から西に動くため、天気は東から西へ変わることが多い。
2	梅雨	南の暖かく湿った気団と、北の冷たく湿った気団の間に停滞前線ができ、雨やくもりの日が多くなる。この時期にできる前線を「梅雨前線」という。
3	夏	強い太陽光を受ける地域が赤道より南の方になるため、日本列島の南にある太平洋高気圧が発達し、高温多湿で晴れることが多くなる。
4	冬	ユーラシア大陸が冷やされ、大陸上で低気圧が成長する。そのため「南高北低」の特徴的な気圧配置となり、冷たく乾燥した北西の風が吹く。

(☆☆☆◎◎◎)

【17】弦楽器を低い音域から並べたときの順番として最も適切なものを，次の1～4の中から1つ選びなさい。

1　コントラバス　→　ヴィオラ　→　チェロ　→　ヴァイオリン
2　コントラバス　→　チェロ　→　ヴィオラ　→　ヴァイオリン
3　コントラバス　→　チェロ　→　ヴァイオリン　→　ヴィオラ
4　コントラバス　→　ヴァイオリン　→　チェロ　→　ヴィオラ

(☆◎◎◎)

【18】曲と作曲者の組み合わせが適切でないものを，次の1～4の中から1つ選びなさい。

	曲	作曲者
1	荒城の月	滝　廉太郎
2	もみじ	岡野　貞一
3	春の海	宮城　道雄
4	夕やけこやけ	八橋　検校

(☆☆☆◎◎◎)

【19】東京2020オリンピック・パラリンピック競技大会に使用される大会エンブレムのモチーフとなっている和の文様の名称を，下の1～4の中から1つ選びなさい。

1　亀甲　　2　青海波　　3　矢絣　　4　市松

(☆☆☆◎◎◎)

【20】次のA～Dの彫刻刀の名称の組み合わせとして最も適切なものを，下の1～4の中から1つ選びなさい。

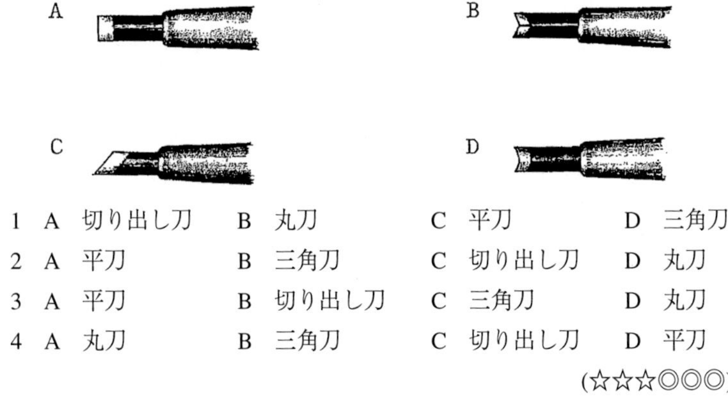

1　A　切り出し刀　　B　丸刀　　C　平刀　　D　三角刀
2　A　平刀　　B　三角刀　　C　切り出し刀　　D　丸刀
3　A　平刀　　B　切り出し刀　　C　三角刀　　D　丸刀
4　A　丸刀　　B　三角刀　　C　切り出し刀　　D　平刀

(☆☆☆◎◎◎)

【21】次の1～4の中から，2018年の平昌(韓国)で開催された第23回オリンピック冬季競技大会の実施競技として誤っているものを，1つ選びなさい。

1　アイスホッケー　　2　ボブスレー　　3　バイアスロン
4　スピードスキー

(☆☆☆◎◎)

【22】次は，薬物乱用の悪影響について述べた文です。文中の[　①　]，[　②　]にあてはまる語句の組み合わせとして最も適切なものを，下の1～4の中から1つ選びなさい。

> 薬物乱用とは，違法な薬物を使用したり，医薬品を治療などの本来の目的からはずれて使用したりすることです。乱用される薬物としては，大麻，覚せい剤，[　①　]や麻薬，シンナーなどさまざまです。薬物はいずれも[　②　]に作用し，[　②　]を異常に興奮させたり抑制したりします。その結果，乱用者の心身に大きな害をもたらし，ときには一度の乱用で死ぬこともあります。

1　①　MDMA　　②　筋組織
2　①　PTSD　　②　脳
3　①　MDMA　　②　脳
4　①　PTSD　　②　筋組織

(☆☆☆◎◎◎)

【23】子供や家族を支える施設や機関とその説明の組み合わせとして適切でないものを，次の1～4の中から1つ選びなさい。

	子供や家族を支える施設や機関	説明
1	ファミリー・サポート・センター	18歳までの児童を対象にした施設。小学生の放課後の遊びを支える役割が大きかったが、最近では子育て中の親の集まりを企画するなど、子育て支援の機能も整えている。
2	保育所	保護者が就労などのため、家庭で保育できない0歳から就学前までの乳幼児が対象。保育時間は朝早くから夜遅くまである。様々な子育て支援を行っている。
3	認定こども園	保育所と幼稚園の機能をあわせもつ施設。0歳から就学前までの乳幼児が対象。地域の子育て支援も担う。
4	子育て支援センター	各市町村などに設置されている。子育て中の親が集う場を提供したり、様々な相談活動などを実施したりしている。

(☆☆☆◎◎◎)

【24】介護保険制度に関して述べた文として正しいものを，次の1～4の中から1つ選びなさい。

1　地域住民の心身の健康の保持及び生活の安定のために必要な援助を行う地域包括支援センターは，都道府県が設置主体である。

2　介護保険の加入者のうち，65歳以上の者を第1号被保険者という。

3　要介護度の認定は，要介護認定等基準時間をもとに10段階に分かれている。

4　介護福祉士とは，ケアマネージャーのことで都道府県知事が認定する資格である。

(☆☆☆◎◎◎)

【25】次の(　　)に入る最も適切な語または語句を，下の1～4の中から1つ選びなさい。

If it (　　) tomorrow, we'll have to cancel the barbecue.

1　rained　　2　to rain　　3　raining　　4　rains

(☆☆☆◎◎◎)

【26】次のア～ウの英語で説明されていないものを，下の1～4の中から1つ選びなさい。

ア　a building in which objects of artistic, cultural, historical or scientific interest are kept and shown to the public

イ　a building where people who are ill or injured are given medical treatment and care

ウ　a building with a curved ceiling to represent the sky at night, with moving images of planets and stars, used to educate and entertain people

1　博物館　　2　警察署　　3　プラネタリウム　　4　病院

(☆☆☆◎◎◎)

【27】次の(　　)に入る最も適切な語を，下の1～4の中から1つ選びなさい。

A : Mike is always late, (　　) he?

B : Yes. One time I waited for him for two hours.

A : Really? Why was he late?

B : I don't know.

1　didn't　　2　couldn't　　3　isn't　　4　hasn't

(☆☆☆◎◎◎)

【28】次の(　　)に入る最も適切な語句を，下の1～4の中から1つ選びなさい。

A : How was the weather during your trip to Paris?

B : It was excellent. It was a little cool on the first day, but (　　) that, it was warm and sunny every day.

A : What did you do on the first day?

B : I went to an art museum with my friend.

1　based on　　2　close to　　3　thanks to　　4　aside from

(☆☆☆◎◎◎)

【29】次の1～4の中から，下線部が誤っているものを1つ選びなさい。

1　平成29年6月12日，上野動物園のジャイアントパンダのメスの「シャンシャン」とオスの「リーリー」の間にメスの赤ちゃん1頭が生まれた。

2　平成29年7月9日，国連教育科学文化機関の第41回世界遺産委員会は，「『神宿る島』宗像・沖ノ島と関連遺産群」を世界遺産一覧表に記載することを決定した。

3　平成29年10月5日，スウェーデン・アカデミーは，ノーベル文学賞をカズオ・イシグロ氏に授与すると発表した。

4　平成30年1月18日，内之浦宇宙空間観測所から高性能小型レーダ衛星を搭載したイプシロンロケット3号機が打ち上げられた。

(☆☆☆◎◎)

【30】次の1～4の中から，著者と著書の組み合わせとして正しいものを1つ選びなさい。

	著 者	著 書
1	マカレンコ	『愛と規律の家庭教育』
2	エレン・ケイ	『大教授学』
3	デューイ	『隠者の夕暮』
4	フレーベル	『エミール』

(☆☆☆◎◎◎)

【31】日本の教育史について述べた文として正しいものを，次の1～4の中から1つ選びなさい。

1　学館院は，大学で学ぶ一族子弟のために，在原氏によって設置された大学別曹である。

2　上杉憲実は，足利学校を再興し，学生の心得や学校のあり方を示した。

3　豊後の私塾であった松下村塾では，吉田松陰が門弟の教育に努めた。

4　芦田恵之助は，独自学習と相互学習を組み合わせることで自己確立に向かう学習法を提唱した。

(☆☆☆◎◎◎)

【32】次は，マズローの欲求階層説について述べた文章です。文章中の[　①　]，[　②　]にあてはまる語の組み合わせとして最も適切なものを，下の1～4の中から1つ選びなさい。

> 欲求について，マズローは欲求階層説を唱え，最も低次の[　①　]欲求から，最も高次の[　②　]欲求まで，5段階に整理されるとした。ここでは，下位の欲求が部分的にでも満たされて初めて，上位の欲求が生じると考えられている。

1　①　精神的　　②　自己尊重

2　①　精神的　　②　自己実現

3　①　生理的　　②　自己尊重
4　①　生理的　　②　自己実現

(☆☆◎◎◎)

【33】教育心理に関する人物とその人物の説明の組み合わせとして誤っているものを，次の1～4の中から1つ選びなさい。

	人物	説明
1	スキナー	ロシアの生理学者で、唾液分泌の研究から条件反射現象を発見し、古典的条件づけの研究を発展させた。
2	ゲゼル	アメリカの心理学者で、双生児を用いた階段のぼりの実験を通じて、発達における成熟優位説を唱えた。
3	ソーンダイク	アメリカの心理学者で、ネコを用いた問題箱の試行錯誤実験から、練習の法則や効果の法則を見いだした。
4	ユング	スイスの精神分析学者で、人間の無意識を強調する理論を考え、外向性－内向性という性格の分け方を最初に体系化した。

(☆☆◎◎◎)

【34】次は，「教育基本法　第13条」の全文です。[　①　]，[　②　]に入る語句の組み合わせとして正しいものを，下の1～4の中から1つ選びなさい。

> 学校，[　①　]及び地域住民その他の関係者は，教育におけるそれぞれの[　②　]と責任を自覚するとともに，相互の連携及び協力に努めるものとする。

1　①　保護者　　②　役割　　2　①　家庭　　②　正義
3　①　家庭　　②　役割　　4　①　保護者　　②　正義

(☆☆☆◎◎◎◎)

【35】次は，「学校教育法　第11条」の全文です。[　①　]，[　②　]に入る語句の組み合わせとして正しいものを，あとの1～4の中から1つ選びなさい。

> 校長及び教員は，教育上必要があると認めるときは，[　①　]の定めるところにより，児童，生徒及び学生に[　②　]ことができる。ただし，体罰を加えることはできない。

1　①　文部科学大臣　　②　懲戒を加える
2　①　文部科学大臣　　②　意見を聴取する
3　①　教育委員会　　②　懲戒を加える
4　①　教育委員会　　②　意見を聴取する

(☆☆◎◎◎◎)

【36】次は，「教育公務員特例法　第22条」の一部です。[　①　]，[　②　]に入る語句の組み合わせとして正しいものを，下の1～4の中から1つ選びなさい。

> 教員は，[　①　]に支障のない限り，[　②　]の承認を受けて，勤務場所を離れて研修を行うことができる。

1　①　授業　　②　任命権者
2　①　授業　　②　本属長
3　①　本務の遂行　　②　任命権者
4　①　本務の遂行　　②　本属長

(☆☆◎◎◎◎)

【37】次は，「地方公務員法　第30条」の全文です。[　①　]，[　②　]に入る語句の組み合わせとして正しいものを，下の1～4の中から1つ選びなさい。

> すべて職員は，[　①　]として[　②　]のために勤務し，且つ，職務の遂行に当たつては，全力を挙げてこれに専念しなければならない。

1　①　全体の奉仕者　　②　地方公共団体
2　①　全体の奉仕者　　②　公共の利益

3　①　地方公務員　　　②　公共の福祉
4　①　地方公務員　　　②　地方公共団体

(☆☆◎◎◎◎)

【38】次の1～4の中から，下線部が誤っているものを1つ選びなさい。

1　総合教育会議は，21世紀の日本にふさわしい教育体制の構築に向けて教育改革を推進するため，平成25年1月から内閣総理大臣が開催している。

2　平成29年3月に，「学校教育法施行規則」が改正され，スクールカウンセラー及びスクールソーシャルワーカー，部活動指導員が専門スタッフとして法令上に位置づけられた。

3　中央教育審議会は，文部科学大臣の諮問に応じ，教育の振興，生涯学習の推進などに関する重要事項を調査審議する機関であり，教育改革の推進に当たって重要な役割を果たしている。

4　平成26年6月に，「地方教育行政の組織及び運営に関する法律」が改正され，教育長は，地方公共団体の長が議会の同意を得て任命することとなった。

(☆☆☆◎◎)

【39】次は，中央教育審議会「幼稚園，小学校，中学校，高等学校及び特別支援学校の学習指導要領等の改善及び必要な方策等について(答申)」(平成28年12月)の一部です。[　A　]～[　C　]に入る語句の組み合わせとして正しいものを，あとの1～4の中から1つ選びなさい。

　これからの教育課程には，社会の変化に目を向け，教育が普遍的に目指す根幹を堅持しつつ，社会の変化を柔軟に受け止めていく「社会に開かれた教育課程」としての役割が期待されている。

　このような「社会に開かれた教育課程」としては，次の点が重要になる。

①社会や世界の状況を幅広く視野に入れ，よりよい学校教育を

通じてよりよい社会を創るという目標を持ち，教育課程を介してその目標を社会と[　A　]していくこと。
②これからの社会を創り出していく子供たちが，社会や世界に向き合い関わり合い，自らの人生を切り拓いていくために求められる[　B　]とは何かを，教育課程において明確化し育んでいくこと。
③教育課程の実施に当たって，地域の[　C　]を活用したり，放課後や土曜日等を活用した社会教育との連携を図ったりし，学校教育を学校内に閉じずに，その目指すところを社会と[　A　]・連携しながら実現させること。

1	A	協働	B	資質・能力	C	公共施設
2	A	協働	B	学力	C	人的・物的資源
3	A	共有	B	資質・能力	C	人的・物的資源
4	A	共有	B	学力	C	公共施設

(☆☆☆◎◎◎◎)

【40】特別支援教育の理念について述べた次の文を読み，文中の[　①　]～[　③　]に入る語句の組み合わせとして正しいものを，下の1～4の中から1つ選びなさい。

特別支援教育は，障害のある幼児児童生徒の[　①　]や社会参加に向けた主体的な取組を支援するという視点に立ち，幼児児童生徒一人一人の[　②　]を把握し，その持てる力を高め，生活や学習上の困難を改善又は克服するため，適切な指導及び必要な[　③　]を行うものである。

1	①	就労	②	進路希望	③	支援
2	①	就労	②	教育的ニーズ	③	配慮
3	①	自立	②	教育的ニーズ	③	支援
4	①	自立	②	進路希望	③	配慮

(☆☆◎◎◎◎)

【41】いじめの防止に関する事柄について説明した文章として適切でないものを，次の1～4の中から1つ選びなさい。

1 「いじめ防止対策推進法」では，教職員は，児童等からいじめに係る相談を受けた場合において，いじめの事実があると思われるときは，校内の「いじめ対策組織」への通報等，いじめに係る適切な措置をとるとしている。

2 文部科学省は，平成27年8月17日付児童生徒課長通知において，いじめの認知件数が多い学校について，「いじめを初期段階のものも含めて積極的に認知し，その解消に向けた取組のスタートラインに立っている」と極めて肯定的に評価するという方針を示している。

3 「いじめの防止等のための基本的な方針」(平成29年3月14日最終改定　文部科学大臣)では，いじめの解消について，被害者に対する心理的又は物理的な影響を与える行為が止んでいる状態の相当の期間として，少なくとも1か月を目安としている。

4 平成28年度の「児童生徒の問題行動・不登校等生徒指導上の諸課題に関する調査」(文部科学省)によると，いじめの1,000人当たりの認知件数を都道府県別に比較した場合，埼玉県は，全国平均の23.9件よりも下回る数値を示している。

(☆☆☆◎◎◎)

【42】教育相談に関する事柄について説明した文章として適切でないものを，次の1～4の中から1つ選びなさい。

1 教育相談と生徒指導の相違点としては，教育相談は主に個に焦点を当て，面接や演習を通して個の内面の変容を図ろうとするのに対して，生徒指導は主に集団に焦点を当て，行事や特別活動などにおいて，集団としての成果や変容を目指し，結果として個の変容に至るところにある。

2 スクールソーシャルワーカーは，不登校を始めとする児童生徒の問題行動の未然防止，早期発見・早期対応等のために，児童生徒の悩みや不安を受け止めて相談に当たり，関係機関と連携して必要な支援をするための「心の専門家」である。

3 教育相談で用いる技法として，傾聴，受容，繰り返し，明確化，質問，相談者の自己解決を促すこと等が「生徒指導提要」に示されている。

4 教育相談で活用できる手法等の一つにアサーショントレーニングがある。このトレーニングは，対人場面で自分の伝えたいことをしっかり伝えるためのトレーニングである。

(☆☆☆◎◎◎)

【43】次のア～エは，指導要録について述べたものです。学校教育法施行規則に照らして正しいものには○，誤っているものには×をつけたとき，その組み合わせが正しいものを，下の1～4の中から1つ選びなさい。

ア 校長は，その学校に在学する児童等の指導要録を作成しなければならない。

イ 校長は，児童等が進学した場合においては，その作成に係る当該児童等の指導要録の抄本又は写しを作成し，これを進学先の校長に送付しなければならない。

ウ 校長は，児童等が転学した場合においては，当該児童等の指導要録の原本を転学先の校長に送付しなければならない。

エ 指導要録及びその写しのうち入学，卒業等の学籍に関する記録については，その保存期間は，五年間とする。

	ア	イ	ウ	エ
1	○	○	×	×
2	○	○	○	○
3	○	×	○	×
4	×	×	×	○

(☆☆☆◎◎◎)

解答・解説

【1】1

〈解説〉シェイクスピアの四大悲劇とは，『ハムレット』，『オセロ』，『リア王』，『マクベス』の四作をいう。

【2】4

〈解説〉1の『日本書紀』は舎人親王らの編である。なお，稗田阿礼が誦習していた帝紀・旧辞を太安万侶が撰録したものが『古事記』。2の『東海道中膝栗毛』の作者は十返舎一九。3の歌集『みだれ髪』の作者は与謝野晶子。

【3】3

〈解説〉「野ざらしを～」の俳句は，『おくのほそ道』の作者・松尾芭蕉のものであるが，『野ざらし紀行』に収められている。

【4】4

〈解説〉1の「小暑」，2の「雨水」，3の「処暑」は，正しくはそれぞれ旧暦の夏，春，秋である。

【5】3

〈解説〉米の産出額1位のイは新潟県，野菜と畜産の産出額1位のオは北海道である。北海道は生乳・乳用牛・肉用牛の産出額が高い。畜産の産出額が北海道に次ぐアが鹿児島県と考えられる。鹿児島県は，豚の産出額は全国1位，鶏は宮崎県に次いで2位である。野菜の産出額が北海道に次ぐエは茨城県である。メロンの生産量が全国1位など，果実の産出額も高い。残るウが埼玉県である。野菜や花きの産出額が高く，首都圏に位置し近郊農業の特色を示している。

【6】4

〈解説〉① 六波羅探題は承久の乱後に設置され，朝廷の監視と尾張国以西の御家人の監視に当たった。 ④ 問注所は鎌倉幕府の訴訟・裁判処理機関である。幕府の財政を司ったのは，公文所(後に政所と改称)である。

【7】2

〈解説〉写真の人物は，原敬である。原敬は衆議院議員であり，華族の爵位を持たない最初の首相で，平民宰相と呼ばれた。立憲政友会の総裁であり，最初の本格的な政党内閣を組織した人物でもある。

【8】3

〈解説〉文章の前半は日本国憲法第59条第2項と第4項の内容，後半は第60条の内容である。

【9】1

〈解説〉$(x-2)^2-9=0$　$(x-2)^2=9$　$x-2=\pm\sqrt{9}=\pm3$　$x=2\pm3$　$x=-1$，5

【10】4

〈解説〉できる3けたの整数の各位の数の組み合わせは，(1，2，3)，(1，2，4)，(1，3，4)，(2，3，4)の4通り。このうち，できた3けたの整数が3の倍数となるのは，各位の数の組み合わせが，(1，2，3)，(2，3，4)の2通りだから，求める確率は　$\frac{2}{4}=\frac{1}{2}$

【11】2

〈解説〉関数$y=ax^2$について，xの値がpからqまで増加するときの変化の割合は，$a(p+q)$となる。関数$y=3x^2$について，xの値が1から2まで増加するときの変化の割合は，$3(1+2)=9$となるから，1は正しくない。関数$y=ax^2$の値の変化は，$a>0$なら，$x<0$の範囲では，xの値が増加すると

きyの値は減少し，$x>0$の範囲では，xの値が増加するときyの値は増加する。また，$a<0$なら，$x<0$の範囲では，xの値が増加するときyの値は増加し，$x>0$の範囲では，xの値が増加するときyの値は減少する。2は正しい。関数$y=ax^2$のグラフは，y軸について対称だから，3は正しくない。関数$y=ax^2$のグラフは，放物線という曲線だから，4は正しくない。

【12】3

〈解説〉三平方の定理を用いると，問題の円錐の高さは　$\sqrt{6^2-3^2}=3\sqrt{3}$〔cm〕　よって，その体積は　$\frac{1}{3}\times(\pi\times3^2)\times3\sqrt{3}=9\sqrt{3}\pi$〔cm^3〕

【13】3

〈解説〉電流の大きさは，電流計を使って計測する。電流計は導線をつなげる＋端子が1つと－端子が3つある。－端子は流れる電流の大きさで使い分ける。電流計は計ろうとする部分に直列に接続することが必要である。電源と電流計だけでつないだりせず，＋端子は電源の＋極側，－端子は－極側に接続する。回路に流れる電流の大きさが分からない時には，5Aの－端子から接続する。電流と電圧には比例関係があり，電流と電圧が比例することをオームの法則という。電圧計は計ろうとする部分に並列接続する。

【14】3

〈解説〉水溶液とは，物質が水に溶けたものである。水溶液になる液体は，色がついていても透明であり，濃度は一定であり放置しておいても沈殿しない。濃度とは，水溶液の濃さのことであり，質量パーセント濃度という。水溶液中で電離して水素イオンを生じる物質を酸という。水溶液中で電離して水酸化物イオンを生じる物質をアルカリという。

【15】4

〈解説〉ワラビやゼンマイなどはシダ植物であり，維管束があり，根，茎，葉の区別がある。ゼニゴケやスギゴケはコケ植物である。葉緑体を持ち光合成をする。また，胞子で仲間を増やすため葉の裏に胞子のうがありその中に胞子が入っている。茎は地中や地表にあることが多い。

【16】2

〈解説〉日本の梅雨の時期は，北側の冷たく湿ったオホーツク海気団と南側の暖かく湿った太平洋側の小笠原気団が日本付近でぶつかり合い，そこで気団が停滞してしまう状態である。気団の境界線のことを前線という。夏の気団は日本の南の気団が高く，北の気団が低い，南高北低の配置である。冬は北西からシベリア気団に日本は覆われ，北西からの季節風が強い。日本海側と太平洋側で天気が違うことが特徴である。

【17】2

〈解説〉音域が低い楽器は大きく，高い楽器は小さい。実際に音色を聴いたことがなくとも楽器の大きさから判断できるので，楽器名と形は確認しておくこと。

【18】4

〈解説〉「夕やけこやけ」は草川信が作曲者である。八橋検校は江戸時代に箏曲の発展に努めた音楽家で，「六段の調」が特に有名である。

【19】4

〈解説〉亀甲は亀の甲のように六角形が上下左右に並んだ模様。青海波は波形をかたどった模様で，半円形を同心円状に重ねたもの。矢絣は矢羽根の形を表した模様。市松は碁盤目状の格子の目を色違いに並べた模様。

【20】2

〈解説〉Aの平刀は丸刀などの彫り跡を削ったり，輪郭をぼかす効果を出すことができる。Bの三角刀は細い線や鋭い線を彫ることができる。Cの切り出し刀は刃先が斜めの形状をしているのが特徴で，広い面を大きく削り取ることから，刃先を利用しての細かい作業まで，彫刻刀の中でも使用頻度が高い。Dの丸刀は広い部分を彫り進むのに適している。

【21】4

〈解説〉第23回オリンピック冬季競技大会の実施競技はスキー，スケート，アイスホッケー，バイアスロン，ボブスレー，リュージュ，カーリング。この実施競技の下に競技種目がある。スピードスキーはスキー競技の1つの競技種目であり，1992年のアルベールビルオリンピックのみで公開種目として採用されたが，危険性などから正式採用になっていない。

【22】3

〈解説〉近年，未成年者による喫煙や飲酒，薬物乱用が青少年の抱える健康課題の1つとなっている。薬物乱用では，危険ドラッグの登場や，他の薬物乱用者が減少傾向にある一方で，向精神薬の乱用が増加傾向であることから学校等における指導・教育のさらなる充実強化が求められている。そのため文部科学省は補助事業として『喫煙，飲酒，薬物乱用防止に関する指導参考資料』研修会を各県で開催している。なお，MDMAは錠剤型合成麻薬で，エクスタシー，バツ(「×」，「罰」)，タマ(「弾」，「玉」)などの隠語があり，摂取により知覚を変化させ幻覚が現れることがある。また大量に摂取すると高体温になり，死に至る。

【23】1

〈解説〉ファミリー・サポート・センターは，乳幼児や小学生等の児童を有する子育て中の労働者や主婦等がファミリー会員，それを援助したい人がサポート会員となる相互援助組織で，マッチング業務を自治体などが行う。

【24】2

〈解説〉1　地域包括支援センターは，各市町村が設置主体である。
3　要介護認定等基準時間の分類は，要支援，要介護度1～5の7段階である。　4　介護福祉士は国家資格で実際に介護を行う。一方，介護支援専門員(ケアマネージャー)は国家資格ではなく，ケアプランを作成するなどの業務を行う。

【25】4

〈解説〉If節の中で未来の話を(仮定法でなく)書くときは，現在形になる。和訳は「もし明日雨が降ったら，バーベキューはキャンセルしなければならない。」

【26】2

〈解説〉英英辞書を引く習慣をつけると対策しやすい。また，説明されていないものを選ぶ点に注意する。アは博物館，イは病院，ウはプラネタリウムの説明である。説明されていないのは警察署。

【27】3

〈解説〉会話文の穴埋めだが，実質的には文法の問題。付加疑問文は，主文と同じ(助)動詞を用いる。従って，isn'tが適切。

【28】4

〈解説〉Aにパリ旅行中の気候について聞かれたB。よかったと答え，その後の文章で，最初の日は寒かったと言い，(　　)の後で，毎日暖かかったと言っている。これをつなぐ(　　)には，that＝1日目をのぞいて，の「のぞいて」を意味するaside from が適切。

【29】1

〈解説〉上野動物園のメスのジャイアントパンダ「シャンシャン(香香)」は平成29(2017)年6月12日に生まれた。その母親は平成17(2005)年7月3

日，中国の臥龍保護センター生まれのメスの「シンシン(真真)」である。なお父親リーリー(力力)は平成17(2005)年8月16日，中国の臥龍保護センター生まれである。

【30】1

〈解説〉スウェーデンの社会思想家で，母性と児童の尊重を基軸に社会問題を論じ，特に日本の女性運動に大きな影響を与えたエレン・ケイ(1849～1926)の主著は『児童の世紀』。米国の哲学者・教育学者で，プログマティズムを大成させ，実験主義の立場を確立し，特に教育では作業による経験学習を重視したデューイ(1859～1952)の主著は『学校と社会』。ドイツの教育家で，世界最初の幼稚園を創設し，児童の遊戯・作業を通じて個人的要求を社会的に方向づける生活即教育の立場をとったフレーベル(1782～1852)の主著は『人間の教育』。なおマカレンコはソ連の教育家で非行少年の再教育において集団主義教育と生産労働を結び付けた。

【31】2

〈解説〉学館院は橘氏一族の大学別曹。松下村塾は長州萩城下の松本村(現在の山口県萩市)に存在した私塾。芦田恵之助(1873～1951)は兵庫県生まれの教育家で，国語科の読み方指導の定型化，綴り方論を展開した。なお，足利学校は室町初期創設の，下野国足利(今の足利市)にあった学校施設。

【32】4

〈解説〉マズローの欲求段階説での欲求は，最も低次の欲求が生理的欲求で順次，安全の欲求，愛情と所属の欲求，承認と尊重の欲求と高次になり，最も高次の欲求は自己実現の欲求である。

【33】1

〈解説〉スキナーはアメリカの心理学者であり，オペラント条件づけを体系化した。ロシアの生理学者で，古典的条件づけの研究を発展させたのは，パブロフである。

【34】3

〈解説〉教育基本法が制定された昭和22年から60年が経過し，価値観の多様化，規範意識の低下，科学技術の進歩，国際化，核家族化などの教育を取り巻く環境の大幅な変化を踏まえ，教育基本法が改正され，平成18年12月公布・施行された。この改正において第13条は新設され，家庭及び地域住民等の相互の連携協力が努力義務化された。

【35】1

〈解説〉体罰を禁止する学校教育法第11条は頻出の教育法規である。また文部科学省は体罰が社会問題化したことを受け，平成25年3月に「体罰の禁止及び児童生徒理解に基づく指導の徹底について」を通知し，その別紙で児童生徒の懲戒・体罰等に関する参考事例を具体的に示している。

【36】2

〈解説〉本法で，研修の機会について定めた第22条第2項からの出題。教職員の研修については教育基本法第9条第2項で「前項の教員については，その使命と職責の重要性にかんがみ，その身分は尊重され，待遇の適正が期せられるとともに，養成と研修の充実が図られなければならない。」，地方公務員法第39条第1項で「職員には，その勤務能率の発揮及び増進のために，研修を受ける機会が与えられなければならない。」とも定められている。また，平成28年に教育公務員特例法が改正され，学校教育関係職員の資質の向上を図るため，公立の小学校等の校長及び教員の任命権者に校長及び教員としての資質の向上に関する指標及びそれを踏まえた教員研修計画の策定を義務付けられたことも押えておこう。

【37】2

〈解説〉服務の根本基準について定めた地方公務員法の第6節第30条からの出題。なお地方公務員法第6節では地方公務員に職務上の義務と身分上の義務を課している。職務上の義務は公務員が勤務時間中に職務を遂行する上で守るべき義務であり，服務の宣誓，法令等及び上司の職務上の命令に従う義務，職務に専念する義務の3つがある。身分上の義務は職務の内外を問わず公務員がその身分を有することによって守るべき義務で，信用失墜行為の禁止，秘密を守る義務，政治的行為の制限，争議行為等の禁止，営利企業等の従事制限の5つがある。この地方公務員の義務についての出題も多い。

【38】1

〈解説〉21世紀の日本にふさわしい教育体制を構築し，教育の再生を実行に移していくため，内閣の最重要課題の1つとして教育改革を推進するため内閣総理大臣が，平成25年1月より開催しているのは「教育再生実行会議」である。総合教育会議は，平成27年4月1日から施行された改正地方教育行政の組織及び運営に関する法律により，各教育委員会に設置され首長と教育委員会により構成され，教育の振興に関する施策の大綱を策定するものである。

【39】3

〈解説〉中央教育審議会は平成28年12月21日の第109回総会において，「幼稚園，小学校，中学校，高等学校及び特別支援学校の学習指導要領等の改善及び必要な方策等について(答申)」を取りまとめ，平成30年度から順次全面実施される新しい学習指導要領等の姿と，その理念の実現のために必要な方策等を示した。その中で目指すべき理念として位置付けられた「社会に開かれた教育課程」には，「社会の変化に目を向け，教育が普遍的に目指す根幹を堅持しつつ，社会の変化を柔軟に受け止めていく」役割が期待されている。

【40】3

〈解説〉平成19年4月特別支援教育が法的に位置付けられた改正学校教育法が施行されるにあたり，文部科学省は出題の通知を各都道府県等に発出し，幼稚園，小学校，中学校，高等学校，中等教育学校及び特別支援学校において行う特別支援教育について，基本的な考え方，留意事項等をまとめて示した。その中で出題のとおり理念が示されている。

【41】3

〈解説〉「いじめ防止等のための基本的な方針」は，いじめ防止対策推進法第11条第１項の規定「文部科学大臣は，関係行政機関の長と連携協力して，いじめの防止等のための対策を総合的かつ効果的に推進するための基本的な方針を定めるものとする。」に基づき策定されたものである。その中では「この相当の期間とは，少なくとも3か月を目安とする。」としている。

【42】2

〈解説〉スクールソーシャルワーカーは，社会福祉の専門的な知識，技術を活用し，問題を抱えた児童生徒を取り巻く環境に働きかけ，家庭，学校，地域の関係機関をつなぎ，児童生徒の悩みや抱えている問題の解決に向けて支援する専門家のこと。「心の専門家」はスクールカウンセラーである。

【43】1

〈解説〉指導要録について，学校教育法施行規則第24条第2項は「校長は，児童等が進学した場合においては，その作成に係る当該児童等の指導要録の抄本又は写しを作成し，これを進学先の校長に送付しなければならない。」，同条第3項は「校長は，児童等が転学した場合においては，その作成に係る当該児童等の指導要録の写しを作成し，その写し及び前項の抄本又は写しを転学先の校長，保育所の長又は認定こども園の長に送付しなければならない。」としている。また，第28条第2項においてこれらの表簿の保存期間は5年間，ただし指導要録及びその写しのうち入学，卒業等の学籍に関する記録については，保存期間は20年間とするとされていることも押えておくこと。

2018年度　実施問題

【1】現在の月と旧暦の異名の組み合わせとしてすべて正しいものを，1～4の中から1つ選びなさい。

1　11月—霜月　　1月—睦月　　7月—水無月　　3月—弥生
2　9月—長月　　5月—皐月　　10月—神無月　　8月—葉月
3　12月—師走　　4月—卯月　　2月—如月　　10月—長月
4　6月—水無月　　11月—霜月　　9月—文月　　4月—卯月

(☆☆◎◎◎)

【2】次の作品と作者の組み合わせとしてすべて正しいものを，1～4の中から1つ選びなさい。

1　『更級日記』菅原孝標女　　『土佐日記』紀友則
　『蜻蛉日記』藤原道綱母
2　『枕草子』清少納言　　『方丈記』鴨長明
　『玉勝間』井原西鶴
3　『こころ』夏目漱石　　『山月記』中島敦
　『恩讐の彼方に』菊池寛
4　『金閣寺』幸田露伴　　『天平の甍』井上靖
　『風立ちぬ』堀辰雄

(☆☆◎◎◎)

【3】次の和歌で『小倉百人一首』に収められていないものを，1～4の中から1つ選びなさい。

1　東の　野に炎の　立つ見えて　かへり見すれば　月傾きぬ
2　かささぎの　渡せる橋に　置く霜の　白きを見れば　夜ぞふけにける
3　人はいさ　心も知らず　ふるさとは　花ぞ昔の　香ににほひける

4　来ぬ人を　まつほの浦の　夕なぎに　焼くや藻塩の　身もこがれつつ

(☆☆◎◎◎)

【4】次の表は，地図中のア～エのいずれかの県の人口と産業についてまとめたものです。表中のA～Dにあたる県名と地図中のア～エの県との組み合わせとして正しいものを，下の1～4の中から1つ選びなさい。

表

県名	人口 （千人） (2015年)	漁業生産額 （億円） (2014年)	製造品出荷額等 （億円） (2014年)	第3次産業就業者割合 （%） (2015年)
A	573	190	6,846	70.4
B	1,377	964	15,728	72.3
C	2,844	265	96,043	70.6
D	1,434	187	6,397	80.0

(「データでみる県勢2017年版」より作成)

地図

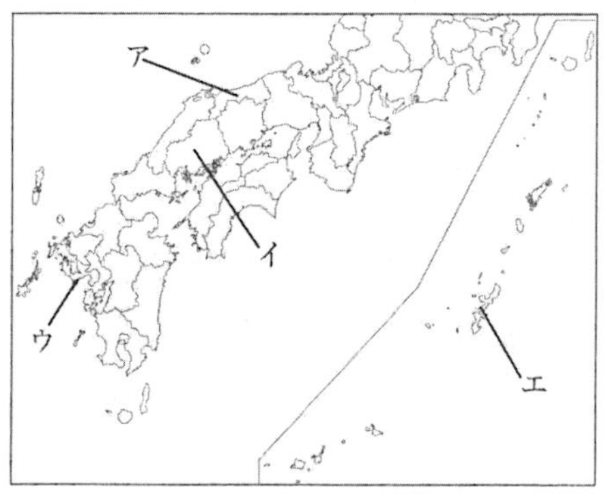

1　A―ア　B―ウ　C―イ　D―エ

2　A―ア　B―イ　C―エ　D―ウ

3　A―エ　B―イ　C―ウ　D―ア

4　A―エ　B―ウ　C―イ　D―ア

(☆☆☆◎◎◎)

【5】平安時代の仏教の特色について説明した文として最も適切なものを，次の1～4の中から1つ選びなさい。

1　極楽浄土への生まれ変わりを願う阿弥陀信仰がさかんとなり，平等院鳳凰堂が建てられた。

2　国分寺が国ごとに建てられ，仏教の力によって国家を守ろうとする考えが示された。

3　法隆寺が建てられ，渡来人が伝えた中国文化の影響を受けた仏像がつくられた。

4　日蓮宗が開かれ，題目をとなえれば人も国家も救われるという教えが広まった。

(☆☆☆◎◎◎)

【6】次の資料の名称として正しいものを，下の1～4の中から1つ選びなさい。

資料

1　傘連判状　　2　踏絵　　3　勘合　　4　朱印状

(☆☆☆◎◎◎)

【7】日本の選挙制度について述べた次の文章を読み，文章中の[　①　]～[　③　]に入る語の組み合わせとして正しいものを，あとの1～4の中から1つ選びなさい。

衆議院議員の選挙制度は，長い間，中選挙区制がとられていたが，1994年に公職選挙法が改正され，[　①　]に改められた。参議院議員の選挙制度は，2000年の公職選挙法の改正で，[　②　]が，導入された。 また，議会制民主政治の下における政党その他の政治団体の機能の重要性及び公職の候補者の責務の重要性にかんがみ，政治団体及び公職の候補者により行われる政治活動が国民の不断の監視と批判の下に行われることを目的とした[　③　]が1999年に改正された。この改正によって政治家個人に対する企業・団体献金が禁止された。

1　①　非拘束名簿式比例代表制　　②　小選挙区比例代表並立制
　　③　政治資金規正法
2　①　小選挙区比例代表並立制　　②　非拘束名簿式比例代表制
　　③　政党助成法
3　①　非拘束名簿式比例代表制　　②　小選挙区比例代表並立制
　　③　政党助成法
4　①　小選挙区比例代表並立制　　②　非拘束名簿式比例代表制
　　③　政治資金規正法

(☆☆☆◎◎◎)

【8】$\sqrt{45}-\sqrt{20}$の値として正しいものを，次の1～4の中から1つ選びなさい。

1　1　　2　$\sqrt{5}$　　3　5　　4　$5\sqrt{5}$

(☆☆◎◎◎)

【9】関数$y=x^2$のxの変域が$-4\leqq x\leqq 3$のとき，yの変域として正しいものを，次の1～4の中から1つ選びなさい。

1　$-16\leqq y\leqq 9$　　2　$0\leqq y\leqq 9$　　3　$0\leqq y\leqq 16$　　4　$9\leqq y\leqq 16$

(☆☆☆◎◎◎)

【10】次の図のように，長方形ABCDの辺BC上に点Eをとり，線分FGを折り目として，頂点Aが点Eに重なるように折ります。AB＝8cm，BE＝4cmであるとき，線分FBの長さとして正しいものを，下の1～4の中から1つ選びなさい。

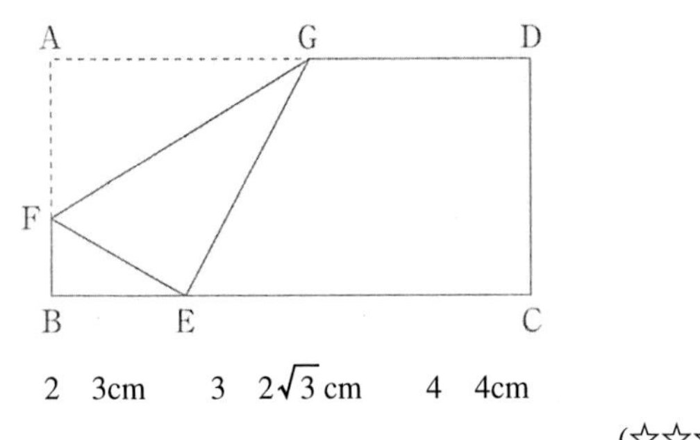

1　$2\sqrt{2}$ cm　　2　3cm　　3　$2\sqrt{3}$ cm　　4　4cm

(☆☆☆◎◎◎)

【11】図のように底面が縦25cm，横32cmの長方形の板を水平な床に置き，その上に物体を乗せました。板と物体を合わせた質量が60kgのとき，水平な床が板から受ける圧力として最も適切なものを，下の1～4の中から1つ選びなさい。ただし，質量100gの物体にはたらく重力の大きさを1Nとします。

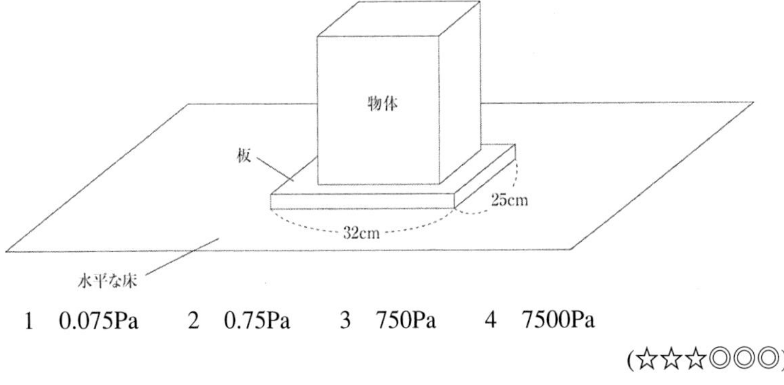

1　0.075Pa　　2　0.75Pa　　3　750Pa　　4　7500Pa

(☆☆☆◎◎◎)

【12】次の1～4の中から，酸素を発生させる操作として最も適切なものを，1つ選びなさい。

1　石灰石にうすい塩酸を加える。

2　塩化アンモニウムと水酸化ナトリウムを混合して，水を加える。

3　二酸化マンガンにうすい過酸化水素水を加える。

4　亜鉛にうすい塩酸を加える。

(☆☆☆◎◎◎)

【13】次は，ヒトの血液循環について述べた文です。文中の[　①　]，[　②　]にあてはまる語句の組み合わせとして最も適切なものを，下の1～4の中から1つ選びなさい。

心臓から肺へ送り出される血液は[　①　]であり，その血液が流れる血管を[　②　]という。

1　①　動脈血　　②　肺静脈

2　①　静脈血　　②　肺動脈

3　①　動脈血　　②　肺動脈

4　①　静脈血　　②　肺静脈

(☆☆☆◎◎◎)

【14】日本の北緯36°地点での夏至の日の太陽の南中高度として最も適切なものを，次の1～4の中から1つ選びなさい。

1　54.0°　　2　59.4°　　3　66.6°　　4　77.4°

(☆☆☆◎◎◎)

【15】曲名と作曲者名の組み合わせが適切でないものを，次の1～4の中から1つ選びなさい。

	曲名	作曲者名
1	歌劇「ウィリアム・テル」	G.ロッシーニ
2	組曲「動物の謝肉祭」から白鳥	A.ドボルザーク
3	バレエ音楽「くるみ割り人形」	P.I.チャイコフスキー
4	歌劇「カルメン」	G.ビゼー

(☆☆☆◎◎◎)

【16】次の作品の作者として正しいものを，下の1～4の中から1つ選びなさい。

1　クロード・モネ　　2　オーギュスト・ルノワール
3　ジャン＝フランソワ・ミレー　　4　ポール・セザンヌ

(☆☆☆◎◎◎)

【17】オリンピック競技大会(夏季)において，1904年セントルイス(アメリカ)以来，112年ぶりにリオデジャネイロ(ブラジル)で実施された競技を，次の1～4の中から1つ選びなさい。

1　テコンドー　　2　サーフィン　　3　空手　　4　ゴルフ

(☆◎◎◎◎)

【18】次の文は，ある悪質商法について述べた文です。その名称として最も適切なものを，下の1～4の中から1つ選びなさい。

出会い系サイトや電話，メールなどで知り合い，恋人のようにして親しい関係を築いてから，高額な貴金属や着物などを売りつける。

1　キャッチセールス　　2　催眠商法　　3　デート商法
4　ワンクリック詐欺

(☆☆☆◎◎◎)

【19】次の(　　)に入る最も適切な語を，下の1～4の中から1つ選びなさい。

I remember the house (　　) I was born.

1　where　　2　when　　3　who　　4　which

(☆☆☆◎◎◎)

【20】次のア～ウの英語で説明されていないものを，下の1～4の中から1つ選びなさい。

ア　a substance, found within all living things, that forms the structure of muscles and organs, etc.

イ　a substance such as sugar or starch that consists of carbon, hydrogen and oxygen

ウ　any of a group of natural substances which do not dissolve in water, including plant oils and steroids

1　炭水化物　　2　タンパク質　　3　脂質　　4　ビタミン

(☆☆☆◎◎◎)

【21】次の(　　)に入る最も適切な語を，下の1～4の中から1つ選びなさい。

A : Let's eat out tonight.

B : Sounds good.

A : How about that Chinese restaurant in front of the station?

B : OK. I'll (　　) a table at the restaurant.

1　book　　2　keep　　3　make　　4　get

(☆☆☆◎◎◎)

【22】次の(　　)に入る最も適切な語を，あとの1～4の中から1つ選びなさい。

A : Yoshiko, how did you feel about my speech?

B : It was wonderful! You spoke your idea well.

A : Thank you. (　　) I was nervous at first, I was able to say what I wanted to.

B : There's much logic in what you say.

1　Since　　2　As　　3　Although　　4　Whether

(☆☆☆◎◎◎)

【23】次の1～4の中から，下線部が正しいものを1つ選びなさい。

1　第24回参議院議員選挙から，公職選挙法改正により隣り合う選挙区を統合する「合区」が盛り込まれ，福井県と富山県，徳島県と高知県が，それぞれ1つの選挙区として実施された。

2　国際宇宙ステーションに115日間滞在した大西卓哉宇宙飛行士が，平成28年10月30日にソユーズ宇宙船で地球に帰還した。

3　平成28年10月にスウェーデンのカロリンスカ研究所は，「オートファジー」の仕組みを解明した東京工業大学の大隅良典栄誉教授にノーベル化学賞を授与すると発表した。

4　安倍晋三内閣は，働き方改革を掲げ，同一労働同一賃金の実現や長時間労働の是正，高齢者雇用などを目指している。同一労働同一賃金とは，大卒と高卒の間の不合理な待遇差の解消を目指すものである。

(☆☆◎◎◎)

【24】世界の教育史について述べた文として正しいものを，次の1～4の中から1つ選びなさい。

1　コメニウスの教育思想を貫く基本命題「すべての人にすべてのことを，すべての面にわたって教授する」は，その代表的な著書『学校と社会』の中で述べられている。

2　ヘルバルトは，著書『一般教育学』の中で教育をはじめて一つの学問として捉えた。彼の教授法は，分析，総合，連合，提示，方法の5段階に分けられる。

3　キルパトリックはデューイに師事をして，教育史に関する研究やペスタロッチなどの教育理論をまとめ，これらをふまえた教育理論，ウィネトカ・プランを公表した。

4　ラングランはユネスコ成人教育推進国際委員会において，生涯教育という概念を公にした。主著に『生涯教育入門』がある。

(☆◎◎◎◎◎)

【25】日本の教育史に関する人物とその人物の説明の組み合わせとして誤っているものを，次の1～4の中から1つ選びなさい。

	人物	説明
1	北条実時	鎌倉幕府執権の補佐役をつとめた御家人の代表的人物で，好学の蔵書家としても知られた。彼の蔵書の一部は武蔵国金沢(現横浜市)の居宅に移され，金沢文庫の基盤を形成した。
2	貝原益軒	万人に対する教育の可能性があること，さらに「人倫のをしえなければ，人の道を知らず」と教育の必要性を説いた。その著書『和俗童子訓』(1710年)は，日本最初の体系的な教育書として版を重ねた。
3	伊沢修二	1885年の内閣制度の成立とともに初代文部大臣に就任した。翌年には帝国大学令，師範学校令，中学校令，小学校令など学校種別の勅令を公布し，近代学校体系の枠組みを確立した。
4	鈴木三重吉	子供の純真さを生かす児童文化の創造を目指して，1918年に児童文芸雑誌『赤い鳥』を創刊した。また，彼の指導した『赤い鳥』綴方は，従来の文範主義，写生主義綴方に対して，文芸的リアリズムの綴方を発展させた。

(☆◎◎◎◎◎)

【26】次の1～4の教育心理に関する文章の中から，下線部が誤っているものを1つ選びなさい。

1　<u>ブレインストーミング法</u>とは，アイデアの生成段階と評価段階を意識的に区別し，生成段階を支援することを目的とする発想技法である。

2　<u>随伴性認知</u>とは，目標の達成に向けて努力すれば必ず報われるはずだという考え方のように，行動に結果が随伴しているという認知のことである。

3 メンタリングとは，他者の行動やその結果をモデルとして観察することにより，観察者の行動に変化が生ずる現象のことである。

4 分散認知とは，認知プロセスが，一個人だけで閉じたものではなく，他者との間あるいは道具や環境との間に分散し共有されているとする見方のことである。

(☆☆◎◎◎)

【27】次の1～4の中から，下線部が誤っているものを1つ選びなさい。

1 職員は，その職の信用を傷つけ，又は職員の職全体の不名誉となるような行為をしてはならない。(地方公務員法第33条)

2 法律に定める学校は，公の性質を有するものであって，国，地方公共団体及び法律に定める法人のみが，これを設置することができる。(教育基本法第6条)

3 小学校には，設置者の定めるところにより，校長の職務の円滑な執行に資するため，職員会議を置くことができる。(学校教育法施行規則第48条)

4 教員は，教育上支障のない限り，本属長の承認を受けて，勤務場所を離れて研修を行うことができる。(教育公務員特例法第22条)

(☆◎◎◎◎◎)

【28】次の1～4の中から，下線部が誤っているものを1つ選びなさい。

1 学校においては，毎学年定期に，児童生徒等(通信による教育を受ける学生を除く。)の健康相談を行わなければならない。(学校保健安全法第13条)

2 職員は，法律又は条例に特別の定がある場合を除く外，その勤務時間及び職務上の注意力のすべてをその職責遂行のために用い，当該地方公共団体がなすべき責を有する職務にのみ従事しなければならない。(地方公務員法第35条)

3 学校の設置者及びその設置する学校は，児童等の豊かな情操と道徳心を培い，心の通う対人交流の能力の素地を養うことがいじめの防止に資することを踏まえ，全ての教育活動を通じた道徳教育及び体験活動等の充実を図らなければならない。(いじめ防止対策推進法第15条)

4　中学校は，小学校における教育の基礎の上に，心身の発達に応じて，義務教育として行われる普通教育を施すことを目的とする。(学校教育法第45条)

(☆◎◎◎◎◎)

【29】教育に関する国の動向について説明した文として下線部が誤っているものを，次の1～4の中から1つ選びなさい。

1　「給付型奨学金制度の設計について<議論のまとめ>」(平成28年12月　文部科学省)に示された，給付型奨学金の対象となる学校種は，大学，短期大学，高等専門学校，専修学校専門課程である。

2　「次期学習指導要領等に向けたこれまでの審議のまとめ」(平成28年8月　中央教育審議会)において，学習指導要領等の改善の方向性として，「主体的・対話的で深い学び」の実現が示された。

3　平成28年11月，いじめに正面から向き合う「考え，議論する道徳」への転換に向けて，文部科学大臣がメッセージを発信した。

4　第2期教育振興基本計画(平成25年6月　閣議決定)の「第1部　我が国における今後の教育の全体像　Ⅲ　四つの基本的方向性」の1つは，学校のマネジメント機能の強化である。

(☆◎◎◎◎◎)

【30】「第2期埼玉県教育振興基本計画『生きる力と絆の埼玉教育プラン(平成26年度～平成30年度)』」の「基本目標Ⅰ　確かな学力と自立する力の育成」に示された施策として正しいものを，次の1～4の中から1つ選びなさい。

1　伝統と文化を尊重しグローバル化に対応する教育の推進

2　体力の向上と学校体育活動の推進

3　学校・家庭・地域が一体となった教育の推進
4　学び合い共に支える社会を目指す生涯学習の推進

(☆☆☆◎◎◎)

【31】次の1～4の特別支援教育に関する文章の中から，誤っているものを1つ選びなさい。

1　自立活動の時間における指導は，各教科，道徳，外国語活動，総合的な学習の時間及び特別活動と密接な関連を保ち，個々の児童又は生徒の障害の状態や発達の段階等を的確に把握して，適切な指導計画の下に行うよう配慮しなければならない。

2　障害のある子供の就学先については，子供の障害の状態等を踏まえた十分な検討を行った上で，校長が総合的観点から，小・中学校又は特別支援学校のいずれかに就学させるかを判断・決定する。

3　訪問教育は，障害の状態が重度であるか又は重複しており特別支援学校に通学して教育を受けることが困難な児童生徒に対し，特別支援学校の教員が家庭，児童福祉施設，医療機関等を訪問して行う教育である。

4　言語障害のある子供の指導は，言葉の側面だけではなく，周囲とのコミュニケーション，学習の側面，心理的な側面等，多様な側面から行うことが必要である。

(☆◎◎◎◎◎)

【32】生徒指導提要(平成22年3月　文部科学省)では，不登校について述べられています。不登校に対する基本的な考え方について説明した文章として適切でないものを，次の1～4の中から1つ選びなさい。

1　不登校の解決に当たっては，「心の問題」としてのみとらえるのではなく，広く「進路の問題」としてとらえることが大切である。

2　不登校は，いじめや発達障害，保護者による虐待などが背景にあるケースなど，多様化が進んでいる。したがって，不登校は，特別な状況下で起こるものととらえる必要性がある。

3　不登校については原因も状態像も複雑化・多様化していることも

あり，連携すべき専門機関は多岐にわたり，民間施設やNPO等とも連携し，相互に協力・補完しつつ対応に当たることが重要である。

4　不登校の児童生徒に対しては，ただ「待つ」のみではなく，不登校の児童生徒がどのような状態にありどのような援助を必要としているのか，その都度見極めを行った上で，適切な働きかけやかかわりを持つことが必要である。

(☆◎◎◎◎◎)

【33】生徒指導提要(平成22年3月　文部科学省)では，問題行動について述べられています。問題行動について説明した文章として適切でないものを，次の1～4の中から1つ選びなさい。

1　問題行動が集団化しており，校内のみならず校外での問題行動が多く起こっていても，学校は，警察などの関係機関や地域社会と連携しておく必要はない。

2　学級担任は，日ごろから児童生徒と接する機会が多く，そのためにかえって，先入観や思い込みによって児童生徒を見ることも多くある。したがって，客観的な観察を心がけるとともに，複数の教員で観察を行い，問題行動を早期に発見することが大切である。

3　問題行動が起こらないようにするための手だてを考えていくことは，究極的には学校教育の質を向上させることであり，学校全体で，自己存在感を感じたり，望ましい人間関係をつくる取組を行っていくことが大切である。

4　小学校段階で問題行動の予兆がある場合，「小学生だからまだいいではないか。」と安易に考えて問題を放置し，毅然とした指導をしていない場合は，思春期になり再発する場合がある。

(☆◎◎◎◎◎)

解答・解説

【1】2

〈解説〉1月は睦月(むつき)，2月は如月(きさらぎ)，3月は弥生(やよい)，4月は卯月(うづき)，5月は皐月(さつき)，6月は水無月(みなづき)，7月は文月(ふみづき)，8月は葉月(はづき)，9月は長月(ながつき)，10月は神無月(かんなづき)，11月は霜月(しもつき)，12月は師走(しわす)である。読み方も一緒に確認しておこう。

【2】3

〈解説〉1の『土佐日記』の作者は紀貫之，2の『玉勝間』の作者は本居宣長，4の『金閣寺』の作者は三島由紀夫である。

【3】1

〈解説〉1は柿本人麻呂の和歌で，万葉集に収められている。なお，2は中納言家持(大伴家持)，3は紀貫之，4は権中納言定家(藤原定家)の作品である。

【4】1

〈解説〉地図中のアは鳥取県，イは広島県，ウは長崎県，エは沖縄県である。表中のデータを見ると，Aは4県中最も人口が少ないのでア，Bは4県中最も漁業生産額が大きいのでウ，Cは4県中最も人口が多く，製造品出荷額等が多いのでイ，Dは4県中最も第3次産業就業者割合が高いことからエと判断できる。

【5】1

〈解説〉2は鎮護国家を使命とし，国家による保護・統制を受けた国家仏教としての奈良時代の仏教の特色を述べている。　3　法隆寺は，飛鳥時代に造られた寺である。　4　日蓮宗は鎌倉新仏教の1つであり，鎌倉時代についての記述である。　1が平安時代の仏教について述べた文である。藤原頼道は，1052年に宇治の別荘を寺に改めて平等院とし，1053(天喜元)年に鳳凰堂を建立した。

【6】3

〈解説〉資料は，明が貿易統制のために使用した割符で勘合という。日明間では，「日字○號」「本字○號」の文書をそれぞれ中央から折半し，一方を勘合，他を勘合底簿として照合した。1の傘連判状は，円形になるように放射状に署名した連判状である。署名者が対等，あるいは首謀者を隠すために，この様式がとられた。2の踏絵は，キリシタン摘発のために踏ませた聖画像である。4の朱印状は，戦国時代から江戸時代にかけての，支配者の朱印を押した公文書のことである。

【7】4

〈解説〉衆議院議員の選挙制度は小選挙区比例代表並立制で，選挙区と全国を11ブロックに分けた比例区の重複立候補が可能である。参議院議員の選挙制度は非拘束名簿式比例代表制がとられており，選挙区と比例の重複立候補はできない。なお，参議院の比例の名簿は順位をつけずに記載し，個人票の順に当選者を決める。また，1999年に改正され，政治家個人に対する企業・団体献金を禁じている法律とは，政治資金規正法のことである。

【8】2

〈解説〉$\sqrt{45}-\sqrt{20}=3\sqrt{5}-2\sqrt{5}=\sqrt{5}$

【9】3

〈解説〉xの変域に0が含まれているから，yの最小値は0である。また，$x=-4$のとき$y=(-4)^2=16$，$x=3$のとき$y=3^2=9$であるから，yの最大値は16である。よって，yの変域は$0\leqq y\leqq 16$となる。

【10】2

〈解説〉FB＝$x$cmとする。折ったことを考慮すると，EF＝AF＝AB－FB＝8－x　△BEFで三平方の定理を用いると，$EF^2=BE^2+FB^2$
$(8-x)^2=4^2+x^2$　$x=3$　よって，線分FBの長さは3cmである。

【11】4

〈解説〉圧力〔Pa〕＝$\frac{F〔N〕}{S〔m^2〕}$で求めることができる。ここで，面積Sは0.32×0.25＝0.08〔m^2〕であり，Fは条件より600Nである。これらの値を式に当てはめると，7500〔Pa〕となる。

【12】3

〈解説〉二酸化マンガンに薄めた過酸化水素水を混ぜると，酸素が得られる。このとき，二酸化マンガンは触媒としてはたらく。なお，石灰石に塩酸を加えると二酸化炭素，亜鉛に塩酸を加えると水素が得られる。

【13】2

〈解説〉心臓から肺に送り出される血液は酸素が少ないため静脈血であり，その血管は心臓から出て行く血管であるため，動脈である。動脈なのに静脈血が流れている等，ややこしいため，肺循環には注意が必要である。

【14】4

〈解説〉夏至の日の南中高度は90－緯度＋23.4で求められる。条件より90－36＋23.4＝77.4〔°〕である。

【15】2

〈解説〉組曲「動物の謝肉祭」はサンサーンスの代表曲である。ドボルザークはチェコ国民楽派の作曲家で，「交響曲第9番 新世界より」が広く親しまれている。

【16】1

〈解説〉設問の作品はクロード・モネの「睡蓮」である。モネは印象派の巨匠で，代表作は問題の他「印象・日の出」「日傘を差す女」などがある。2のオーギュスト・ルノワールは印象派を代表するフランスの画家で，代表作に「ムーラン・ド・ラ・ギャレット」「ピアノに寄る少女たち」等がある。3のジャン＝フランソワ・ミレーは19世紀に活躍したバルビゾン派を代表するフランスの画家で，代表作は「晩鐘」「落穂拾い」「種まく人」などがある。4のポール・セザンヌは近代絵画の父と呼ばれる後期印象派を代表するフランスの画家。代表作に「リンゴとオレンジ」「カード遊びをする人たち」「サント＝ヴィクトワール山」などがある。

【17】4

〈解説〉リオデジャネイロオリンピックにおいて，1904年のセントルイスオリンピック以来，112年ぶりに実施された。なお，テコンドーは2000年シドニーオリンピックより正式種目として実施されている。また，サーフィンと空手は，野球／ソフトボール・スケートボード，スポーツクライミングと同様，2020年東京オリンピックにおいて追加種目として実施されることになっている。

【18】3

〈解説〉1のキャッチセールスは街頭でアンケート調査などと言って呼び止め，事務所や近くの喫茶店に連れて行き，サービスや商品を契約させる商法。2の催眠商法(SF商法)は閉め切った会場などに人を集め，競争心などを煽りつつ会場の雰囲気を盛り上げて，高額な商品を売りつける商法。4のワンクリック詐欺とは，スマートフォンやパソコンなどのアダルトサイト等で，クリックしただけで契約成立と称して，高額な利用料を請求する商法である。

【19】1

〈解説〉日本語の意味的に考えるとthe house which I was born in，またはinが関係代名詞whichの前に来てthe house in which I was bornと表現することもできる。

【20】4

〈解説〉アは「すべての生物の中で見つかり筋肉や器官などの構造を形成する物質」でタンパク質，イは「炭素や水素，酸素から成る糖やデンプンのような物質」で炭水化物，ウは「植物油やステロイドを含む，水に溶けない天然物質の総称」で脂質の説明である。

【21】1

〈解説〉今晩は外食することになり，駅前の中華料理屋はどうかという提案に，Bの最後のセリフで「わかった。レストランのテーブルを…する」という流れから判断する。bookに「予約する」という意味があることを知っていればよい。

【22】3

〈解説〉BはAのスピーチをすばらしかったとほめたが，Aはスピーチの時の状況を「最初は緊張した…，言いたいことを言うことができた」と説明している。この会話の流れから判断する。Althoughに「…にもかかわらず」という意味があることを知っていればよい。

【23】2

〈解説〉1 「合区」とは合同選挙区の略称。有権者の少ない複数の都道府県を1つの選挙区とみなして議席数を割り振ることで，「一票の格差」を緩和するねらいがある。第24回参議院議員選挙では徳島県と高知県，鳥取県と島根県が合区となり，それぞれの議席数は2であった。

2　大西氏は国際宇宙ステーション滞在中，宇宙空間でのマウスの飼育などを行った。なお，日本人で宇宙へ飛び立った宇宙飛行士としては10人目である。　3　オートファジー(細胞の自食作用)とは，細胞が自らたんぱく質などを分解し，再利用することであり，この仕組みを発見した大隅良典氏はノーベル賞生理学・医学賞を受賞した。

4　安倍内閣が掲げた「同一労働同一賃金」は，主に正規・非正規雇用間の待遇差の解消であり，具体的には非正規雇用者の待遇改善を目的としている。

【24】4

〈解説〉1『学校と社会』はデューイの著書である。また，「すべての人にすべてのことを…」はコメニウスの主著である『大教授学』の一節である。　2　ヘルバルトの教授法は明瞭，連合，系統，方法の4段階であり，ヘルバルト学派のツィラー等が5段階教授法を提唱した。

3　ウィネトカ・プランを公表したのはウォッシュバーンである。キルパトリックはプロジェクト・メソッドを公表した。

【25】3

〈解説〉説明は森有礼である。伊沢修二は文部省の官吏として教育学理論を紹介したことや，教科書の編纂，また『小学唱歌』などを作成したことで知られる。

【26】3

〈解説〉メンタリングとは，メンター(指導者)との対話による気づきやメンターからの助言によって，自発的成長を支援する人材育成の技法である。他者の行動やその結果をモデルとして観察することによる行動変化の現象はモデリングといわれる。

【27】4

〈解説〉下線部は「授業に支障のない限り」が正しい。4は教育公務員特例法第22条第2項であり，研修の機会(承認研修)の規定である。

【28】1

〈解説〉下線部は「健康診断」が正しい。1の条文は学校保健安全法第13条第1項であり，いわゆる児童生徒等の定期健康診断の規定である。あわせて，学校教育法第12条も確認しておくこと。

【29】4

〈解説〉第2期教育振興基本計画の「四つの基本的方向性」とは「社会を生き抜く力の養成」「未来への飛躍を実現する人材の養成」「学びのセーフティネットの構築」「絆づくりと活力あるコミュニティの形成」である。「学校のマネジメント機能の強化」は入っていない。

【30】1

〈解説〉2は「基本目標Ⅱ　豊かな心と健やかな体の育成」，3は「基本目標Ⅳ　家庭・地域の教育力の向上」，4は「基本目標Ⅴ　生涯にわたる学びの支援とスポーツの推進」の施策である。

【31】2

〈解説〉障害のある子供の就学先は，市町村教育委員会が決定することになる。学校教育法施行令第5条，第11条第1項や「学校教育法施行令の一部改正について(通知)」を参照すること。

【32】2

〈解説〉後半部分については，『不登校はもはや特別な状況下で起こるのではなく「どの子にも起こり得る」ととらえることの必要性が確認されました』との記述がある(第6章第12節参照)。

【33】1

〈解説〉本資料では，学校については警察などの関係機関や地域社会との連携の必要性について述べられている。警察などの関係機関や地域社会の位置づけについては，「児童生徒の健全育成を一つの目的としているとともに，問題行動の未然防止，問題行動を起こした児童生徒への指導といった面も持っています。関係機関や地域社会は，学校とは違った機能を持っており，それぞれがその機能を果たしながら，一方では学校の指導力に期待しています。学校と，関係機関・地域社会の機能を有機的に機能させて，より効果的な指導，問題行動の未然防止を図ることができます」としている。

2017年度　実施問題

【1】次のア～エの(　　)にあてはまる漢数字をそれぞれ①，②の中から選び，ことわざを完成させなさい。その組み合わせとしてすべて正しいものを，1～4の中から1つ選びなさい。

ア　一寸の虫にも(　　)分の魂　　①　三　　②　五
イ　(　　)里の道も一歩から　　①　千　　②　万
ウ　三つ子の魂(　　)まで　　①　百　　②　千
エ　人のうわさも(　　)十五日　　①　四　　②　七

1　ア－①　イ－①　ウ－②　エ－②
2　ア－①　イ－②　ウ－①　エ－①
3　ア－②　イ－①　ウ－①　エ－②
4　ア－②　イ－②　ウ－②　エ－①

(☆☆☆◎◎◎)

【2】次の作品と作者の組み合わせとしてすべて正しいものを，1～4の中から1つ選びなさい。

1　『雨月物語』近松門左衛門　『日本永代蔵』井原西鶴
　『南総里見八犬伝』滝沢馬琴
2　『舞姫』森鷗外　『坊っちゃん』夏目漱石
　『友情』島崎藤村
3　『羅生門』芥川龍之介　『暗夜行路』志賀直哉
　『山椒大夫』井伏鱒二
4　『伊豆の踊子』川端康成　『細雪』谷崎潤一郎
　『富嶽百景』太宰治

(☆☆☆◎◎◎◎◎)

【3】次の和歌で『古今和歌集』に収められているものを，1～4の中から1つ選びなさい。

1　多摩川に　さらす手作り　さらさらに　何そこの児の　ここだ愛しき

2　思ひつつ　寝ればや人の　見えつらむ　夢と知りせば　覚めざらましを

3　道の辺に　清水流るる　柳陰　しばしとてこそ　立ちどまりつれ

4　君待つと　吾が恋ひをれば　我が屋戸の　すだれ動かし　秋の風吹く

(☆☆☆☆☆◎◎◎◎◎)

【4】次の表は青森県，新潟県，兵庫県，広島県の面積，人口，人口密度と第1次産業就業者数の割合を示したものです。青森県を示すものを，表中の1～4の中から1つ選びなさい。

	面積（km^2）（2014年）	人口（千人）（2014年）	人口密度（人/km^2）（2014年）	第1次産業就業者数の割合（%）（2012年）
1	12,584	2,313	183.8	6.2
2	9,645	1,321	137.0	13.2
3	8,401	5,541	659.6	1.6
4	8,479	2,833	334.1	3.5

(「日本国勢図会2015/16」より作成)

(☆☆◎◎◎)

【5】第二次世界大戦後，初めて行われた第22回衆議院議員総選挙の様子について述べた文として正しいものを，次の1～4の中から1つ選びなさい。

1　満25歳以上の男女に選挙権が与えられ，全人口に占める有権者の割合は約20%であった。

2　満25歳以上の男女に選挙権が与えられ，全人口に占める有権者の割合は約50%であった。

3　満20歳以上の男女に選挙権が与えられ，全人口に占める有権者の割合は約20％であった。

4　満20歳以上の男女に選挙権が与えられ，全人口に占める有権者の割合は約50％であった。

(☆☆◎◎◎)

【6】1989年11月にベルリンの壁が崩壊し，同じ年の12月にアメリカ合衆国のブッシュ大統領とソビエト社会主義共和国連邦のゴルバチョフ共産党書記長が会談を開き，冷戦の終結を宣言しました。この会談の名称を，次の1～4の中から1つ選びなさい。

1　マルタ会談　　2　ポツダム会談　　3　ヤルタ会談

4　カイロ会談

(☆☆◎◎◎◎)

【7】天皇の国事行為でないものを，次の1～4の中から1つ選びなさい。

1　最高裁判所の裁判官を任命すること。

2　憲法改正，法律，政令及び条約を公布すること。

3　国会を召集すること。

4　衆議院を解散すること。

(☆☆◎◎◎)

【8】2次方程式$2x^2+6x+2=0$の解として正しいものを，次の1～4の中から1つ選びなさい。

1　$x=-3\pm\sqrt{5}$　　2　$x=\dfrac{-3\pm\sqrt{5}}{2}$　　3　$x=\dfrac{-3\pm\sqrt{5}}{4}$

4　$x=\dfrac{-3\pm\sqrt{3}}{4}$

(☆☆☆◎◎◎)

【9】次の図のように，関数$y=\dfrac{3}{4}x^2$のグラフ上にx座標が-2，4である2点A，Bをとります。この2点A，Bを通る直線のグラフがy軸と交わる

点のy座標として正しいものを，下の1～4の中から1つ選びなさい。

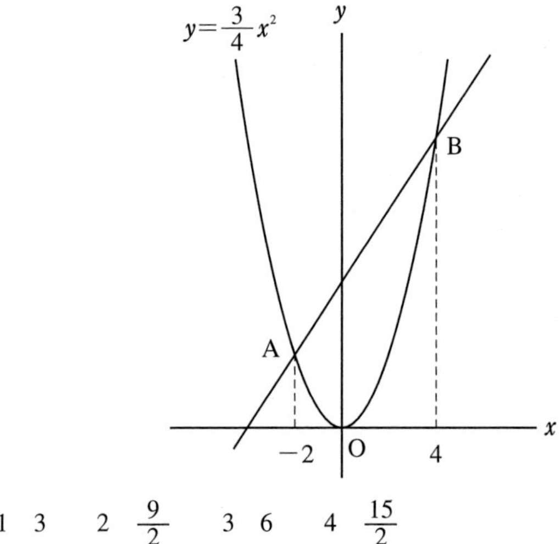

1　3　　2　$\frac{9}{2}$　　3　6　　4　$\frac{15}{2}$

(☆☆☆◎◎◎)

【10】次の図のように，長方形ABCDがあります。辺BCの中点をEとし，線分AEと対角線BDとの交点をFとします。また，長方形の対角線BDとACとの交点をGとします。

このとき，四角形GFECの面積は，長方形ABCDの面積の何倍になりますか。正しいものを，下の1～4の中から1つ選びなさい。

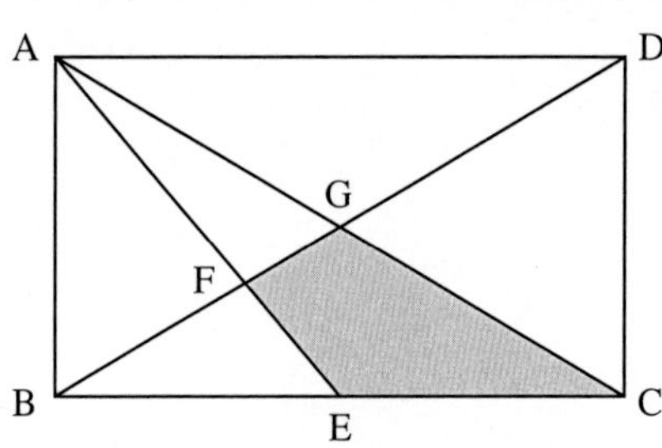

1　$\frac{1}{4}$倍　　2　$\frac{1}{6}$倍　　3　$\frac{1}{8}$倍　　4　$\frac{3}{8}$倍

(☆☆☆◎◎◎)

【11】次の図のようにXを基準面としたなめらかな面があります。Yの位置に鉄球を置いて静かに手を離すと，鉄球は転がりはじめ，A～Eの各地点を通過しました。鉄球がA～Eの地点を通過するときに運動エネルギーが減少して位置エネルギーが増加している区間を，下の1～4から1つ選びなさい。ただし，B－C間とD－E間は水平です。

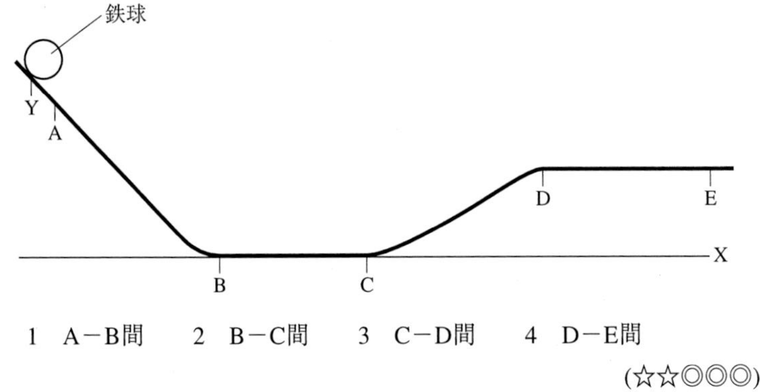

1　A－B間　　2　B－C間　　3　C－D間　　4　D－E間

(☆☆◎◎◎)

【12】次の1～4のうち，分解の化学変化でないものを1つ選びなさい。

1　メタンを燃やすと，二酸化炭素と水ができる。

2　炭酸水素ナトリウムを加熱すると，炭酸ナトリウムと二酸化炭素と水ができる。

3　うすい水酸化ナトリウム水溶液に電流を流すと，陰極に水素が発生し，陽極に酸素が発生する。

4　酸化銀を加熱すると，銀と酸素ができる。

(☆☆◎◎◎)

【13】次のア～エのうち，オオカナダモの細胞とヒトのほおの内側にある粘膜の細胞に共通するものの組み合わせとして最も適切なものを，下の1～4の中から1つ選びなさい。

ア　核　　イ　葉緑体　　ウ　細胞膜　　エ　細胞壁

1　ア，イ　　2　ア，ウ　　3　イ，エ　　4　ウ，エ

(☆☆◎◎◎)

【14】次のア～エの岩石のうち，斑状組織の岩石の組み合わせとして最も適切なものを，下の1～4の中から1つ選びなさい。

ア　流紋岩　　イ　玄武岩　　ウ　花崗岩　　エ　石灰岩

1　ア，イ　　2　ア，ウ　　3　イ，エ　　4　ウ，エ

(☆☆◎◎◎)

【15】日本で受け継がれている民謡の名曲と，受け継がれている代表的な地域の組み合わせとして，適切でないものを，次の1～4の中から1つ選びなさい。

	曲名	代表的な地域
1	木曾節	長野県
2	花笠音頭	山形県
3	こきりこ節	富山県
4	谷茶節	秋田県

(☆☆☆☆◎◎◎)

【16】次のA～Dの作品と作者の組み合わせとして正しいものを，あとの1～4の中から1つ選びなさい。

A

B

C

D

1　A　高村光雲　B　荻原守衛　C　高村光太郎　D　朝倉文夫
2　A　高村光雲　B　朝倉文夫　C　高村光太郎　D　荻原守衛
3　A　荻原守衛　B　高村光雲　C　朝倉文夫　D　高村光太郎
4　A　荻原守衛　B　朝倉文夫　C　高村光太郎　D　高村光雲

(☆☆☆◎◎◎)

【17】テニスの4大大会の開催国として誤っているものを，次の1～4の中から1つ選びなさい。

1　アメリカ　2　イギリス　3　ロシア　4　フランス

(☆☆◎◎)

【18】食生活の改善に対する自覚を促すことをねらいとし，平成12年に文部省(現　文部科学省)，厚生省(現　厚生労働省)，農林水産省から示されたものとして適切なものを，次の1～4の中から1つ選びなさい。

1　食生活指針
2　日本人の食事摂取基準
3　食事バランスガイド
4　食育基本法

(☆☆☆◎◎◎)

【19】次のア～エの英語は何を説明していますか。組み合わせとして正しいものを，下の1～4の中から1つ選びなさい。

ア　a gas breathed out by people and animals from the lungs or produced by burning carbon

イ　a gas that is present in air and water and is necessary for people, animals and plants to live

ウ　a colorless gas that is the lightest of all gases, forms water when it combines with oxygen

エ　a greenish-yellow gas with a strong smell that is used to keep the water in swimming pools clean

1　ア　二酸化炭素　イ　酸素　ウ　水素　エ　塩素
2　ア　塩素　イ　酸素　ウ　水素　エ　二酸化炭素
3　ア　二酸化炭素　イ　水素　ウ　酸素　エ　塩素
4　ア　塩素　イ　水素　ウ　酸素　エ　二酸化炭素

(☆☆◎◎◎)

【20】次の(　　)に入る最も適切な語を，下の1～4の中から1つ選びなさい。

A : Excuse me. How much is this, please?

B : Twenty-eight dollars, but I'd (　　) this one. It's almost the same, and it's only twenty dollars.

A : O.K. I'll take that one.

B : Thank you.

1　extend　2　allow　3　approve　4　recommend

(☆☆◎◎◎)

【21】次の(　　)に入る最も適切な語を，下の1～4の中から1つ選びなさい。

A : Hello, where are you traveling to today?

B : I'm going to Dallas.

A : Ah, I'm afraid your flight has been delayed. (　　) of taking off at 10:45, it's due to take off at 12 : 30.

B : I see.

1　Different　　2　Instead　　3　Because　　4　Despite

(☆☆◎◎◎)

【22】次の1～4の中から，下線部が正しいものを1つ選びなさい。

1　平成27年11月11日，国産初のジェット旅客機「<u>LIGO</u>」が初飛行に成功した。

2　国立研究開発法人宇宙航空研究開発機構(JAXA)は，平成27年12月7日，金星探査機「<u>ひので</u>」を金星周回軌道に投入することに成功した。

3　平成27年12月，パリで開催された国連気候変動枠組条約第21回締約国会議(COP21)において，<u>オゾン層保護対策推進</u>の国際ルール「パリ協定」が採択された。

4　日本の理化学研究所の研究グループが発見した「<u>113番元素</u>」が，平成27年12月，国際機関の国際純正・応用化学連合(IUPAC)から新元素として認定され，アジアで初めて命名権を与えられた。

(☆☆☆◎◎◎)

【23】平成27年度中に起きたア～エのできごとについて，起きた順に正しく並べたものを，あとの1～4の中から1つ選びなさい。

ア　スウェーデン王立科学アカデミーは，ノーベル物理学賞を，「ニュートリノ」に質量があることを突き止めた東京大学宇宙線研究所の梶田隆章所長と，カナダ・クイーンズ大学のアーサー・マクドナルド名誉教授に贈ると発表した。

イ　ラグビーの第8回ワールドカップイングランド大会で，日本代表は優勝候補の南アフリカ共和国代表を破る大金星を挙げた。

ウ　公職選挙法の一部を改正する法律が公布され，公職の選挙の選挙権を有する者の年齢について，年齢満20歳以上から年齢満18歳以上に改められた。

エ　社会保障，税，災害対策の3分野における法律や条令に定められた行政手続きにおいて，社会保障・税番号制度が導入されマイナンバーの利用が開始された。

1　イ　→　エ　→　ウ　→　ア
2　イ　→　ウ　→　ア　→　エ
3　ウ　→　エ　→　イ　→　ア
4　ウ　→　イ　→　ア　→　エ

(☆☆☆◎◎◎)

【24】次の1～4の教育心理に関する文章の中から，下線部が誤っているものを1つ選びなさい。

1　ハロー効果とは，同じ能力の子供に対して，教師が「できる子」と期待するとできるようになり，「できない子」とマイナスの期待をするとできないようになる，という教師の期待効果のことである。

2　適性処遇交互作用とは，学習者のもっている特性，既有知識，先行経験，学習が行われる環境，教師の指導スタイルなどによって，教育の結果もたらされる効果はさまざまとなるということである。

3　学習性無力感とは，自分がいくら環境に働きかけても，環境が変わらないことを繰り返し経験すると，自分には環境を変えることができないことを学習してしまうことである。

4　先行オーガナイザーとは，学習の開始の直前に学習者に与えられる教授上の枠組みのことである。

(☆☆☆◎◎◎)

【25】次の1～4の中から，著者と著書の組み合わせとして正しいものを，1つ選びなさい。

	著　者	著　書
1	ルソー	『道徳教育論』
2	デュルケム	『国民教育と民主主義』
3	ペスタロッチ	『シュタンツ便り』
4	クループスカヤ	『エミール』

(☆☆☆◎◎◎)

【26】日本の教育史について述べた文として正しいものを，次の1～4の中から1つ選びなさい。

1　芸亭は，空海が旧宅を喜捨して寺院とし，その一角に外典之院を置き，これを好学の徒に開放したもので，我が国最初の公開図書館といわれる。

2　林羅山は朱子学を幕藩体制支持理論として完成し，その子孫は代々林家塾から出発した昌平坂学問所(昌平黌)の大学頭となり，幕府の教学を掌った。

3　明治33年に改定公布された小学校令により，国民学校の授業料が原則として廃止され，義務教育における授業料非徴収制が広く実現した。

4　昭和59年，政府全体の責任で長期的展望に立って教育改革に取り組むため，総理大臣の諮問機関として臨時教育会議が設置された。

(☆☆☆◎◎◎)

【27】次の1～4の中から，下線部が誤っているものを1つ選びなさい。

1　小学校においては，<u>文部科学大臣の検定</u>を経た教科用図書又は文部科学省が著作の名義を有する教科用図書を使用しなければならない。(学校教育法第34条)

2　職員は，<u>政党その他の政治的団体</u>の結成に関与し，若しくはこれらの団体の役員となつてはならず，又はこれらの団体の構成員となるように，若しくはならないように勧誘運動をしてはならない。(地方公務員法第36条)

3　すべて国民は，ひとしく，その能力に応じた教育を受ける機会を与えられなければならず，人種，信条，性別，社会的身分，経済的地位又は門地によって教育上差別されない。(教育基本法第4条)

4　校長は，感染症の予防上必要があるときは，臨時に，学校の全部又は一部の休業を行うことができる。(学校保健安全法第20条)

(☆☆☆◎◎◎)

【28】次の1～4の中から，下線部が誤っているものを1つ選びなさい。

1　学校，家庭及び地域住民その他の関係者は，教育におけるそれぞれの役割と責任を自覚するとともに，相互の連携及び協力に努めるものとする。(教育基本法第13条)

2　校長は，その学校に在学する児童等の指導要録(学校教育法施行令第31条に規定する児童等の学習及び健康の状況を記録した書類の原本をいう。以下同じ。)を作成しなければならない。(学校教育法施行規則第24条)

3　教育公務員は，教育水準の維持向上を図るために，絶えず研究と修養に努めなければならない。(教育公務員特例法第21条)

4　学校においては，児童生徒等の安全の確保を図るため，当該学校の施設及び設備の安全点検，児童生徒等に対する通学を含めた学校生活その他の日常生活における安全に関する指導，職員の研修その他学校における安全に関する事項について計画を策定し，これを実行しなければならない。(学校保健安全法第27条)

(☆☆☆◎◎◎)

【29】次の1～4の中から，下線部が誤っているものを1つ選びなさい。

1　第2期教育振興基本計画(平成25年6月　閣議決定)では，今後の社会の方向性として「自立」「協働」「創造」の3つの理念の実現に向けた生涯学習社会の構築が必要であるとしている。

2　学校における道徳教育の目標は，教育基本法及び学校教育法に定められた教育の根本精神に基づいて設定されている。

3　平成27年12月，教育再生会議において，これからの学校教育を担う教員の資質能力の向上について答申が取りまとめられた。

4　平成28年度全国学力・学習状況調査の調査対象は，国・公・私立学校の小学校第6学年，中学校第3学年の原則として全児童生徒である。

(☆☆☆◎◎◎)

【30】「第2期埼玉県教育振興基本計画『生きる力と絆の埼玉教育プラン(平成26年度～平成30年度)』」の「基本目標Ⅲ　質の高い学校教育を推進するための環境の充実」に示された施策として正しいものを，次の1～4の中から1つ選びなさい。

1　確かな学力の育成

2　学校・家庭・地域が一体となった教育の推進

3　子供たちの安心・安全の確保

4　文化芸術の振興と伝統文化の継承

(☆☆☆◎◎◎)

【31】次の1～4の特別支援教育に関する文章の中から，誤っているものを1つ選びなさい。

1　特別支援学校は，小学校又は中学校の要請により，障害のある児童，生徒又は当該児童若しくは生徒の教育を担当する教師等に対して必要な助言又は援助を行うなど，特別支援教育のセンターとしての役割を果たすよう努める。

2「個別の指導計画」とは，障害のある子供に対して指導を行うためのきめ細かい計画のことであり，幼児児童生徒一人一人の教育的ニーズに対応して，指導目標や指導内容・方法を盛り込んだものである。

3　インクルーシブ教育システムでは，教育的ニーズのある子供に対して，その時点で最も的確に指導を提供できる，連続性のある「多様な学びの場」を用意しておくことが必要である。

4　通級による指導は，小学校又は中学校の特別支援学級に在籍している児童生徒に対して，障害に応じた特別な指導を特別な指導の場で行う指導形態のことである。

(☆☆☆◎◎◎)

【32】平成26年度「児童生徒の問題行動等生徒指導上の諸問題に関する調査」(平成28年3月　文部科学省)の暴力行為に関する内容を説明した文章として適切でないものを，次の1～4の中から1つ選びなさい。

1　小・中・高等学校における暴力行為の発生件数の合計は前年度に比べ減少しているが，小学校における発生件数は増加している。

2　暴力行為は全体的に減少しているが，暴力行為の4つの形態のうち「対教師暴力」の発生件数の合計は，前年度に比べて増加している。

3　小・中・高等学校における学年別加害児童生徒数では，中学2年生が最も多い。

4　中学校・高等学校における加害児童生徒に対する学校の対応では，「スクールカウンセラー等の相談員がカウンセリング」が前年度に比べて増加している。

(☆☆☆◎◎◎)

【33】生徒指導提要(平成22年3月　文部科学省)では，命の教育と自殺の防止について述べられています。自殺の防止について説明した文章として適切でないものを，次の1～4の中から1つ選びなさい。

1　児童生徒の自殺というと，最近ではしばしばいじめの有無ばかりに焦点が当てられるが，実際には自殺は様々な要因が複雑に関連して生じる現象である。

2　手首自傷や過量服薬といった，死に直結しない自傷行為であれば，同様の行為を繰り返しても，自殺が生じる危険は低い。

3　自殺を理解するキーワードは「孤立感」であり，児童生徒が自分の居場所を失ってしまったと強く感じるような状況に陥っていないか注意を払う必要がある。

4　中・高校生くらいの年代になると，自殺の危険の背景に十分コントロールされていない心の病が存在する場合があるので，その疑いがあるときには専門医の治療が欠かせない。

(☆☆☆◎◎◎)

解答・解説

【1】3

〈解説〉簡単な慣用句の問題なので確実に正解したい。「一寸の虫にも五分の魂」は「小さな者でも思わぬ力を発揮することがあるからあなどってはいけない」，「千里の道も一歩から」は「大きな目標でもまずは最初の一歩を踏み出さなければ始まらない」，「三つ子の魂百まで」は「小さい時の癖や教育は大人になっても抜けないものだ」，「人のうわさも七十五日」は「人がうわさをしても，しばらく経てばみんな忘れて気にしなくなるものだ」という意味。

【2】4

〈解説〉有名な文学作品の作者や冒頭の一文を問う問題は頻繁に出題に上がっている。　1『雨月物語』は上田秋成による江戸時代の読本。2『友情』は武者小路実篤による小説。　3『山椒大夫』は森鷗外の小説。

【3】2

〈解説〉小野小町による恋歌である。勅撰和歌集にある主要な和歌は一度は目を通しておきたい。なお，1は東歌(詠み人知らず)，4は額田王の和歌で『万葉集』に収められている。3は西行の和歌で『新古今和歌集』に収められている。

【4】2

〈解説〉統計から該当する都道府県を答えさせる問題は，項目ごとの目立つ数字にマークをするとわかりやすい。本問の場合は，面積が最大の12,584，人口が最大の5,541と最小の1,321，人口密度が最大の659.6と最小の137.0，第1次産業就業者数の割合が最高の13.2と最低の1.6にマークをする。特徴をはっきりさせることにより，面積が最大の1が新潟県，人口も人口密度も低く第1次産業就業者数の割合の高い2が青森県，人口も人口密度も高く第1次産業就業者数の割合の低い3が兵庫県，残る4が広島県と判別できる。

【5】4

〈解説〉第二次世界大戦敗戦後の日本は連合国軍の占領管理下に置かれ，GHQ(連合国軍最高司令官総司令部)が五大改革指令を出した。その1つが婦人の解放(女性参政権)であり，1945年に選挙法が改正され，男女平等の普通選挙制(選挙権は満20歳以上)が実現した。

【6】1

〈解説〉マルタ会談後，1989～91年にかけて東ヨーロッパの共産党政権が崩壊した。1990年にはドイツ統一が実現し，1991年にはソ連も解体して冷戦体制は完全に終結した。カイロ会談，ヤルタ会談，ポツダム会談は，すべて第二次世界大戦中に行われた連合国側の主要会談である。

【7】1

〈解説〉最高裁判所の裁判官15名のうち，天皇が任命するのは長たる裁判官(最高裁判所長官)のみ。その他の14名の裁判官は，内閣が任命する。

【8】2

〈解説〉2次方程式$ax^2+2b'x+c=0$の解は，$x=\dfrac{-b'\pm\sqrt{b'^2-ac}}{a}$で求められる。問題の2次方程式は，$a=2$，$b'=3$，$c=2$の場合だから，

$x=\dfrac{-3\pm\sqrt{3^2-2\times2}}{2}=\dfrac{-3\pm\sqrt{9-4}}{2}=\dfrac{-3\pm\sqrt{5}}{2}$

【9】3

〈解説〉点A，Bは$y=\dfrac{3}{4}x^2$上にあるから，そのy座標は，Aが$y=\dfrac{3}{4}\times(-2)^2=3$，Bが$y=\dfrac{3}{4}\times4^2=12$で，座標はA$(-2,\ 3)$，B$(4,\ 12)$となる。直線ABの傾き$=\dfrac{12-3}{4-(-2)}=\dfrac{3}{2}$だから，直線ABの式を$y=\dfrac{3}{2}x+m$とおくと，点A$(-2,\ 3)$を通るから，$3=\dfrac{3}{2}\times(-2)+m$　$\therefore$　$m=6$

よって，直線ABの式は$y=\dfrac{3}{2}x+6$で，直線ABのグラフがy軸と交わる点のy座標は6

【10】2

〈解説〉平行線と線分の比についての定理より，BF：FD＝BE：AD＝BE：BC＝1：2　長方形ABCDの面積をSとすると，$\triangle BCD=\dfrac{1}{2}S$…①

$\triangle CDG=\triangle BCD\times\dfrac{DG}{BD}=\dfrac{1}{2}\triangle BCD=\dfrac{1}{4}S$…②　$\triangle BEF=\triangle BCD\times\dfrac{BE}{BC}\times\dfrac{BF}{BD}=\triangle BCD\times\dfrac{1}{2}\times\dfrac{1}{1+2}=\dfrac{1}{6}\triangle BCD=\dfrac{1}{12}S$…③

①，②，③より，四角形GFEC$=\triangle BCD-\triangle CDG-\triangle BEF=\dfrac{1}{2}S-\dfrac{1}{4}S-\dfrac{1}{12}S=\dfrac{1}{6}S$　以上より，四角形GFECの面積は，長方形ABCDの面積の$\dfrac{1}{6}$倍

【11】3

〈解説〉力学的エネルギーは，保存力(重力，弾性力，静電気力など)以外の力が仕事をしなければ保存され一定であることから，題意より，ここでは摩擦もなく重力のみによる仕事がなされるので，運動エネルギ

ーと位置エネルギーのみを考える。鉄球の質量をm，重力をg，基準面Xに対する鉄球の高さをh，鉄球の移動速度をvとすると，力学的エネルギー＝運動エネルギー$\left(\frac{1}{2}mv^2\right)$＋位置エネルギー($mgh$)＝一定となる。また，力学的エネルギー保存の法則より，位置エネルギーが増えるとき運動エネルギーは減り，位置エネルギーが減るとき運動エネルギーは増える。A～Eの地点でのXからの高さをそれぞれ，h_A，h_B，h_C，h_D，h_Eとすると，位置エネルギーは，$mgh_A > mgh_D = mgh_E > mgh_B = mgh_C$となる。順に変化を表すと，$mgh_A$から$mgh_B$は減少し，$mgh_B$から$mgh_C$は一定，$mgh_C$から$mgh_D$は増加し，$mgh_D$から$mgh_E$は一定となる。

【12】1

〈解説〉一般に分解は吸熱反応(外からエネルギー／熱を得る)で，化合は発熱反応(外へエネルギー／熱を出す)である。1はメタン(CH_4)と酸素が反応し，CO_2とH_2Oが生成すると同時に熱も発生するため，化合である。2，3，4は外からエネルギー／熱を得るので分解である。

【13】2

〈解説〉オオカナダモ(植物)と，ヒト(動物)の細胞の比較である。植物の細胞と動物の細胞に共通するのは，核(細胞に1つあり染色体をもつ)，細胞質(細胞膜の中の原形質の核以外の部分)，細胞膜(細胞を包む膜で水や栄養分，無機塩類などはこの膜を通って出入りする)であり，植物の細胞にあって動物の細胞にないのは細胞壁(細胞膜の外側の丈夫な壁)，葉緑体(クロロフィルをもつ色素体で光合成を行う細胞にある)，液胞(細胞質の中の液体の入っている隙間のようなもの)である。

【14】1

〈解説〉マグマからできる火成岩は，マグマが急速に冷却されてできる火山岩と，マグマがゆっくり冷却されてできる深成岩からなる。火山岩は急速に冷却されることから，固化する前にマグマに含まれていた結晶成分の斑晶と，急冷によってできた細かい粒子の結晶およびガラス成分からなる石基から構成され，これを斑状組織という。深成岩はゆっくり冷却されることで結晶が相対的に大きく粒形のそろったものから構成される。これを等粒状組織という。すなわち，斑状組織の岩石は火山岩である。火山岩も深成岩も成分の違いによって異なる岩石に区分されるが，SiO_2の含有量の少ない方から多い方へ順に，火山岩では，玄武岩，安山岩，デイサイト，流紋岩がある。同じく深成岩では，かんらん岩，斑れい岩，閃緑岩，花こう閃緑岩，花こう岩がある。なお，石灰岩は炭酸カルシウムを含む堆積岩である。

【15】4

〈解説〉谷茶前(たんちゃめ)は，沖縄本島の踊り歌。恩納村谷茶の漁村風景をスケッチ風に描いた民謡で，沖縄音階の旋律と弾むような軽快なリズムが特徴である。

【16】2

〈解説〉Aは伝統的木彫の近代化に尽力した彫刻家，高村光雲の『老猿』。高村光太郎は子にあたる。 Bは日本近代彫刻の基礎を築いた彫塑家，朝倉文夫の『吊された猫』。Cは『智恵子抄』『道程』などの詩集の作者でもある詩人・彫刻家の高村光太郎の『手』。Dは明治時代の彫刻家，荻原守衛の『女』。守衛は本名で，碌山の号でもよく知られている。

【17】3

〈解説〉1870年代にイギリスのウィングフィールドが近代テニスを考案したといわれている。1877年にはウィンブルドン選手権(全英オープン)が，引き続いて1881年に全米オープン，1891年に全仏オープン，1905年に全豪オープンが創設され，現在の4大大会の基礎ができた。なお，わが国には1878年にアメリカのリーランドによってテニスが紹介された。

【18】1

〈解説〉2 「日本人の食事摂取基準」は，健康な人を対象として健康の維持・増進や生活習慣病，栄養素の過不足を予防する目的で，年齢，性，身体活動レベル，妊婦，授乳婦の別に，エネルギーと各栄養素の1日の摂取量の基準を示したものである。5年ごとに改定され，最新のものは2015年版である。　3 「食事バランスガイド」は，「食生活指針」にある「主食，主菜，副菜を基本に，食事のバランスを」という項目を具体化したもので，1日に何をどれだけ食べたらよいかがひと目でわかるイラストで示されている。2005年に厚生労働省と農林水産省が共同で策定した。　4 食育基本法は，国民が健全な心身を培い，豊かな人間性をはぐくむため，食育に関する施策を総合的かつ計画的に推進すること等を目的とし，2005年に制定・施行された。

【19】1

〈解説〉アは「人間や動物から吐き出され，また炭素の燃焼により生成されるガス」なので二酸化炭素とわかり，解答は1か3に絞られる。
イは「人や動植物が生きるために必要」なので酸素とわかり，正答は1。ウは「酸素と結合して水を生成する」で水素，エは「水泳用プールの消毒に使用する」で塩素について説明している。

【20】4

〈解説〉店員(B)が客(A)にある商品の価格を聞かれ，「28ドルですが，こっちの方をお勧めします。大体同じような商品ですがたったの20ドルです」と言っており，「推奨する」のrecommendがあてはまる。他選択肢の意味はそれぞれ，1「延長する」，2「許可する」，3「承認する」。

【21】2

〈解説〉空港での会話。「ダラスに行く」という旅客(B)に係員(A)が「申し訳ありませんがそのフライトは遅れています」と言っている。選択肢のうち，前置詞ofをとらないDifferentは除外。2「～の代わりに」，3

「～のため」，4「～にもかかわらず」の意味で，「10時45分出発のかわりに12時30分に出発する予定になっています」とする2が適切。

【22】4

〈解説〉なお，この「113番元素」は2016年11月に「ニホニウム」という正式名称がつく予定である。　1　平成27年11月に初飛行に成功したのは，三菱重工業が経済産業省と共同で開発を進めている国産小型ジェット旅客機「MRJ」である。「LIGO」は2016年2月に，2つのブラックホールの合体によって発せられた重力波の検出に成功したアメリカの重力波望遠鏡である。　2　平成22年5月にH-ⅡAロケット17号機によって打ち上げられ，平成27年12月に姿勢制御用エンジン噴射による金星周回軌道への投入が成功した金星探査機は「あかつき」である。「ひので」は日本の国立天文台とJAXA，アメリカのNASA，イギリスのPPARCと共同で開発され，2006年9月に打ち上げられた太陽観測衛星である。　3　COP21の目的は地球温暖化の防止であり，そこで採択された「パリ協定」は温室効果ガス削減のための国際ルールである。

【23】4

〈解説〉アは2015年10月のこと。　イは2015年9月のこと。　ウの公布は2015年6月であるが，施行は2016年6月19日で，施行日後初めての国政選挙である第24回参議院議員通常選挙(2016年7月10日実施)から適用された。　エは2016年1月のことである。

【24】1

〈解説〉1の文章は，ローゼンサールとヤコブソンによって見出された原理であるピグマリオン効果の説明である。ハロー効果とは，ある人物の評価を行う場合に，1つ，2つの特に顕著な好ましい(あるいは好ましくない)特徴があると，その人物の他のすべての特徴についても不当に良く(あるいは悪く)評価してしまい，そのため全体的評価も変わってくることをいう。

【25】3

〈解説〉1　『道徳教育論』はデュルケムの著書である。　2　『国民教育と民主主義』はクループスカヤの著書である。　4　『エミール』はルソーの著書である。

【26】2

〈解説〉1　「空海」ではなく「石上宅嗣」が正しい。　3　「国民学校」ではなく「小学校」が正しい。1941年に国民学校令が公布され，小学校は国民学校と改称された(1947年3月まで)。　4　「臨時教育会議」ではなく「臨時教育審議会」である。臨時教育会議は1917年に設置された内閣直属の諮問機関。

【27】4

〈解説〉感染症の予防等に係る臨時休業は，校長ではなく学校の設置者が行う(学校保健安全法第20条)。校長の行うことができる臨時休業は，非常変災その他急迫の事情があるときである(学校教育法施行規則第63条)。

【28】3

〈解説〉3の下線部は「その職責を遂行するために」が正しい。

【29】3

〈解説〉「これからの学校教育を担う教員の資質能力の向上について(答申)」は，2015年12月21日に中央教育審議会の第104回総会においてまとめられた。なお，教育再生会議は2008年1月の最終報告とりまとめをもって役割を終了している。

【30】3

〈解説〉第2期埼玉県教育振興基本計画の基本目標Ⅲに示された施策は，「教職員の資質能力の向上」「学校の組織運営の改善と魅力ある県立学校づくり」「子どもたちの安全・安心の確保」「学校環境の整備と充実」「私学教育の振興」となっている。なお，1は基本目標Ⅰ，2は基本目標Ⅳ，4は基本目標Ⅴで示されている。同計画は平成26～30年度を計画期間としているので，2018年度試験での出題が十分予想される。必ず目を通し，概要をおさえておくこと。

【31】4

〈解説〉「学校教育法施行規則の一部を改正する省令について(概要)」によると，通級による指導とは「小中学校等の通常の学級に在籍する比較的軽度の障害のある児童生徒に対し，週に1回～8回程行われる特別の指導」のこと。また，学校教育法施行規則第140条では，特別の指導の対象について「特別支援学級の児童及び生徒を除く」と記されている。

【32】2

〈解説〉平成26年度の「対教師暴力」の発生件数は8,835件で，前年度(9,743件)に比べて減少している。本問で取り上げた調査結果は全国的に頻出の資料なので，必ず目を通し，概要を確認しておきたい。

【33】2

〈解説〉たとえ死に直結しない自傷行為であっても，適切なケアを受けられないと，その後も同様の行為を繰り返して，自殺が生じる危険が高くなる。

2016年度　実施問題

【1】1　次のア～エの(　　)にあてはまる漢字をそれぞれ①，②の中から選び，四字熟語を完成させます。その組み合わせとしてすべて正しいものを，1～4の中から1つ選びなさい。

ア　(　　)刀乱麻　　①　快　　②　怪
イ　一騎当(　　)　　①　漸　　②　千
ウ　異(　　)同音　　①　句　　②　口
エ　五里(　　)中　　①　霧　　②　夢

1　ア－②　イ－①　ウ－②　エ－①
2　ア－①　イ－②　ウ－①　エ－②
3　ア－②　イ－①　ウ－①　エ－②
4　ア－①　イ－②　ウ－②　エ－①

(☆☆◎◎◎)

【2】次の作品と作者の組み合わせとしてすべて正しいものを，1～4の中から1つ選びなさい。

1　『異邦人』カフカ　『変身』カミュ
　『赤と黒』スタンダール
2　『罪と罰』トルストイ　『猟人日記』ツルゲーネフ
　『戦争と平和』ドストエフスキー
3　『ファウスト』ゲーテ　『神曲』ダンテ
　『即興詩人』アンデルセン
4　『狭き門』ヘミングウェー　『大地』パール・バック
　『魔の山』トーマス・マン

(☆☆◎◎◎)

【3】次の俳句と作者の組み合わせとして正しいものを，1～4の中から1つ選びなさい。

1　我と来て遊べや親のない雀　－　小林一茶
2　春の海終日のたりのたりかな　－　服部嵐雪
3　目には青葉山ほととぎす初鰹　－　与謝蕪村
4　梅一輪一輪ほどの暖かさ　－　山口素堂

(☆☆◎◎◎)

【4】次のア～エは，都道府県の形を表したものです。記号と県名の組み合わせとして正しいものを，下の1～4の中から1つ選びなさい。(※海岸線は実線で，都道府県境は点線で示している。)

ア

イ

ウ

エ

1　ア　岐阜県　イ　栃木県　ウ　茨城県　エ　山形県
2　ア　奈良県　イ　栃木県　ウ　宮崎県　エ　秋田県
3　ア　岐阜県　イ　山梨県　ウ　宮崎県　エ　山形県
4　ア　奈良県　イ　山梨県　ウ　茨城県　エ　秋田県

(☆☆☆◎◎◎)

【5】次のA～Cは，市民革命に関する資料の要約です。これらを古い順に並べたときに，正しいものを，あとの1～4の中から1つ選びなさい。

A　われわれは，以下の真理を自明のものとみなす。人はすべて平等に創造されたこと。創造主によって，生来の侵されざる権利を与えられていること。そのなかには，生命，自由，幸福の追求が含まれている。　(アメリカ独立宣言(抄))

B　第1条　人は生まれながらに自由であり，権利において平等である。

社会的な区別は，共同の有益性にもとづく場合にのみ，設けることができる。

第3条　あらゆる主権の根源は，本質的に国民のうちにある。いかなる団体も個人も，明白に国民から由来するものでない権限を行使することはできない。　(フランス人権宣言(抄))

C　1　国王は，王権により，議会の承認なしに法律の効力を停止し，または法律の執行を停止しうる権限があるという主張は，違法である。

4　大権に名を借り，議会の承認なしに，議会が認めるよりも長期間にわたり，また議会が認めるのと異なった態様で，王の使用のために金銭を徴収することは，違法である。　(権利章典(抄))

1　B→C→A　　2　C→A→B　　3　C→B→A　　4　B→A→C

(☆☆☆◎◎◎)

【6】次の文は，第二次世界大戦後(1945～1951年)にはじまった日本の民主化政策について述べたものです。その内容として誤っているものを，次の1～4の中から1つ選びなさい。

1　教育基本法が制定され，教育振興基本計画の策定や生涯学習の理念が規定された。

2　政党の自由な政治活動と，20歳以上の男女の普通選挙が認められた。

3　民法が改正され，個人の尊厳と男女の平等にもとづく新たな家族制度が定められた。

4　農地改革が行われ，地主が持つ小作地を政府が強制的に買い上げて，小作人に安く売りわたし，その結果，多くの自作農が生まれた。

(☆☆☆◎◎◎)

【7】次の①～③は，主な経済思想家の著書を示したものです。著書と著者の組み合わせとしてすべて正しいものを，下の1～4の中から1つ選びなさい。

① 『諸国民の富』
② 『資本論』
③ 『雇用・利子および貨幣の一般理論』

1 ①－アダム・スミス ②－レーニン ③－ケインズ
2 ①－ケネー ②－レーニン ③－シュンペーター
3 ①－アダム・スミス ②－マルクス ③－ケインズ
4 ①－ケネー ②－マルクス ③－シュンペーター

(☆☆☆◎◎◎)

【8】次の1～4の中から正しいものを1つ選びなさい。

1 正六角形の1つの内角は，108°である。
2 3辺の長さが$\sqrt{30}$，$4\sqrt{5}$，$5\sqrt{5}$の三角形は直角三角形である。
3 6人の握力の記録がそれぞれ，29kg，30kg，34kg，38kg，42kg，45kgのとき，中央値は37kgである。
4 半径が6cm，面積が20π cm^2のおうぎ形の中心角は200°である。

(☆☆☆◎◎◎)

【9】次の図のように，2直線l：$y=-\frac{1}{2}x+7$，m：$y=\frac{1}{4}x$があり，lとmの交点をAとします。

また，線分OA上に動く点をPとし，Pを通りy軸に平行な直線とlとの交点をQとします。さらに，四角形PQRSが正方形になるように2点R，Sをとります。ただし，Sのx座標はPのx座標より小さいものとします。

点Pのx座標をtとし，点Sがy軸上にあるときの，tの値として正しいものを，あとの1～4の中から1つ選びなさい。

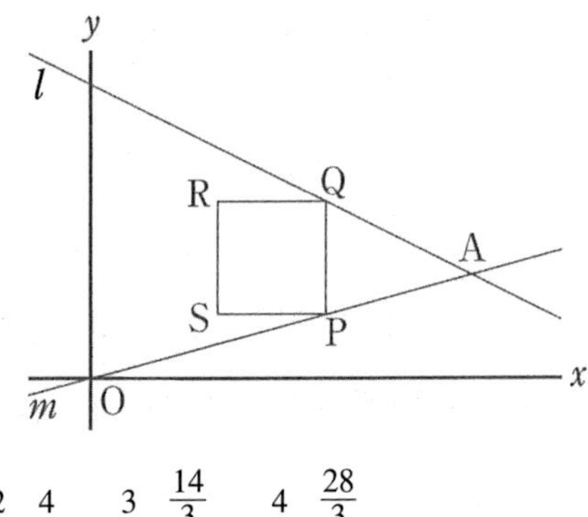

1　3　　2　4　　3　$\frac{14}{3}$　　4　$\frac{28}{3}$

(☆☆☆◎◎◎)

【10】次の図のように，線分ABと線分CDに平行で，線分ADと線分BCの交点をEとします。点Fは線分CD上の点で，線分EFと線分BDは平行です。

AB＝3cm，BD＝4cm，CD＝5cmであるとき，線分EFの長さとして正しいものを，下の1～4の中から1つ選びなさい。

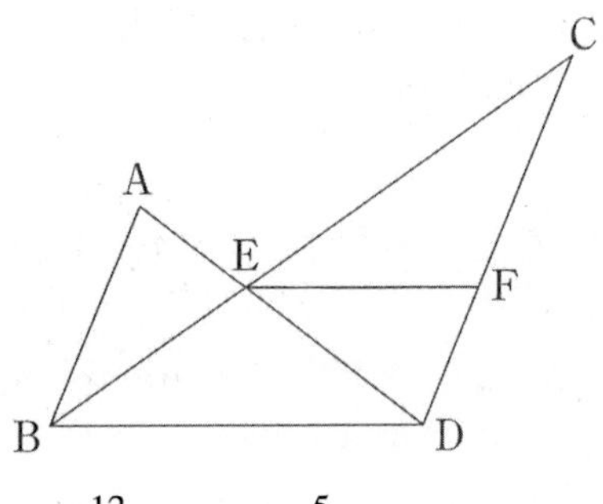

1　$\frac{3}{2}$cm　　2　$\frac{12}{5}$cm　　3　$\frac{5}{2}$cm　　4　3cm

(☆☆☆◎◎◎)

【11】次の図のような，体積250cm^3，質量200gの直方体の物体と水の入った容器があります。この直方体の物体を水の入った容器に入れたとき，物体の水中にある部分の体積は何cm^{3}ですか。最も適切なものを，下の1～4の中から1つ選びなさい。ただし，水の密度は1.00g/cm^{3}とします。

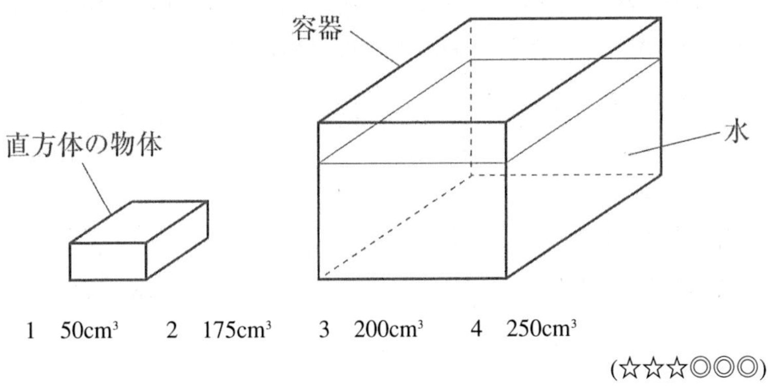

1　50cm^3　　2　175cm^3　　3　200cm^3　　4　250cm^3

(☆☆☆◎◎◎)

【12】塩化銅水溶液に電流を流したときに，陰極と陽極で発生する物質を化学式で表しました。その組み合わせとして最も適切なものを，次の1～4の中から1つ選びなさい。ただし，電極は炭素棒を使用するものとします。

1　陰極：Cu　　陽極：Cl_2　　2　陰極：Zn　　陽極：Cl_2
3　陰極：Cu　　陽極：Zn　　4　陰極：Cl_2　　陽極：Cu

(☆☆☆◎◎◎)

【13】次のア～エの生物のうち，菌類の組み合わせとして最も適切なものを，下の1～4の中から1つ選びなさい。

ア　ゼニゴケ　　イ　シイタケ　　ウ　酵母　　エ　アオミドロ

1　ア，イ　　2　イ，ウ　　3　ウ，エ　　4　ア，エ

(☆☆☆◎◎◎)

【14】日本付近を通過する低気圧の地表付近での風の吹き方を模式的に矢印で表したものとして最も適切なものを，次の1～4の中から1つ選びなさい。ただし，図の同心円は等圧線を表しています。

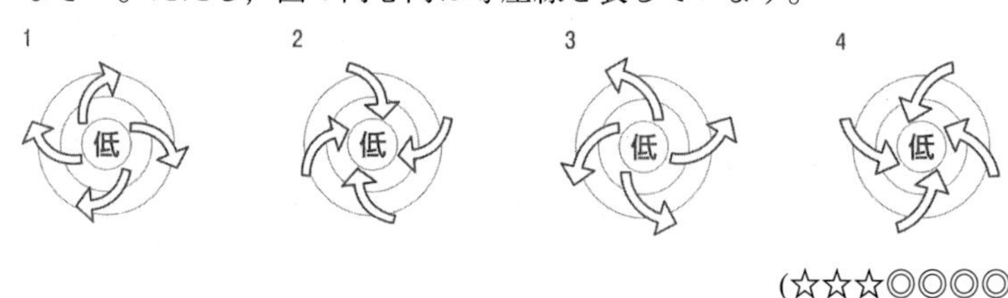

(☆☆☆◎◎◎◎)

【15】次の楽譜について，作詞者と作曲者の組み合わせとして正しいものを，下の1～4の中から1つ選びなさい。

	作詞者	作曲者
1	高野辰之	岡野貞一
2	清水かつら	成田為三
3	北原白秋	山田耕筰
4	三木露風	中山晋平

(☆☆◎◎◎)

【16】次のA～Dの作品と作者の組み合わせとして正しいものを，あとの1～4の中から1つ選びなさい。

A

B

C

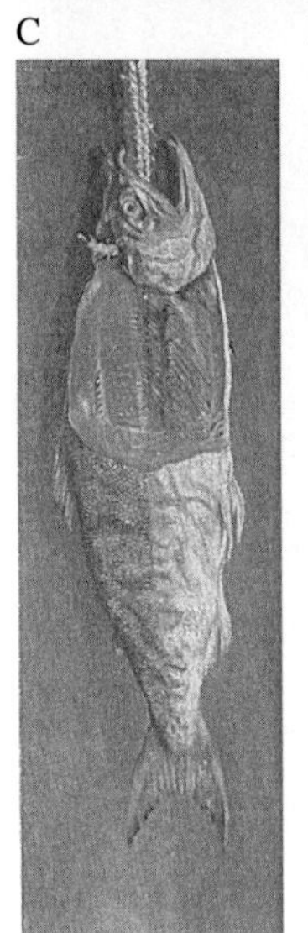

D

1	A	松本竣介	B	黒田清輝	C	青木繁	D	高橋由一
2	A	松本竣介	B	黒田清輝	C	高橋由一	D	青木繁
3	A	黒田清輝	B	青木繁	C	松本竣介	D	高橋由一
4	A	黒田清輝	B	青木繁	C	高橋由一	D	松本竣介

(☆☆☆◎◎◎)

【17】2019年に日本でワールドカップの開催が予定されている種目として正しいものを，次の1～4の中から1つ選びなさい。

1　サッカー　　2　卓球　　3　ラグビー　　4　野球

(☆☆☆◎◎◎)

【18】環境省で推進している「3R」の取組として適切でないものを，次の1～4の中から1つ選びなさい。

1　リサイクル　　2　リユース　　3　リデュース　　4　リフューズ

(☆☆◎◎◎)

【19】次のア～エの英語は何を説明していますか。組み合わせとして正しいものを，下の1～4の中から1つ選びなさい。

ア　the part of your body in your chest that pumps blood through your body

イ　a large organ in your body which produces bile and cleans your blood

ウ　the organ inside your body where food begins to be digested

エ　one of the two organs in your body that you breathe with

1　ア　肺　　イ　胃　　ウ　肝臓　　エ　心臓

2　ア　心臓　　イ　胃　　ウ　肝臓　　エ　肺

3　ア　肺　　イ　肝臓　　ウ　胃　　エ　心臓

4　ア　心臓　　イ　肝臓　　ウ　胃　　エ　肺

(☆☆◎◎◎)

【20】次の(　　)に入る最も適切な語を，下の1～4の中から1つ選びなさい。

A : How shall we go to Kyoto? Would you like to go in my car?

B : How long will it take?

A : Well, my father said it's possible to do the trip in five hours from Tokyo by car, but it (　　) on the traffic, of course. It could take ten!

B : I see.

1　drives　　2　gets　　3　puts　　4　depends

(☆☆☆◎◎◎)

【21】次の(　　)に入る最も適切な語を，下の1～4の中から1つ選びなさい。

A : You must come over for dinner with the family sometime.

B : Thank you very much. I'd like that.

A : How would Saturday evening (　　) you?

B : Yes, I'm free all day on Saturday.

1　request　　2　suit　　3　match　　4　meet

(☆☆☆◎◎◎)

【22】次の1～4の中から，下線部が正しいものを1つ選びなさい。

1　エボラ出血熱は，平成26年8月に国内感染が確認されたデング熱と同じように，蚊が媒介するウイルス性の感染症である。

2　平成26年9月27日に噴火した御嶽山は，気象庁が火山活動を24時間体制で常時観測・監視している47の火山(平成27年4月1日現在)の中に含まれていない。

3　欧州宇宙機関(ESA)の無人探査機「ロゼッタ」から切り離した着陸機「フィラエ」が，平成26年11月13日未明(日本時間)，彗星への着陸に世界で初めて成功した。

4　スウェーデン王立科学アカデミーは，明るく省エネルギーの白色光源を可能にした効率的な青色発光ダイオードの発明に対し，小柴昌俊，小林誠，益川敏英の3氏へ平成26年ノーベル物理学賞を授与した。

(☆☆☆◎◎◎)

【23】次の1～4の中から，下線部が誤っているものを1つ選びなさい。

1　平成26年3月7日，高さ300メートルの日本一の超高層複合ビル「あべのハルカス」が大阪市阿倍野区に全面開業した。

2　平成26年10月17日，太田国土交通相は，東京(東京駅)～大阪間のリニア中央新幹線の工事実施計画を認可した。

3　平成26年12月3日，小惑星探査機「はやぶさ2」を載せたH－ⅡAロケットが，鹿児島県の種子島宇宙センターから打ち上げられた。

4　平成27年3月27日，国宝であり世界文化遺産である姫路城は，大天守の保存修理工事を終えて一般公開された。

(☆☆☆◎◎◎)

【24】次の1～4の教育心理に関する文章の中から，下線部が誤っているものを1つ選びなさい。

1　防衛(適応)機制とは，合理的とはいえない方法で不安などの不快な感情状態を弱めたり避けたりして，心理的に安定な状態をつくろうとするこころのメカニズムである。

2　漢字の勉強をする場合に，一つのリストを覚えるように与えられるのと，同じレベルでも内容が異なる複数のリストから好きなものを選んで覚えるのでは，後者のほうが外発的動機づけが高まり，よく勉強することがわかっている。

3　ボウルビー(Bowlby)は，特定個体との近接を求めまたそれを維持しようとする傾向，あるいはその結果確立される情緒的絆そのものを愛着(attachment)と呼び，それが他のどのような要素にもまして発達全般の礎となることを強調した。

4　子どもは，課題を独力で解決できる限界(現時点での発達水準)と，その限界のうえに大人からヒントなどの援助を受けることにより解決できるレベル(潜在的な発達可能水準)をもつ。この発達可能水準の領域が最近接発達領域とよばれる。

(☆☆☆◎◎◎)

【25】次の1～4の中から，著者と著書の組み合わせとして正しいものを，1つ選びなさい。

	著　者	著　書
1	ブルーム	『人間悟性論』
2	ロック	『労作学校の概念』
3	イタール	『アヴェロンの野生児』
4	ケルシェンシュタイナー	『教育評価法ハンドブック』

(☆☆☆☆◎◎)

【26】日本の教育史について述べた文として正しいものを，次の1～4の中から1つ選びなさい。

1　律令国家の中央の官人養成機関としては大学寮などがあり，地方官人の養成機関としては，九州大宰府におかれた府学，国ごとにおかれた国学があった。

2　勧学院は，永享年間(1429～1441)に，上杉憲実によって再興・整備され，以後，関東における漢学研究の拠点として発展した。

3　藩校は，庶民の子供たちにその生活に必要な限りでの読み・書きの初歩を中心に，日常必須の算用なども併せて教授する私設の学校であった。

4　初代文部大臣に任命された森有礼は，明治19年に帝国大学令などの学校令を廃し，教育令を中心とした教育法令の制定によって，教育制度の整備をはかった。

(☆☆☆☆☆◎)

【27】次の1～4の中から，下線部が誤っているものを1つ選びなさい。

1　学校においては，児童生徒等の安全の確保を図るため，当該学校の実情に応じて，危険等発生時において当該学校の職員がとるべき措置の<u>具体的内容及び手順を定めた対処要領</u>(次項において「危険等発生時対処要領」という。)を作成するものとする。

(学校保健安全法第29条)

2　校長及び教員は，法律上必要があると認めるときは，文部科学大臣の定めるところにより，児童，生徒及び学生に懲戒を加えることができる。ただし，体罰を加えることはできない。

(学校教育法第11条)

3　いじめの防止等のための対策は，いじめが全ての児童等に関係する問題であることに鑑み，児童等が安心して学習その他の活動に取り組むことができるよう，学校の内外を問わずいじめが行われなくなるようにすることを旨として行われなければならない。

(いじめ防止対策推進法第3条)

4　職員は，職務上知り得た秘密を漏らしてはならない。その職を退いた後も，また，同様とする。　(地方公務員法第34条)

(☆☆☆☆☆◎)

【28】次の1～4の中から，下線部が誤っているものを1つ選びなさい。

1　地方公共団体は，その地域における教育の振興を図るため，その実情に応じた教育に関する施策を策定し，実施しなければならない。

(教育基本法第16条第3項)

2　すべて職員は，全体の奉仕者として公共の利益のために勤務し，且つ，職務の遂行に当つては，全力を挙げてこれに専念しなければならない。　(地方公務員法第30条)

3　小学校は，当該小学校に関する保護者及び地域住民その他の関係者の理解を深めるとともに，これらの者との連携及び協力の推進に資するため，当該小学校の教育活動その他の学校運営の状況に関する情報を積極的に提供するものとする。　(学校教育法第43条)

4　教育公務員は，その職責を遂行するために，勤務場所を離れて研修を行うことができる。　(教育公務員特例法第21条)

(☆◎◎◎◎◎)

【29】第2期教育振興基本計画(平成25年6月　閣議決定)の「第2部　今後5年間に実施すべき教育上の方策　Ⅰ　四つの基本的方向性に基づく方

策　1　社会を生き抜く力の養成」に示された「成果目標」でないものを，次の1～4の中から1つ選びなさい。

1「生きる力」の確実な育成

2　生涯を通じた自立・協働・創造に向けた力の修得

3　社会全体の変化や新たな価値を主導・創造する人材等の養成

4　社会的・職業的自立に向けた能力・態度の育成等

(☆☆☆◎◎◎)

【30】平成26年に策定された「第2期 生きる力と絆の埼玉教育プラン－埼玉県教育振興基本計画－(平成26年度～平成30年度)」において5つの基本目標として示されたものとして誤っているものを，次の1～4の中から1つ選びなさい。

1　一人一人を確実に伸ばす教育の推進

2　豊かな心と健やかな体の育成

3　質の高い学校教育を推進するための環境の充実

4　確かな学力と自立する力の育成

(☆☆☆☆◎)

【31】次の特別支援教育に関する1～4の文章の中から，下線部が誤っているものを1つ選びなさい。

1　自閉症のある児童生徒への指導には，実物や絵カード，写真などの視覚的手がかりを活用するなど，様々なコミュニケーション手段を用いることが有効である。

2　特別支援教育コーディネーターは，各学校における特別支援教育の推進のため，主に，校内委員会・校内研修の企画・運営，関係諸機関・学校との連絡・調整，保護者からの相談窓口などの役割を担うことと位置付けられている。

3　交流及び共同学習の実施に当たっては，双方の学校同士が十分に連絡を取り合い，指導計画に基づく内容や方法を事前に検討し，各学校や障害のある児童生徒一人一人の実態に応じた様々な配慮を行うなどして，組織的に計画的，継続的な交流及び共同学習を実施することが大切である。

4　特別支援学級の教育課程については，特別支援学級が小学校・中学校に設けられているが，特別支援学校小学部・中学部学習指導要領に基づいて編成しなければならない。

(☆☆☆◎◎◎)

【32】次は，平成25年度「児童生徒の問題行動等生徒指導上の諸問題に関する調査」(平成26年10月　文部科学省)の暴力行為といじめの状況について説明した文章です。(　ア　)～(　エ　)にあてはまる語句の組み合わせとして正しいものを，下の1～4の中から1つ選びなさい。

○　暴力行為の発生件数は，前年度に比べ，小学校，中学校では(　ア　)しており，高等学校では(　イ　)している。

○　いじめの現在の状況で「解消しているものの件数割合」は，前年度に比べ，(　ウ　)している。

○　いじめの発見のきっかけは，(　エ　)が最も多い。

	ア	イ	ウ	エ
1	減少	増加	増加	本人からの訴え
2	増加	減少	減少	アンケート調査など学校の取組により発見
3	減少	増加	増加	学級担任が発見
4	増加	減少	減少	本人の保護者からの訴え

(☆☆☆☆◎◎◎)

【33】次は，平成25年度「児童生徒の問題行動等生徒指導上の諸問題に関する調査」(平成26年10月　文部科学省)の不登校に関する内容を説明した文章です。適切でないものを，1～4の中から1つ選びなさい。

1　小・中学校における不登校児童生徒数は前年度に比べて増加しているが，高等学校における不登校生徒数は前年度に比べて減少している。

2　学年別不登校児童生徒数では，小学校では6年生，中学校では3年生が最も数が多い。

3　不登校になったきっかけと考えられる状況は，小・中学校では不安など情緒的混乱が最も割合が高いが，高等学校ではあそび・非行の割合が最も高い。

4　「『指導の結果登校する又はできるようになった児童生徒』に特に効果のあった学校の措置」として，「家庭への働きかけ」のうち「登校を促すため，電話をかけたり迎えに行くなどした。」が挙げられている。

(☆☆☆☆◎◎◎)

解答・解説

【1】4

〈解説〉漢字に関しては同音(訓)異義語や類似の字形に注意すること。特に，四字熟語については正確な読みや意味，語源なども学習しておくこと。なお，「快刀乱麻」はこじれた物事を非常にあざやかに処理し解決すること，「一騎当千」は並外れた才能や技術を持った人のことを指す。

【2】3

〈解説〉外国文学に関しては，国籍ごとに作家と作品を整理しておこう。ドイツ文学者としてはゲーテ，トーマス・マン，カフカ，フランス文学者としてはスタンダール，カミュ，ロシア文学者としてはトルストイ，ドストエフスキー，ツルゲーネフ，アメリカ文学者としてはヘミングウェー，パール・バック等があげられる。

【3】1

〈解説〉すべて江戸時代の俳句であり，名句として知られる。そのため，俳句の作者は知っておきたい。また，季語についても確認しておくこと。1の季語は「雀」(春)，2の作者は与謝蕪村で季語は「春の海」，3の作者は山口素堂で，季語は「青葉・ほととぎす・初鰹」(夏)，4の作者は服部嵐雪で，季語は「梅」(寒梅・冬)である。

【4】2

〈解説〉各都道府県の形は，地理的特徴を確認しておくこと。本問について，ウは茨城県と宮崎県の2択だが，地図に霞ヶ浦がないので宮崎県，エは山形県と秋田県の2択だが地図に男鹿半島があることから秋田県であり，2が正答と判断できる。

【5】2

〈解説〉資料の内容は知らなくとも，各資料の最後にある事項が起きた年を知っていれば解答できる。Aは1776年，Bは1789年，Cは1689年である。

【6】1

〈解説〉教育振興基本計画は，平成18年の教育基本法の改正を受けて策定されたものである。

【7】3

〈解説〉ケネーの主著として『経済表』，レーニンの主著として『帝国主義論』『国家と革命』，シュンペーターの主著として『資本主義・社会主義・民主主義』があげられる。

【8】4

〈解説〉1　正六角形の1つの内角は，$\frac{180\times(6-2)}{6}=120$〔°〕である。

2　$4\sqrt{5}=\sqrt{80}$，$5\sqrt{5}=\sqrt{125}$ より，$\sqrt{30}<4\sqrt{5}<5\sqrt{5}$ である。$(5\sqrt{5})^2=125$…①，$(\sqrt{30})^2+(4\sqrt{5})^2=30+80=110$…②であり，①≠②と三平方の定理が成立しないため直角三角形ではない。

3　中央値は資料の値を大きさの順に並べたときの中央の値である。よって，$\frac{34+38}{2}=36$〔kg〕である。　4　おうぎ形の中心角の大きさと面積は比例する。おうぎ形の中心角をx°とすると，$\frac{x}{360}=\frac{20\pi}{\pi\times6^2}=\frac{5}{9}$より，$x°=360\times\frac{5}{9}=200$〔°〕となる。

【9】2

〈解説〉点Pのx座標をtとすると，問題の条件より，3点P，Q，Sの座標はそれぞれ，$P\left(t,\ \frac{1}{4}t\right)$，$Q\left(t,\ -\frac{1}{2}t+7\right)$，$S\left(t-\left(-\frac{1}{2}t+7-\frac{1}{4}t\right),\ \frac{1}{4}t\right)=\left(\frac{7}{4}t-7,\ \frac{1}{4}t\right)$と表される。点Sが$y$軸上にあるためには，$\frac{7}{4}t-7=0$，これを解いて，$t=4$となる。

【10】3

〈解説〉AB//CDだから，平行線と線分の比の定理より，CE：EB＝CD：AB＝5：3である。また，EF//BDだから平行線と線分の比の定理より，EF：BD＝CE：CB＝5：(5＋3)＝5：8である。よって，$EF=\frac{5\times BD}{8}=\frac{5\times4}{8}=\frac{5}{2}$〔cm〕である。

【11】3

〈解説〉浮かんでいる物体では，浮力と重力がつりあっている。この直方体の重力は200gであるから浮力も同じである。また，浮力は押しのけた水の重さに等しいので，この直方体が水中にある部分の体積を$x$cm^{3}とすると，$x\times1.0=200$，$x=200$〔cm^3〕となる。

【12】1

〈解説〉陰極では，水溶液中の銅イオンが$Cu^{2+}+2e^-\rightarrow Cu$のように電子を受け取って金属の銅が析出する。陽極では水溶液中の塩化物イオンが$2Cl^-\rightarrow Cl_2+2e^-$のように電子を放出して，気体の塩素が発生する。

【13】2

〈解説〉キノコやカビ，酵母などが菌類に属する。なお，ゼニゴケはコケ類，アオミドロは藻類に属する。

【14】4

〈解説〉北半球の場合，低気圧では反時計回りに内側に向かって風が吹き込む。

【15】1

〈解説〉音譜が読めなくても歌詞から考えればよい。問題の曲は小学校第6学年の音楽の歌唱共通教材「おぼろ月夜」であり，高野辰之作詞，岡野貞一作曲である。作詞者，作曲者が同じ曲としては「ふるさと」「春の小川」「もみじ」などがあげられる。

【16】2

〈解説〉Aは昭和前期の日本美術界に大きな足跡を残し，36歳で没した松本竣介の代表作「立てる像」，Bは日本近代洋画の父といわれる黒田清輝の最高傑作「湖畔」，Cは日本で最初の洋画家といわれる高橋由一の「鮭」，Dは明治時代を代表する洋画家で28歳で没した青木繁の「海の幸」であり，B，C，Dはいずれも国の重要文化財である。

【17】3

〈解説〉2020年に開催される東京オリンピックはよく知られているが，2019年ラグビーワールドカップは盲点になっていると思われるので注意したい。会場として新国立競技場や横浜国際総合競技場，札幌ドーム等，全国12箇所で行われる予定である。

【18】4

〈解説〉リフューズとは過剰な包装などを断ること。3Rにリフューズとリペアをあわせたものが5Rとして提唱されていることに注意したい。

【19】4

〈解説〉見慣れない単語が並ぶが，あきらめないでじっくりと読み，知っている単語を探そう。ウにはfood「食べ物」，digest「消化する」があり，「胃」のことであることがわかる。またエにはtwo organs「2つの臓器」，breathe「息をする」があり，「肺」であることがわかり，この2つがわかれば正答4を選べる。なおchestは「胸」，bileは「胆汁」のことである。

【20】4

〈解説〉京都旅行について話をしているシーン。車で行くことにしようとする話があり，「どれくらい時間がかかるの」とBが尋ねている。それに対する回答であり得るのはdependで，onを伴って「…次第である」の意味で，Aは「交通手段次第です」と答えている。1のdrive onは「追い立てる」，2のget onは「乗る」，3のput onは「身につける」という意味である。

【21】2

〈解説〉Aが夕食に来るように強く誘っている。それを承諾したBに対して，Aは都合を尋ねている。日本語にすると紛らわしい単語が並ぶが，match「調和する」，meet「会う」の意味。正答のsuitは「都合が合う」の意味である。

【22】3

〈解説〉1　エボラ出血熱については蚊が媒介するという説もあるが，明確な感染経路は確定していない。　2　この常時観測火山には富士山や箱根山，雲仙岳，桜島などが含まれる。　4　正しくは赤崎勇，天野浩，中村修二の3氏である。

【23】2

〈解説〉東京(東京駅)～大阪間ではなく，「東京(品川駅)～名古屋間」が正しい。なお，リニア中央新幹線は東京－名古屋－大阪間を約1時間で結ぶとしている。

【24】2

〈解説〉1と迷うかもしれないが，2は「外発的動機づけ」ではなく，「内発的動機づけ」が正しい。「内発的動機づけ」は学習に自発的に取り組み，さらに学習それ自体が目標になっている意欲のことであり，「外発的動機づけ」は主に他者からのプレッシャーによって学習に取り組み，学習それ自体は手段となっている意欲である。漢字の学習をする場合に，内容が異なるリストから好きなものを選んで覚えるのであれば，学習者はその自主的な選択を通じてその学習に積極的に取り組み，課題を達成すれば有能感も得られるので，内発的動機づけが高まると考えられる。

【25】3

〈解説〉1　ブルーム(1913～99)は完全取得学習や学習評価を診断的評価・形成的評価・総括的評価に分けて考察した教育心理学者として知られ，その著作に『教育評価法ハンドブック』がある。　2　ロック(1632～1704)は17世紀のイギリスの哲学者で，その著書として『人間悟性論』『市民政府二論(統治二論)』がある。　3　イタール(1774～1838)はフランスの医学者で障害児教育に尽力したことで知られる。アヴェロンの森で発見された野生児を教育したその研究成果にまとめた著作が『アヴェロンの野生児』である。　4　ケルシェンシュタイナー(1854～1932)はドイツの教育学者で，手工的労作を基本に児童生徒の自発的活動を重視する教育，すなわち労作教育説を主張した。その著作が『労作学校の概念』である。

【26】1

〈解説〉2　上杉憲実が再興・整備したのは足利学校である。勧学院は平安時代に藤原氏がつくった大学別曹である。　3　寺子屋の説明である。　4　森有礼は明治19年に教育令を廃して，帝国大学令などの学校令を制定して，教育制度の整備をはかった。

【27】2
〈解説〉どれも重要条文であるので，全文暗記が望ましい。2は「法律上必要があると認めるときは」ではなく，「教育上必要があると認めるときは」が正しい。

【28】4
〈解説〉4　教育公務員特例法第21条第1項では「勤務場所を離れて研修を行うことができる」ではなく，「絶えず研究と修養に努めなければならない」と規定している。ちなみに，同法第22条第2項で「教員は，授業に支障のない限り，本属長の承認を受けて，勤務場所を離れて研修を行うことができる」と規定している。

【29】3
〈解説〉「第2期教育振興基本計画」(平成25年6月14日閣議決定)における4つの基本的方向性のうち，「1　社会を生き抜く力の養成」の成果目標として，「生きる力の確実な育成」「課題探求能力の修得」「生涯を通じた自立・協働・創造に向けた力の修得」「社会的・職業的自立に向けた能力・態度の育成等」の4つが示されている。

【30】1
〈解説〉「第2期 生きる力と絆の埼玉県教育プラン－埼玉県教育振興基本計画－」は基本目標として「確かな学力と自立する力の育成」「豊かな心と健やかな体の育成」「質の高い学校教育を推進するための環境の充実」「家庭・地域の教育力の向上」「生涯にわたる学びの支援とスポーツの推進」の5つが示されている。

【31】4

〈解説〉特別支援学級は，小学校・中学校・中等教育学校前期課程に設置されるので，基本的には小学校・中学校学習指導要領に沿って教育が行われる。しかしながら，子どもの実態に応じて特別支援学校の学習指導要領等を参考にして特別の教育課程も編成することができる(学校教育法施行規則第138条参照)。

【32】2

〈解説〉ア～イについて，暴力行為の発生件数は小学校が10,896件(前年度8,296件)，中学校が40,246件(前年度38,218件)と，前年度に比べて増加している。それに対し，高等学校が8,203件(前年度9,322件)と前年度に比べて減少している。ウについて，いじめの現在の状況で「解消しているものの件数割合」は88.1%(前年度89.4%)と前年度に比べて減少している。エについて，いじめの発見のきっかけは，「アンケート調査など学校の取組により発見」が52.3%で最も多く，以下，「本人からの訴え」が16.8%，「学級担任が発見」が12.8%となっている。

【33】3

〈解説〉不登校になったきっかけと考えられる主な状況について，小・中学校では「不安など情緒的混乱」が28.1%，「無気力」が25.6%，「いじめを除く友人関係をめぐる問題」が15.0%だが，高等学校では「無気力」が30.3%，「不安など情緒的混乱」16.5%，「あそび・非行」が12.3%となっている。

2015年度 実施問題

※本年度実施分より，全校種共通の問題で実施されることになりました。

【1】次の下線部の漢字の読み方がすべて異なるものを，1～4の中から1つ選びなさい。

1　生粋の江戸っ子　　殺生を禁ずる　　生計を立てる
2　仏道に帰依する　　親に依存する　　旧態依然とした会社
3　内閣を組織する　　内緒の話をする　　内裏雛を飾る
4　時計を分解する　　政権が瓦解する　　この薬は解熱作用がある

(☆☆☆◎◎◎◎)

【2】次の作品と作者の組み合わせがすべて正しいものを，1～4の中から1つ選びなさい。

1　『山家集』西行　　『風姿花伝』源実朝
　『金槐和歌集』後白河法皇
2　『更級日記』菅原孝標女　　『十六夜日記』阿仏尼
　『蜻蛉日記』藤原道綱母
3　『国性爺合戦』井原西鶴　　『日本永代蔵』近松門左衛門
　『玉勝間』本居宣長
4　『雨月物語』上田秋成　　『東海道中膝栗毛』滝沢馬琴
　『南総里見八犬伝』十返舎一九

(☆☆☆◎◎◎◎)

【3】『万葉集』の歌風を示した語として適切なものを，1～4の中から1つ選びなさい。

1　ますらをぶり

2　たをやめぶり

3　有心

4　幽玄

(☆☆☆◎◎◎◎)

【4】次の表は，埼玉県，大阪府，鹿児島県，沖縄県の1人あたりの県民所得，農業産出額，製造品出荷額等，年間商品販売額を示したものです。表中の①～④にあたる府県の組み合わせとして正しいものを，下の1～4の中から1つ選びなさい。

表

	1人あたりの県民所得 (千円)　(2010年)	農業産出額 (億円)　(2011年)	製造品出荷額等 (億円)　(2011年)	年間商品販売額 (十億円)　(2007年)
①	2,396	4,069	18,532	4,027
②	2,821	341	167,419	61,661
③	2,025	800	6,125	2,605
④	2,782	1,967	122,904	15,154

(「データでみる県勢　2014年版」より作成)

1　①　沖縄県　②　埼玉県　③　鹿児島県　④　大阪府

2　①　鹿児島県　②　大阪府　③　沖縄県　④　埼玉県

3　①　沖縄県　②　大阪府　③　鹿児島県　④　埼玉県

4　①　鹿児島県　②　埼玉県　③　沖縄県　④　大阪府

(☆☆☆◎◎◎)

【5】次は，日本の高度経済成長期の同じ年にあったできごとの写真です。この2つより後のできごとを，下の1～4の中から1つ選びなさい。

写真

1　米・英・ソが部分的核実験停止条約(PTBT)を調印した。

2　アジア・アフリカ会議が，29か国の参加によりインドネシアのバンドンで開かれた。

3　日中共同声明によって中国との国交が正常化した。

4　日ソ共同宣言が調印され，ソ連との間で国交が回復した。

(☆☆☆◎◎◎◎)

【6】次の表は，産業革命初期の主要な技術革新に携わった人物とその内容について表したものです。組み合わせとして正しいものを，1～4の中から1つ選びなさい。

表

	人物	内容
1	ジョン＝ケイ	ミュール紡績機を発明
2	アークライト	飛び杼を発明
3	カートライト	力織機を発明
4	クロンプトン	水力紡績機を発明

(☆☆☆◎◎◎)

【7】次の文章を読み，文章中の[　①　]～[　③　]に入る語の組み合わせとして正しいものを，下の1～4の中から1つ選びなさい。

健康保険や厚生年金の財政は，比較的安定しているが，国民健康保険や国民年金は，赤字となる傾向が見られる。制度間の格差をなくすため，保険どうしを統合する試みがなされるようになった。さらに，高齢化が進み，政府は新たな対応をせまられたため，介護保険制度や[　①　]が導入された。[　②　]歳以上の人が加入し，介護が必要になった時にサービスが受けられるというのが介護保険制度である。一方，[　①　]が導入されたことによって，[　③　]歳以上の高齢者は国民健康保険や健康保険から切り離され，独自の保険に加入することになった。

1　①　後期高齢者医療制度　②　40　③　75
2　①　後期高齢者医療制度　②　45　③　70
3　①　高齢者医療制度　②　40　③　70
4　①　高齢者医療制度　②　45　③　75

(☆☆☆◎◎◎)

【8】次の1～4の中から正しいものを，1つ選びなさい。

1　0から10までの整数のうち，素数は5つある。

2　-7の平方根は，$\pm\sqrt{7}$ である。

3　直径12cmの球の体積は$288\pi\,\mathrm{cm}^3$である。

4　$y=-3x^2$で，定義域が$-2\leqq x\leqq 1$であるときの値域は$-12\leqq y\leqq -3$である。

(☆☆☆◎◎◎)

【9】次の図のような平行四辺形ABCDの辺BC上に点Eをとり，線分AEと線分BDとの交点をFとします。また，辺BC上に点GをAB//FGとなるようにとります。AD＝8cm，EC＝2cmのときの線分EGの長さとして正しいものを，下の1～4の中から1つ選びなさい。

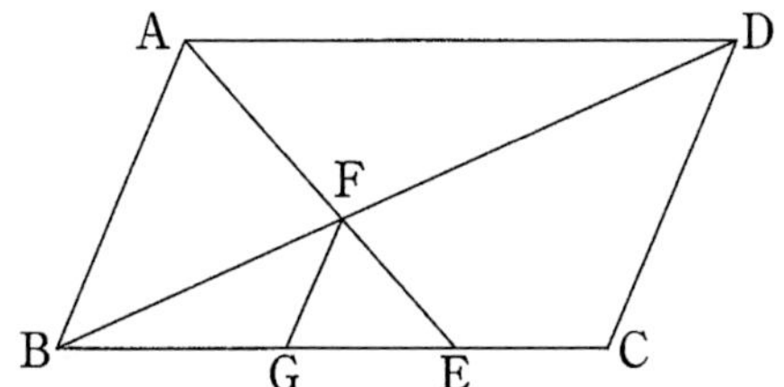

1　2cm　　2　$\frac{18}{7}$cm　　3　3cm　　4　$\frac{24}{7}$cm

(☆☆☆◎◎◎)

【10】次の図の曲線lは$y=\frac{1}{2}x^2$，直線mは一次関数のグラフです。lとmとの2つの交点をそれぞれ点A，Bとするとき，点Aのx座標は-2，点Bのx座標は4となっています。

正方形PQRSの1辺の長さは1cmで，点Pが線分AB上に，点Rがl上にあります。辺PSがx軸に平行になるときの，点Pのx座標として正しいものを，あとの1～4の中から1つ選びなさい。

ただし，座標軸の単位の長さは1cmとします。

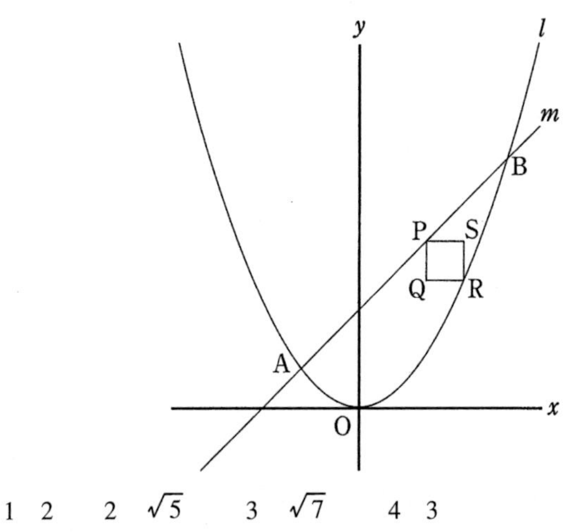

1　2　　2　$\sqrt{5}$　　3　$\sqrt{7}$　　4　3

(☆☆☆◎◎◎)

【11】図のような直列回路と並列回路をつくり，回路に流れる電流の大きさI_1～I_4をはかりました。I_1～I_4の関係として正しいものを，下の1～4の中から1つ選びなさい。ただし，直列回路，並列回路ともに使っている電池と豆電球の種類や個数はすべて同じです。

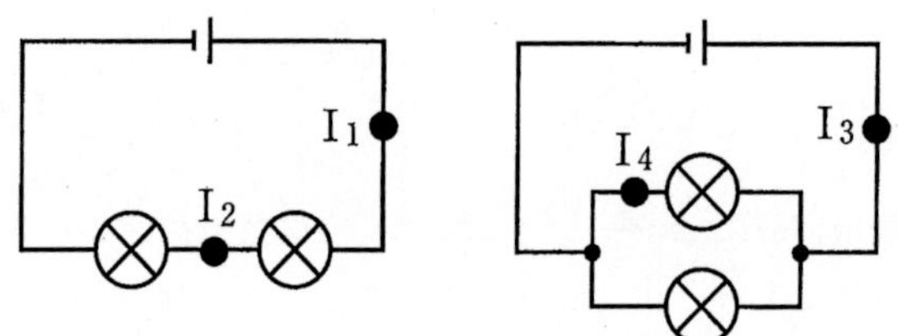

1　$I_1 < I_2$
2　$I_1 > I_4$
3　$I_2 < I_3$
4　$I_3 < I_4$

(☆☆☆◎◎◎)

【12】次のア～オの物体のうち，電流が流れる性質をもつが，磁石には引き付けられないものが2つあります。組み合わせとして正しいものを，下の1～4の中から1つ選びなさい。

ア　スチールウール　　イ　ガラスのコップ　　ウ　アルミニウム箔
エ　ペットボトル　　　オ　10円玉

1　アウ　　2　アエ　　3　イオ　　4　ウオ

(☆☆◎◎◎)

【13】次のア～オのうち，種子をつくらない植物の組み合わせとして正しいものを，下の1～4の中から1つ選びなさい。

ア　ワラビ　　イ　スギナ　　ウ　マツ　　エ　トウモロコシ
オ　イチョウ

1　アイ　　2　アオ　　3　イウ　　4　エオ

(☆☆◎◎◎)

【14】埼玉県で1月15日の22時に，ある恒星が真南に見えました。1か月後に同じ場所でその恒星を真南に見るためには，何時に見ればよいですか。次の1～4の中から最も適切なものを1つ選びなさい。

1　20時　　2　21時　　3　22時　　4　23時

(☆☆☆◎◎◎◎)

【15】次の表は日本の伝統音楽と関係のある楽器名について表したものです。組み合わせとして適切でないものを，次の1～4の中から1つ選びなさい。

表

	伝統音楽の種類	楽器名
1	雅楽	笙
2	能楽	小鼓
3	義太夫節	尺八
4	地歌	三味線

(☆☆☆◎◎◎)

【16】次のA～Cの作品について，制作された年代を古い順に正しく並べたものを，あとの1～4の中から1つ選びなさい。

A

《南大門 金剛力士立像 阿形》東大寺

B

《弥勒菩薩半跏思惟像》広隆寺

C

《阿弥陀如来坐像》平等院

1　A→B→C　　2　B→A→C　　3　B→C→A　　4　C→B→A

(☆☆☆◎◎◎)

【17】次は，2004年から2020年までのオリンピック競技大会(夏季)の開催地(国)を示したものです。①，②に入る組み合わせとして正しいものを，下の1～4の中から1つ選びなさい。

2004年 → 2008年 → 2012年 → 2016年 → 2020年
アテネ(ギリシャ)　北京(中国)　(　①　)　(　②　)　東京(日本)

1　①　バルセロナ(スペイン)
　　②　リオ・デ・ジャネイロ(ブラジル)
2　①　リオ・デ・ジャネイロ(ブラジル)
　　②　ロンドン(イギリス)
3　①　ロンドン(イギリス)

　② リオ・デ・ジャネイロ(ブラジル)
4 ① ロンドン(イギリス)
　② バルセロナ(スペイン)

(☆☆☆◎◎◎)

【18】農林水産省の和食紹介リーフレットに示された和食の特徴として，内容が適切でないものを，次の1～4の中から1つ選びなさい。

1 「うま味」を上手に使い，動物性油脂の少ない食生活を実現している。
2 食事の場で，自然の美しさや四季の移ろいを表現している。
3 正月などの年中行事との密接な関わりがある。
4 平成25年12月にユニセフが無形文化遺産に指定した。

(☆☆☆◎◎◎)

【19】次のア～エの英語は何を説明していますか。組み合わせとして正しいものを，下の1～4の中から1つ選びなさい。

ア a three-sided shape in which two of the sides are the same length
イ a flat shape with four sides in which each side is the same length as the side opposite it and parallel to it
ウ a three-sided shape in which one of the interior angles is right
エ a shape with four sides, of which only two are parallel

1 ア 二等辺三角形 イ 台形 ウ 直角三角形
　エ 平行四辺形
2 ア 直角三角形 イ 平行四辺形 ウ 二等辺三角形
　エ 台形
3 ア 二等辺三角形 イ 平行四辺形 ウ 直角三角形
　エ 台形
4 ア 直角三角形 イ 台形 ウ 二等辺三角形
　エ 平行四辺形

(☆☆☆◎◎◎)

【20】次の(　　)に入る最も適切な語を，下の1～4の中から1つ選びなさい。

A : Well, Mr. Green, have you looked over the plan we proposed to you?

B : Yes. I'm interested in finding out more about it. Are you busy today?

A : I'm (　　) from 1:00 p.m. to 5:00 p.m.

B : Can we meet in my office at 3:00 p.m.?

A : That's fine.

1　urgent　　2　convenient　　3　available　　4　upset

(☆☆☆◎◎◎)

【21】次の(　　)に入る最も適切な語句を，下の1～4の中から1つ選びなさい。

A : I'm not good at speaking English. So I had a lot of trouble when I was traveling abroad. How can I improve my English?

B : Persistence (　　). Working hard every day is very important.

A : I see.

1　goes on　　2　pays off　　3　rises up　　4　grows well

(☆☆☆◎◎◎)

【22】次の1～4の中から，下線部が正しいものを1つ選びなさい。

1　平成26年5月現在，2020年東京オリンピックの競技会場として埼玉県内では<u>浦和駒場スタジアム</u>(サッカー)，霞ヶ関カンツリー倶楽部(ゴルフ)，陸上自衛隊朝霞訓練場(射撃)が予定されている。

2　第37回全国育樹祭式典行事が，皇太子殿下をお迎えして，平成25年11月17日に<u>さいたまスーパーアリーナ</u>で行われた。

3　埼玉県出身の若田光一宇宙飛行士は，平成26年5月に日本人初の<u>スペースシャトル</u>のコマンダー(船長)として任務を果たし，帰還した。

4　埼玉県教育委員会からの教育に関する最新情報を伝える月刊メールマガジン「<u>教育さいたマガジン</u>」は，平成26年1月21日発行の第121号で，10周年を迎えた。

(☆☆☆◎◎◎)

【23】平成25年1月から12月までの間に起きたア～エのできごとについて，起きた順に正しく並べたものを，下の1～4の中から1つ選びなさい。

ア　2020年の夏季オリンピック・パラリンピックの開催都市として東京が選ばれた。

イ　日本漢字能力検定協会が制定する「今年の漢字」の第1位が「輪」と発表された。

ウ　高知県四万十市で，日本国内の観測史上最高気温となる41.0度が観測された。

エ　テレビ放送(NHKと在京民放5社)における東京スカイツリーからの本放送が開始された。

1　ウ→ア→イ→エ

2　ウ→エ→ア→イ

3　エ→ア→イ→ウ

4　エ→ウ→ア→イ

(☆☆☆◎◎◎)

【24】次の1～4の中から，下線部が誤っているものを1つ選びなさい。

1　<u>発達加速現象</u>とは，世代が進むにつれ，体格の成長や性成熟が早まり，より早く大人のレベルに達していく現象のことをいう。

2　もともと学習に対する内発的動機づけの高い子供に対して，「テストで良い点をとれば御褒美をあげる」のような外的な報酬を与えることによって，子供の学習に対する内発的動機づけが<u>低下する</u>現象をアンダーマイニング効果という。

3　記憶方略として情報の反復提示は有効であるが，同じ回数を反復する場合では，連続して集中提示するよりも時間間隔を空けて分散提示する方が記憶の長期保持に<u>効果的である</u>。

4　プログラム学習には，すべての学習者が同じ内容を同じ順番で学習する直線型プログラムと，学習者の正誤の内容に応じて修正用フレームに分岐する分岐型プログラムがある。数学の文章題や図形問題のような複雑な問題解決の課題を扱う場合は<u>直線型プログラム</u>が適している。

(☆☆☆☆◎◎)

【25】教育史に関する〔人物〕,〔事柄や著書〕の組み合わせとして正しいものを，下の1～4の中から1つ選びなさい。

〔人物〕

① カント　　② パーカースト

③ シュプランガー　　④ ブルーナー

〔事柄や著書〕

ア ドルトン・プラン　　イ 発見学習

ウ 『生の形式』　　エ 『純粋理性批判』

1 ①－エ ②－ア ③－ウ ④－イ

2 ①－ア ②－ウ ③－エ ④－イ

3 ①－ウ ②－ア ③－イ ④－エ

4 ①－エ ②－イ ③－ア ④－ウ

(☆☆☆◎◎◎)

【26】日本の教育史に関する人物と，それぞれの人物に最も関連の深い教育機関の組み合わせとして正しいものを，次の1～4の中から1つ選びなさい。

	人物	教育機関
1	空海	綜芸種智院
2	緒方洪庵	閑谷学校
3	新島襄	適塾
4	池田光政	同志社

(☆☆☆◎◎◎)

【27】次の1～4の中から，下線部が誤っているものを1つ選びなさい。

1　すべて国民は，ひとしく，その能力に応じた教育を受ける機会を与えられなければならず，人種，信条，性別，社会的身分，経済的地位又は門地によって，教育上差別されない。　(教育基本法第4条)

2　校長は，感染症にかかつており，かかつている疑いがあり，又はかかるおそれのある児童生徒等があるときは，政令で定めるところにより，出席を停止させることができる。(学校保健安全法第19条)

3　校長及び教員が児童等に懲戒を加えるに当っては，児童等の心身の発達に応ずる等教育上必要な配慮をしなければならない。

(学校教育法施行規則第26条)

4　学校，児童福祉施設，病院その他児童の福祉に業務上関係のある団体及び学校の教職員，児童福祉施設の職員，医師，保健師，弁護士その他児童の福祉に職務上関係のある者は，児童虐待を発見しやすい立場にあることを自覚し，児童虐待の通告に努めなければならない。　(児童虐待の防止等に関する法律第5条)

(☆☆☆◎◎◎)

【28】次の1～4の中から，下線部が誤っているものを1つ選びなさい。

1　職員は，職務上知り得た秘密を漏らしてはならない。その職を退いた後も，また，同様とする。　(地方公務員法第34条)

2　小学校には，設置者の定めるところにより，校長の職務の円滑な執行に資するため，必要に応じ，校務を分担する主任等を置くことができる。　(学校教育法施行規則第48条)

3　教育は，人格の完成を目指し，平和で民主的な国家及び社会の形成者として必要な資質を備えた心身ともに健康な国民の育成を期して行われなければならない。　(教育基本法第1条)

4　免許状は，普通免許状，特別免許状及び臨時免許状とする。

(教育職員免許法第4条)

(☆☆☆◎◎◎)

【29】第2期教育振興基本計画(平成25年6月　閣議決定)の「第1部　我が国における今後の教育の全体像　Ⅲ　四つの基本的方向性」に示された「四つの基本的方向性」でないものを，次の1～4の中から1つ選びなさい。

1　社会を生き抜く力の養成
2　未来への飛躍を実現する人材の養成
3　学びのセーフティネットの構築
4　社会教育推進体制の強化

(☆☆☆◎◎◎)

【30】平成26年度埼玉県教育行政重点施策に示された「重点的な取組」の項目でないものを，次の1～4の中から1つ選びなさい。

1　協調学習など主体的な学びを促す授業の推進
2　ふるさと学習の推進
3　グローバル化の進展に対応する力を育む教育の推進
4　子育ての目安「3つのめばえ」の活用促進

(☆☆☆◎◎◎)

【31】次の1～4の中から，下線部が誤っているものを1つ選びなさい。

1　知的障害のある子供の学習上の特性として，習得した知識や技能が実際の生活に<u>応用されにくい</u>傾向がある。
2　「合理的配慮」とは，障害者の権利に関する条約において提唱された概念であり，障害のある子供が他の子供と平等に「教育を受ける権利」を享有・行使することを確保するために行われる必要かつ適当な変更・調整であり，<u>障害の状態や教育的ニーズ等に応じて個別に</u>提供されるものである。
3　<u>個別の指導計画</u>とは，障害のある幼児児童生徒一人一人に必要とされる教育的ニーズを正確に把握し，長期的な視点で乳幼児期から学校卒業後までを通じて，一貫した的確な支援を行うために，教育・福祉・医療・労働等の関係機関が連携して支援するための計画をいう。

4　学習障害は，注意欠陥多動性障害や自閉症などの別の障害と<u>併存することがある</u>。

(☆☆☆◎◎◎)

【32】次は，「いじめ防止対策推進法第2条」の一部です。(　ア　)～(　ウ　)に入る語句の組み合わせとして正しいものを，下の1～4の中から1つ選びなさい。

この法律において「いじめ」とは，児童等に対して，当該児童等が在籍する学校に在籍している等当該児童等と一定の人的関係にある他の児童等が行う(　ア　)又は物理的な(　イ　)を与える行為(インターネットを通じて行われるものを含む。)であって，当該行為の対象となった児童等が(　ウ　)の苦痛を感じているものをいう。

	ア	イ	ウ
1	暴力的	恐怖	身体
2	心理的	影響	心身
3	暴力的	影響	心身
4	心理的	恐怖	身体

(☆☆☆◎◎◎)

【33】生徒指導提要(平成22年3月　文部科学省)では，「あらゆる場面での教育相談」について述べられています。「あらゆる場面での教育相談」の留意点として適切でないものを，次の1～4の中から1つ選びなさい。

1　信頼関係があって初めて教育相談が成り立つので，日常の信頼関係づくりに努める。

2　「先生は私のことを心配しているのだ」と伝わるだけでも十分なので，その場で結論を出そう，納得させよう，約束させよう，としない。

3　普段から児童生徒に気軽に声かけをするように心がけ，他の児童生徒と一緒のときや他の児童生徒が不審に思うようなときでも声かけを控えなくてもよい。

4　詰問や説教にならないよう注意し，投げかけた後のフォローも行う。

(☆☆☆◎◎◎)

解答・解説

【1】1

〈解説〉新聞や雑誌などを読み，気になる漢字がある場合，辞書で確認すると，漢字の読みや語彙の学習になるので，ぜひ習慣づけたい。1は順にきっすい・せっしょう・せいけい，2は順にきえ・いぞん・いぜん，3は順にないかく・ないしょ・だいり，4は順にぶんかい・がかい・げねつである。

【2】2

〈解説〉文学史の問題である。過去問や便覧等を使用して，教科書等で採用されている作品を中心に覚えていくとよい。　1の『風姿花伝』は世阿弥の著作，『金槐和歌集』は源実朝の家集である。　3　『国姓爺合戦』は近松門左衛門の作，『日本永代蔵』は井原西鶴の作。
4　『東海道中膝栗毛』は十返舎一九，『南総里見八犬伝』は滝沢馬琴の作である。

【3】1

〈解説〉『万葉集』『古今和歌集』『新古今和歌集』の歌風については，各選択肢の用語を覚えておくとよい。『万葉集』の歌風は「男性的」を意味する「ますらをぶり」といわれる。『古今集和歌集』以降は「女性的で優美，繊細」を表す「たをやめぶり」，「有心」は風雅，「幽玄」

は奥深さを表し，これらは『新古今和歌集』に見られる。

【4】2

〈解説〉②と④は「製造品出荷額等」が①，③より圧倒的に多く，「農業産出額」を見ると②は少なく，④がある程度見られる。以上から，②は大阪府，④は埼玉県と考えられる。①と③には，「農業産出額」で吟味してみるとよい。沖縄県は第三次産業が中心であるので，③と考えられる。

【5】3

〈解説〉2枚の写真は「東京オリンピック」と「新幹線開通」であるから1964年のできごととわかる。1は1963年，2は1955年，3は1972年，4は1956年のできごとである。

【6】3

〈解説〉ジョン＝ケイは，飛び杼を発明した人物と水力紡績機を発明した人物の2人がいるので，混同しないようにしたい。リチャード・アークライトも「水力紡績機」である。「ミュール紡績機」はサミュエル・クロンプトンである。

【7】1

〈解説〉高齢化の進行に伴い，導入されたものは「後期高齢者医療制度」であり，75歳以上が対象になる。介護保険制度の加入は「40歳」以上の人であるが，実際の利用については，第1号被保険者(65歳以上)になり，要支援以上の認定を受けてからとなる。

【8】3

〈解説〉1　0～10までの整数のうち，素数は2，3，5，7の4つである。　2　－7の平方根は$\pm\sqrt{7}\,i$である。　3　直径12cmの球の体積は，$\frac{4}{3}\pi\times6^3=288$〔$cm^3$〕$\pi$である。　4　$y=-3x^2$で，定義域が$-2\leqq x\leqq1$で

あるときの値域は$-12 \leqq y \leqq 0$である。

【9】2

〈解説〉四角形ABCDが平行四辺形なので，△ADF∽△EBF

AF：FE＝AD：BE＝8：(8－2)＝4：3

AB//FGより，△ABE∽△FGEなので，

EG：EB＝EF：EA

EG：6＝3：(3＋4)

7EG＝18

$EG=\frac{18}{7}$〔cm〕

【10】2

〈解説〉A(－2，2)，B(4，8)より，直線mの方程式は，

$$y-2=\frac{8-2}{4-(-2)}\{x-(-2)\}$$

$$y=x+4$$

点Pのx座標をt(点Pは線分AB上より，$-2 \leqq t \leqq 4$)とすると，P(t，$t+4$)，R($t+1$，$t+3$)とおける。点Rがl上にあることより，

$$t+3=\frac{1}{2}(t+1)^2$$

$$2t+6=t^2+2t+1$$

$$t^2=5$$

$-2 \leqq t \leqq 4$より，$t=\sqrt{5}$となる。

【11】3

〈解説〉豆電球1個の抵抗をR〔Ω〕とすると，直列回路における合成抵抗はR＋R＝2R〔Ω〕，並列回路における合成抵抗rは$\frac{1}{r}=\frac{1}{R}+\frac{1}{R}=\frac{2}{R}$なので$r=\frac{R}{2}$となる。電池の電圧をVとすると，$I_1=I_2=\frac{V}{2R}$，$I_3=\frac{2V}{R}$，$I_4=\frac{V}{R}$となるから，$I_3>I_4>I_1=I_2$となる。

【12】4

〈解説〉金属は電気を通す。磁石に付く金属は鉄，ニッケル，コバルトである。

【13】1

〈解説〉ワラビやスギナのようなシダ植物は種子をつくらず胞子で増える。

【14】1

〈解説〉1か月後の22時には真南から西に30°進んだ位置にある。恒星は一時間に15°東から西に動いて見えるので，2時間前には真南に見える。

【15】3

〈解説〉義太夫節は，浄瑠璃の一つである。三味線で伴奏を付けながらストーリーを歌やせりふで語りながら表現する。近年，伝統音楽に関する出題も増えているので，音を聞いたり画像を見たりしてイメージを捉えておくと良いだろう。

【16】3

〈解説〉いずれも国宝であるので，像の名称と制作年(時代)，所蔵している場所を併せて把握しておくとよい。Aの東大寺南大門木造金剛力士立像(阿形像)は運慶・快慶らによる鎌倉時代の寄木造，Bの広隆寺木造弥勒菩薩半跏思惟像は飛鳥時代の一木造，Cの平等院木造阿弥陀如来坐像は定朝による平安時代の寄木造である。

【17】3

〈解説〉今世紀の夏季オリンピックの開催地はアテネ(2004年)，北京(2008年)，ロンドン(2012年)，リオ・デ・ジャネイロ(2016年)，東京(2020年)である。また，冬季オリンピックの開催地はソルトレークシティ(2002年)，トリノ(2006年)，バンクーバー(2010年)，ソチ(2014年)，平昌(2018年)となっている。

【18】4

〈解説〉リーフレットでは,「和食」を料理そのものではなく,「自然を尊ぶ」という日本人の気質に基づいた,食に関する「習わし」として位置づけている。例えば,「うま味」を上手に使うことによって,バランスよく健康的な食生活をめざすこと,季節の花や葉などを料理にあしらったりしながら,四季のある日本の自然の美しさを表現するとともに,地理的な特徴を生かした多様な食材を用いること,日本の食文化が年中行事と密接にかかわって育まれてきたことがあげられている。日本の食文化は,2013(平成25)年12月にユネスコが無形文化遺産に指定した。

【19】3

〈解説〉a three-sided shapeは三角形,a shape with for sidesは四角形,parallelは平行,rightは直角の意味である。アはtwo …same lengthとあるので「二等辺三角形」,イは「それぞれ反対側の辺と平行で,同じ長さ」とあるので「平行四辺形」,ウはinterior angle is right「内角が直角」とあるので,「直角三角形」,エはonly two are parallel「4つのうち2つだけが平行」とあるので台形が正しい。

【20】3

〈解説〉会話は会うための時間の調整をしている。Aが「1時から5時」と言って,Bが「私のオフィスで3時に会えますか?」と尋ねている。2のconvenientは「都合の良い」という意味であるが,be convenient for …の形をとる。主語がIであるので,「会うことができる」の意味のavailableが最も適当である。

【21】2

〈解説〉英語を苦手とするAが上達のためのアドバイスを求めている。Persistenceは「粘り強さ」,pay offは「うまくゆく」であり,Persistence pays offで「粘り強く学習することで報われる」との意味である。

【22】4

〈解説〉1　浦和駒場スタジアムではなく,「埼玉スタジアム2002」が正しい。　2　さいたまスーパーアリーナではなく,「彩の国くまがやドーム」が正しい。　3　スペースシャトルではなく,ソユーズ宇宙船が正しい。なお,若田光一氏は,日本人においての宇宙滞在期間最長記録保持者 (2014年10月現在)であることもおさえておこう。

【23】4

〈解説〉アの2020年夏季オリンピックの開催都市決定は9月7日,イの今年の漢字は12月12日の「漢字の日」に発表された。ウの四万十市が41度を記録したのは8月12日,エのNHKと民放5局が本放送を開始したのは5月末日である。なお,東京MXテレビは5月13日に開始した。

【24】4

〈解説〉2のアンダーマイニング効果(過剰正当化効果)とは,外的報酬によって内発的な動機が低下してしまう事態を指し,デシやレッパーらの研究が有名である。選択肢4のプログラム学習は,米国の心理学者スキナーが考案したオペラント条件づけの原理にもとづく学習法であり,直線型プログラム(スキナー型)と分岐型プログラム(クラウダー型)の2種が知られている。数学課題のような複雑な課題の場合には,直線型ではなく分岐型のほうが適している。

【25】1

〈解説〉カントはドイツの哲学者で,自然科学的認識の確実さを求めて認識の本質と限界を記述する批判哲学を創始し,『純粋理性批判』『実践理性批判』『判断力批判』の三批判書を著した。パーカーストは米国の教育者で一斉授業を廃し,生徒各自に学習目標を定めさせて個別学習を進めていくドルトン・プランを試みた。シュプランガーはドイツの哲学者・教育学者。ディルタイの流れを汲み,精神科学的心理学や文化教育学の完成に大きな役割を果たし,『文化と教育』『生の形式』

を著した。ブルーナーは米国の知覚心理学者。ハーバード大学で認知機能の実験的学習に従事した。発見の過程を各自に経験させる「発見学習」の提唱者として有名である。

【26】1
〈解説〉緒方洪庵が開いたのは蘭学塾(適塾)，新島襄が創設したのは同志社英学校，池田光政は江戸前期の大名，備前岡山藩主で，儒教主義に基づいて藩政の改革・農事改良・学問の興隆に努めた。空海が828年に創立した綜芸種智院は，一般庶民の教育を目的とし，儒教・仏教を講じた。

【27】4
〈解説〉平成12年に「児童虐待の防止等に関する法律」が制定され，すでに2回改正されている。第5条は「…児童虐待の早期発見に努めなければならない」が正しい。

【28】2
〈解説〉学校教育法施行規則等の一部改正省令が平成12年1月21日文部省令第三号をもって公布され，平成12年4月1日から施行された。これにより，法令上の根拠が明確でなかった職員会議について，学校教育法施行規則に第48条として新たに規定し，その意義・役割が明確にされた。したがって，本条は「…職員会議を置くことができる」が正しい。

【29】4
〈解説〉教育振興基本計画とは，教育基本法に示された理念の実現と，我が国の教育振興に関する施策の総合的・計画的な推進を図るため，同法第17条第1項に基づき政府として策定する計画である。平成25年6月に第2期の教育振興基本計画(対象期間は平成25～29年度)が閣議決定されている。その中で基本的方向性として「社会を生き抜く力の養成」「未来への飛躍を実現する人材の養成」「学びのセーフティネットの構

築」「絆(きずな)づくりと活力あるコミュニティの形成」が示されている。

【30】2

〈解説〉埼玉県教育行政重点施策は，学校教育の充実をはじめ，幼児教育の推進，家庭・地域の教育力の向上，生涯学習やスポーツの推進などの教育行政施策を効果的に推進するため，施策ごとの「重点的な取組」を定めたものであり，平成26年度は「確かな学力の育成」，「グローバル化に対応する人材の育成」，「社会的に自立する力の育成」を最重要課題として位置付けている。1の協調学習など主体的な学びを促す授業の推進，3のグローバル化の進展に対応する力を育む教育の推進，4の子育ての目安「3つのめばえ」の活用促進は，基本目標Ⅰの中で示されている。

【31】3

〈解説〉3は「個別の教育支援計画」について述べている。「個別の指導計画」とは，指導を行うためのきめ細かい計画である。その中には幼児児童生徒一人一人の教育的ニーズに対応して指導目標や指導内容・方法が盛り込まれており，単元や学期，学年等ごとに作成され，それに基づいた指導が行われる。

【32】2

〈解説〉いじめ防止対策推進法については第1～2条を中心に学習しておくとよい。いじめの定義については「児童生徒の問題行動等生徒指導上の諸問題に関する調査」の定義と比較参照するとともに，いじめの件数といった我が国，および埼玉県の現状を把握しておくこと。

【33】3

〈解説〉3は「他の児童生徒と一緒のときや他の児童生徒が不審に思うような問いかけは控える」が正しい。

2014年度　実施問題

【小中養】

【1】次の作品と作者の組み合わせがすべて正しいものを，1～4の中から1つ選びなさい。

1　『高瀬舟』森鷗外　『暗夜行路』志賀直哉
　『蟹工船』三好達治

2　『夕鶴』川端康成　『春と修羅』宮沢賢治
　『黒い雨』井伏鱒二

3　『道程』高村光太郎　『二十四の瞳』壺井栄
　『武蔵野』国木田独歩

4　『野菊の墓』伊藤左千夫　『くるみ割り』田山花袋
　『真実一路』山本有三

(☆☆☆◎◎◎)

【2】次の俳句で『おくのほそ道』に収められていないものを，1～4の中から1つ選びなさい。

1　山路来て何やらゆかしすみれ草
2　閑かさや岩にしみ入る蝉の声
3　五月雨をあつめて早し最上川
4　夏草や兵どもが夢の跡

(☆☆☆◎◎◎)

【3】次の表は，日本の伝統音楽について表したものです。種類と演目等の組み合わせとして適切でないものを，次の1～4の中から1つ選びなさい。

	種　類	演目等
1	長　唄	勧進帳
2	能	羽　衣
3	尺八曲	鹿の遠音
4	雅　楽	安　宅

(☆☆☆◎◎◎)

【4】写真のような立体カードをつくるには，もとの紙にどのように切り込みや折り目をつければよいですか。あとの1～4の中から1つ選びなさい。なお，実線等の意味は次のとおりとします。

――――――――――――― 切り込み

……………………………… 谷折り

－・－・－・－・－・－・－ 山折り

写真

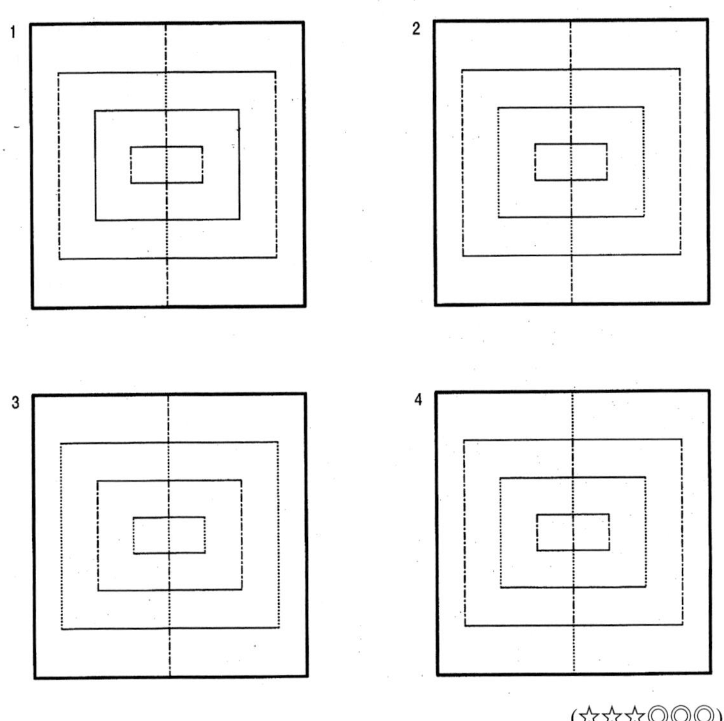

(☆☆☆◎◎◎)

【5】次の地図は，地球儀を切り開いて経度30度ごとに12等分した世界地図です。地球を1周するために，北極点を出発し，地図中の━━▶で示したとおり，ある経線に沿って進み，南極点を通過したあともそのまままっすぐに進むものとします。そのときに通る経線を，地図中の┅┅▶で示した1～4の中から1つ選びなさい。

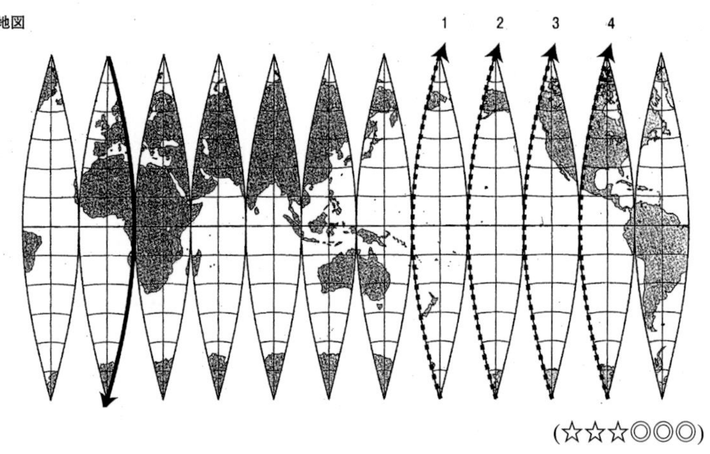

(☆☆☆◎◎◎)

【6】次の写真の建物を創建した人物が行った貿易について説明した文として正しいものを，下の1～4の中から1つ選びなさい。

1　倭寇を禁じるとともに，正式な貿易船に，明からあたえられた勘合という証明書をもたせ，朝貢の形式の日明貿易を行った。

2　海外との貿易の発展に努め，日本船の渡航を許す朱印状を発行し，ルソン，カンボジアなどに保護を依頼した。

3　中国の宋との貿易の利益に目をつけ，航路を整え，兵庫(神戸市)の港を整備した。

4　中国の上質な生糸や絹織物などを必要としたので，中国人やキリスト教の布教を行わないオランダ人と長崎で貿易を行った。

(☆☆☆◎◎◎)

【7】次の文章を読み，文章中の[　①　]，[　②　]に入る語の組み合わせとして正しいものを，下の1～4の中から1つ選びなさい。

第46回衆議院議員総選挙後の平成24年12月26日に，国会が召集されました。この国会は衆議院議員総選挙の日から[　①　]日以内に召集され，内閣総理大臣の指名などを行う[　②　]国会です。

1　①　30　　②　臨時
2　①　30　　②　特別
3　①　40　　②　臨時
4　①　40　　②　特別

(☆☆☆◎◎◎◎◎)

【8】黒色の酸化銅に炭素粉末を混ぜて加熱し，銅と二酸化炭素ができる様子を次のように表しました。この中のアとイの化学変化の組み合わせとして正しいものを，下の1～4の中から1つ選びなさい。

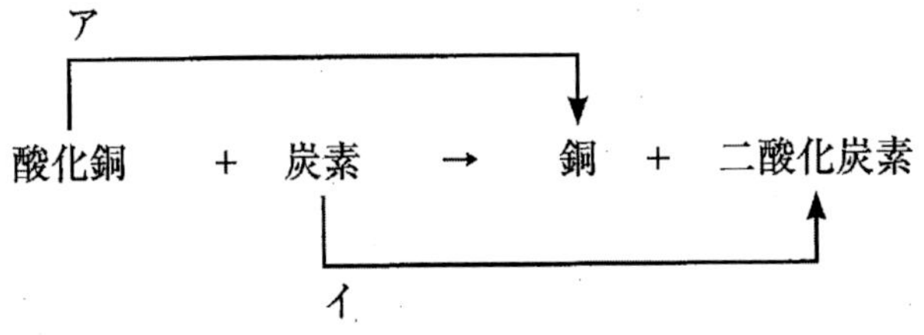

1　ア　還元　イ　電離　　2　ア　還元　イ　酸化
3　ア　電離　イ　酸化　　4　ア　電離　イ　還元

(☆☆☆◎◎◎)

【９】水200gの温度を5℃上昇させるのに必要な熱量として最も適切なものを，次の1～4の中から1つ選びなさい。

1　40J　　2　240J　　3　1000J　　4　4200J

(☆☆☆◎◎◎)

【10】日本列島付近にできる梅雨前線の原因となる気団の組み合わせとして最も適切なものを，次の1～4の中から1つ選びなさい。

1　シベリア気団と長江(揚子江)気団

2　シベリア気団とオホーツク海気団

3　小笠原気団と長江(揚子江)気団

4　小笠原気団とオホーツク海気団

(☆☆☆◎◎◎)

【11】カエルやイモリなどの両生類の心臓のつくりとして最も適切なものを，次の1～4の中から1つ選びなさい。

1　1心房1心室　　2　1心房2心室　　3　2心房1心室

4　2心房2心室

(☆☆☆☆◎◎◎)

【12】次の1～4の中から正しいものを，1つ選びなさい。

1　50以上の数で最も小さい素数は51である。

2　$-\sqrt{3}$ を2乗すると-3になる。

3　底面の円の半径が3cmで，母線の長さが4cmの円錐の側面積は21π cm^{2}である。

4　関数$y=x^2$でxの値が1からaまで増加するときの変化の割合が5であるとき，aの値は4である。

(☆☆☆◎◎◎)

【13】次の図のように，正三角形とその正三角形に内接する円があります。このとき，正三角形の面積とその正三角形に内接する円の面積との比

として正しいものを，下の1～4の中から1つ選びなさい。

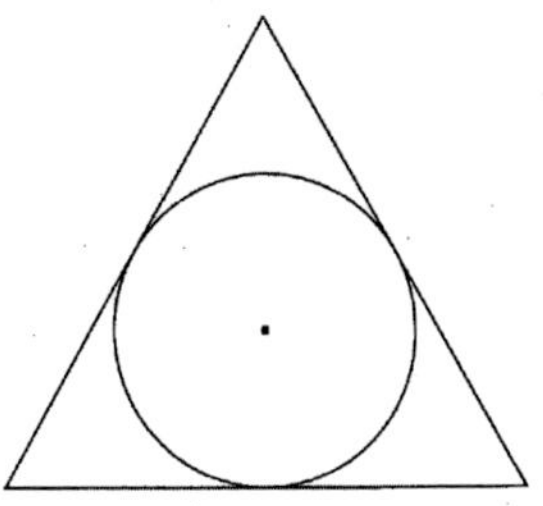

1　3：π　　2　$\sqrt{3}$：π　　3　$3\sqrt{3}$：π　　4　$6\sqrt{3}$：π

(☆☆☆◎◎◎)

【14】次の図のように，関数$y=x+3$のグラフがあります。点A(a，0)はx軸上の点で，$a>0$とします。また，点Aからy軸と平行にひいた直線と関数$y=x+3$のグラフとの交点をBとします。このとき，OBを結んでできる△OABの面積が14cm^{2}となるときのaの値として正しいものを，下の1～4の中から1つ選びなさい。ただし，グラフの1目盛りは1cmとします。

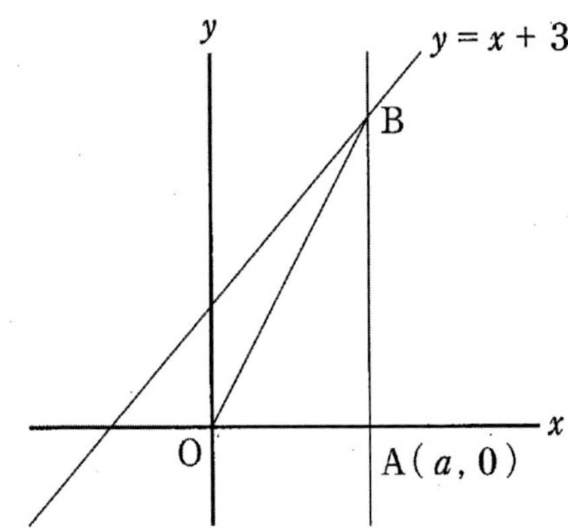

1　$\dfrac{-3+\sqrt{37}}{2}$　　2　$\dfrac{-3+\sqrt{65}}{2}$　　3　4　　4　7

(☆☆☆◎◎◎)

【15】次のア～オの英語は何を説明していますか。正しい語の組み合わせを，下の1～4の中から1つ選びなさい。

ア　someone who writes reports for newspapers, magazines, television, or radio

イ　someone who is in charge of a newspaper, magazine etc. and decides what should be included in it

ウ　someone who officially represents their government in a foreign country

エ　someone who knows a lot about a particular subject, especially that is not a science subject

オ　someone who studies the way in which money and goods are produced and used, and the systems of business and trade

1　ア　editor　イ　scholar　ウ　economist　エ　diplomat　オ　journalist

2　ア　journalist　イ　editor　ウ　diplomat　エ　scholar　オ　economist

3　ア　journalist　イ　scholar　ウ　editor　エ　economist　オ　diplomat

4　ア　editor　イ　journalist　ウ　scholar　エ　diplomat　オ　economist

(☆☆◎◎◎)

【16】次の(　　)に入る最も適切な語を，下の1～4の中から1つ選びなさい。

A : What's wrong with you?

B : I have a terrible toothache.

A : Oh, that's too bad. You should see the dentist at once.

B : You're right. But my dentist will see you only by (　　).

A : Oh, really? I'm sure you should make one.

1　appointment　2　reservation　3　booking　4　engagement

(☆☆☆◎◎◎)

【17】次の1～4の中から，下線部が正しいものを1つ選びなさい。

1　既成市街地を中心にエネルギーの地産地消推進や地域活性化などに取り組む埼玉県独自のプロジェクトを，エスコ(ESCO)事業という。

2　家電リサイクル法(特定家庭用機器再商品化法)は，一般家庭や事務所から排出されたエアコン，テレビ(ブラウン管，液晶・プラズマ)，冷蔵庫・冷凍庫，洗濯機・衣類乾燥機から，有用な部分や材料をリサイクルし，廃棄物を減量するとともに，資源の有効利用を推進するための法律である。

3　大気汚染の原因となる物質で，固体及び液体の粒子として存在する物質の総称を，粒子状物質(PM)といい，特に大気中に浮遊するpHが2.5以下の物質と定義されている微小粒子状物質(PM2.5)は，肺の奥深くまで入りやすく健康への影響も大きいと考えられている。

4　地球観測に関する政府間会合(GEO)は，国連環境計画(UNEP)と世界気象機関(WMO)が共催する国際機関として1988年に設立され，気候変動の原因や影響について，最新の科学的・技術的・社会的な知見を集約し，評価や助言をおこなっている。

(☆☆☆◎◎◎)

【18】次の1～4の中から，下線部が正しいものを1つ選びなさい。

1　2012年3月に，ロシア大統領選挙が行われ，ウラジーミル・プーチン首相が当選し，5月に4年ぶりに通算3期目となる大統領に復帰した。

2　2012年11月に，アメリカ合衆国の大統領選挙が行われ，民主党のバラク・オバマ大統領が共和党のジョン・ケリー氏を破り，再選された。

3　2012年12月に，韓国の大統領選挙が行われ，与党であるセヌリ党の文在寅(ムンジェイン)氏が当選した。

4　2013年3月に，中国の全国人民代表大会において，胡錦濤氏が国家主席に選出された。

(☆☆☆◎◎◎)

【19】次の1～4の中から，下線部が正しいものを1つ選びなさい。

1　IEA国際数学・理科教育動向調査の2011年調査(TIMSS2011)で，各教科とも前回調査に比べ平均得点が，日本の小学生は有意に上昇し，中学生は同程度だった。

2　平成24年12月，パリで開かれていたユネスコ無形文化遺産保護条約の第7回政府間委員会において，「西浦の田楽」が，ユネスコ無形文化遺産として登録された。

3　平成25年2月1日環境省が公表した第4次レッドリストで，新たに「クニマス」が絶滅危惧種に指定された。

4　平成25年2月15日，文部科学大臣は故納谷幸喜(元横綱大鵬)氏に対し，国民栄誉賞を贈り，表彰することを決定した。

(☆☆☆◎◎◎)

【20】教育史に関する〔人物〕，〔事柄や著書〕の組み合わせとして正しいものを，下の1～4の中から1つ選びなさい。

〔人物〕

①　ヘルバルト

②　フレーベル

③　キルパトリック

④　ペーターゼン

〔事柄や著書〕

ア　イエナ・プラン

イ　『一般教育学』

ウ　『人間の教育』

エ　プロジェクト法

1　①－イ　②－ア　③－ウ　④－エ

2　①－イ　②－ウ　③－エ　④－ア

3　①－ア　②－ウ　③－エ　④－イ

4　①－ア　②－イ　③－ウ　④－エ

(☆☆◎◎◎)

【21】次のア～オの文章は，道徳教育について述べたものです。小・中学校学習指導要領(平成20年3月告示)に照らして正しいものに○，誤っているものに×をつけた場合，その組み合わせが正しいものを，下の1～4の中から1つ選びなさい。

ア　道徳教育を進めるに当たっては，保護者や地域の人々に道徳の時間の授業を公開したり，授業の実施や地域教材の開発や活用などに積極的な参加や協力を得たりするなど，家庭や地域社会との共通理解を深め，相互の連携を図るよう配慮する必要がある。

イ　道徳教育の目標は，学校の教育活動全体を通じて，道徳的な心情，判断力，実践意欲と態度などの道徳性を養うことである。

ウ　各学校においては，道徳教育推進教師の方針の下に，校長が道徳教育の全体計画と道徳の時間の年間指導計画を作成する。

エ　児童生徒の道徳性については，常にその実態を把握して指導に生かすよう努める必要がある。ただし，道徳の時間に関して数値などによる評価は行わない。

オ　道徳の時間における指導に当たっては，先人の伝記，自然，伝統と文化，スポーツなどを題材とし，児童生徒が感動を覚えるような魅力的な教材の開発や活用を通して，児童生徒の発達の段階や特性等を考慮した創意工夫ある指導を行うよう配慮する。

	ア	イ	ウ	エ	オ
1	○	○	○	×	○
2	○	○	×	○	○
3	○	×	×	○	○
4	×	○	○	○	×

(☆☆☆◎◎◎)

【22】次は，「いじめ撲滅宣言」(平成24年11月20日　埼玉県)の一部です。(　ア　)～(　ウ　)に入る語句の組み合わせとして正しいものを，あとの1～4の中から1つ選びなさい。

私たちは，子供たちが安心して健やかに成長できる社会をつくるため,「いじめは絶対に許さない」,「子供たちを守る」という強い決意のもと,(　ア　)でいじめ撲滅に徹底的に取り組み続けることを宣言します。

○学校では,「いじめは,どの学校でも,どの子にも起こり得る」との認識のもと,いじめの未然防止に全力で取り組みます。
いじめを発見したら,関係機関と協力して(　イ　)を図るとともに,被害にあった子供に寄り添い守ります。
家庭,地域,県や市町村,関係団体では,学校の取組を全力で支援します。

○県や市町村,関係団体では,「いじめ問題は(　ウ　)全体で取り組むべき課題である」という意識の醸成を図るとともに,あらゆる方策を講じて未然防止・早期発見・早期解決に全力で取り組みます。

	ア	イ	ウ
1	学校ぐるみ	早期解決	学校
2	地域ぐるみ	早期連絡	社会
3	県民総ぐるみ	早期相談	学校
4	県民総ぐるみ	早期解決	社会

(☆☆☆◎◎◎)

【23】次の1～4の特別支援教育又は心理学に関する文章の中から,下線部が誤っているものを1つ選びなさい。

1　注意欠陥多動性障害(ADHD)とは,年齢あるいは発達に不釣り合いな<u>注意力,固執性,多動性</u>を特徴とする行動の障害で,社会的な活動や学業の機能に支障をきたすものである。

2　通級による指導とは,小中学校の<u>通常の学級</u>に在籍する障害のある児童生徒に対して,主として各教科などの指導を通常の学級で行いながら,障害による学習上又は生活上の困難の改善・克服に必要な特別な指導を特別な指導の場で行う教育の形態をいう。

3　<u>メタ認知</u>とは,「認知についての認知」を意味し,大きく2つの側面があるといわれる。1つは,認知特性や課題の方略についての知識といった知識的側面であり，もう1つは，認知的営みのプロセスや状態のモニタリング及びコントロールといった活動的側面である。

4　ブルーナー(Bruner，J.S.)の提唱した発見学習には，①問題解決に役立つ知識や態度が身につく，②内発的動機づけが高まる，③発見の技法が身につく，④知識の保持と転移を促す，といった長所がある。一方で，短時間に効率よく大量の知識を教えることが難しい，などの短所も指摘されている。

(☆☆☆◎◎◎)

【24】次は，平成22年3月に中央教育審議会初等中等教育分科会教育課程部会においてとりまとめられた「児童生徒の学習評価の在り方について(報告)」の一部です。(　ア　)～(　エ　)に入る語句の組み合わせとして正しいものを，下の1～4の中から1つ選びなさい。

学習評価は，学校における教育活動に関し，子どもたちの学習状況を評価するものである。現在，各教科については，学習状況を分析的にとらえる(　ア　)と総括的にとらえる(　イ　)とを，学習指導要領に定める(　ウ　)として実施することが明確にされている。学習評価には，このような(　ウ　)のほか，学級・学年など集団の中での相対的な位置付けに関する集団に準拠した評価や，(　ア　)や(　イ　)には示しきれない子どもたち一人一人のよい点や可能性，進歩の状況について評価する(　エ　)がある。

学習評価を行うに当たっては，子どもたち一人一人に学習指導要領の内容が確実に定着するよう，学習指導の改善につなげていくことが重要である。

	ア	イ	ウ	エ
1	目標に準拠した評価	観点別学習状況の評価	個人内評価	評定
2	目標に準拠した評価	評定	観点別学習状況の評価	個人内評価
3	観点別学習状況の評価	評定	目標に準拠した評価	個人内評価
4	観点別学習状況の評価	目標に準拠した評価	個人内評価	評定

(☆☆☆◎◎◎)

【25】「生徒指導提要」(平成22年3月　文部科学省)に示された学校での集団指導における留意点について適切でないものを，次の1～4の中から1つ選びなさい。

1　集団指導において，児童生徒全員が活躍できる場と機会を与えるように配慮する必要はあるが，役割の意義を児童生徒に事前に十分に説明しておく必要はない。

2　児童生徒の個性を十分に理解した上で，集団活動でのあらゆる機会で，できるだけ多くの児童生徒が活躍できるように配慮した役割を与える。

3　児童生徒に集団での活動を通して，社会生活上のルールやモラルの意義について考える機会を与える。

4　児童生徒の個性や特性を生かすことを重視するとともに，集団の目標の設定に児童生徒も参画するように配慮する。

(☆☆☆◎◎◎)

【26】次の1～4の中から，下線部が誤っているものを1つ選びなさい。

1　指導教員は，<u>初任者に対して教諭の職務の遂行に必要な事項</u>について指導及び助言を行うものとする。(教育公務員特例法第23条3項)

2　職員は，<u>政党その他の政治的団体</u>の結成に関与し，若しくはこれらの団体の役員となつてはならず，又はこれらの団体の構成員となるように，若しくはならないように勧誘運動をしてはならない。(地方公務員法第36条)

3　前項の場合においては，生涯にわたり学習する基盤が培われるよう，基礎的な知識及び技能を習得させるとともに，これらを活用して課題を解決するために必要な<u>応用力，判断力，表現力その他の能力</u>をはぐくみ，主体的に学習に取り組む態度を養うことに，特に意を用いなければならない。(学校教育法第30条2項)

4　食育は，食に関する適切な判断力を養い，生涯にわたって健全な食生活を実現することにより，<u>国民の心身の健康の増進と豊かな人間形成</u>に資することを旨として，行われなければならない。(食育

基本法第2条)

(☆☆☆◎◎◎)

【27】次の1～4の中から，下線部が誤っているものを1つ選びなさい。

1　校長及び教員は，教育上必要があると認めるときは，文部科学大臣の定めるところにより，児童，生徒及び学生に懲戒を加えることができる。ただし，体罰を加えることはできない。(学校教育法第11条)

2　学校においては，毎学年定期に，児童生徒等(通信による教育を受ける学生を除く。)の健康診断を行わなければならない。(学校保健安全法第13条)

3　校長は，次に掲げる行為の一又は二以上を繰り返し行う等性行不良であつて他の児童の教育に妨げがあると認める児童があるときは，その保護者に対して，児童の出席停止を命ずることができる。(学校教育法第35条)

4　国民は，その保護する子に，別に法律で定めるところにより，普通教育を受けさせる義務を負う。(教育基本法第5条)

(☆☆◎◎◎)

【28】学校の安全について説明した次の1～4の中から，下線部が誤っているものを1つ選びなさい。

1　教育振興基本計画(平成20年7月　閣議決定)では，スクールガードリーダーとは，学校等を巡回し，学校安全体制及び学校安全ボランティアの活動に対して専門的な指導を行う者としている。

2　平成24年3月，文部科学省は，東日本大震災の教訓を踏まえ，「学校防災マニュアル(地震・津波災害)作成の手引き」を作成した。

3　平成24年8月，文部科学省は，大臣官房に「子ども安全対策支援室」を設置した。

4　「学校安全の推進に関する計画」(平成24年4月)は，「学校教育法」に基づき策定された。

(☆☆☆◎◎◎)

【29】埼玉県教育振興基本計画(平成21年度～平成25年度)に示されている施策の内容として下線部が誤っているものを，次の1～4の中から1つ選びなさい。

1　埼玉県独自の取組である「学校応援団」の小・中学校における組織化を推進し，地域や家庭による学校支援の取組を促す。

2　家庭の教育力の向上を図るため，「親の学習」を推進する。また，家庭教育に関する学習機会を広く設けるなど，社会全体で取り組む。

3　幼稚園・保育所などの機能を活用した子育ての支援策の充実に取り組む。

4　「埼玉県民の日」における取組の推進などにより，社会全体で教育に取り組む気運を高める。

(☆☆☆◎◎◎)

【高校】

【1】次の四字熟語の空欄[　A　]～[　D　]には漢数字があてはまります。その数をすべて足すといくつになりますか。下の(1)～(4)の中から1つ選びなさい。

[　A　]花繚乱　　八面[　B　]臂　　[　C　]里霧中

一騎当[　D　]

(1)　1111　　(2)　1112　　(3)　2106　　(4)　2107

(☆☆☆◎◎◎◎◎)

【2】次は，作品の冒頭部分とその作品名及び作者名の組み合わせを示したものです。すべて正しい組み合わせを，次の(1)～(4)の中から1つ選びなさい。

	作品の冒頭部分	作品名	作者名
(1)	道がつづら折りになつて、いよいよ天城峠に近づいたと思ふ頃、雨脚が杉の密林を白く染めながら、すさまじい早さで麓から私を追つて来た。	伊豆の踊子	芥川　龍之介
(2)	山路を登りながら、こう考えた。 知に働けば角が立つ。情に棹させば流される。	道草	夏目　漱石
(3)	廻れば大門の見返り柳いと長けれど、お歯ぐろ溝に灯火うつる三階の騒ぎも手に取る如く、	たけくらべ	樋口　一葉
(4)	山の手線の電車に跳飛ばされて怪我をした、其後養生に、一人で但馬の城崎温泉へ出掛けた。	暗夜行路	島崎　藤村

(☆☆☆◎◎◎◎◎)

【3】次は，月と時候の挨拶の組み合わせです。組み合わせとして誤っているものを，次の(1)～(4)の中から1つ選びなさい。

(1)　6月　麦秋の候

(2)　3月　野分の候

(3)　2月　余寒の候

(4)　5月　薫風の候

(☆☆☆◎◎◎)

【4】次の(1)～(4)の事件について，説明及びあとの地図に示した位置の組合わせがすべて正しいものを1つ選びなさい。

	事　件	説　明	位置
(1)	トゥール・ポワティエ間の戦い	西域の支配をめぐって唐の軍とアッバース朝のムスリム軍が激突した戦いで、製紙法が西方に伝播したことでも有名である。	③
(2)	マラトンの戦い	平民で構成される重装歩兵がペルシアを撃破した戦いで、勝利を伝える伝令の故事がオリンピック競技の起源となったとされる。	①
(3)	ゲティスバーグの戦い	アメリカ南北戦争における最大の激戦といわれる戦いで、リンカーン大統領の演説が行われたことでも有名である。	④
(4)	ワーテルローの戦い	フランス皇帝ナポレオン１世が率いるフランス軍がロシア軍と激突した戦いで、フランス軍は大敗した。	②

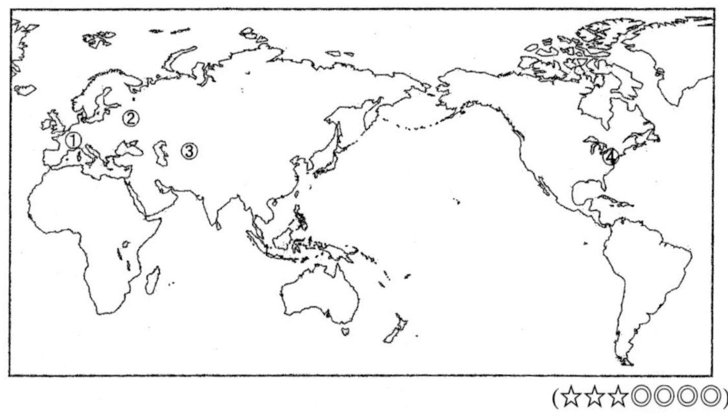

(☆☆☆◎◎◎◎)

【5】17世紀後半，松前藩との交易に不満をもったアイヌの人々が蜂起しました。この近世最大の戦いの中心人物は誰か，次の(1)～(4)の中から1つ選びなさい。

(1)　ラックスマン　　(2)　コシャマイン　　(3)　アテルイ

(4)　シャクシャイン

(☆☆☆◎◎◎◎)

【6】地図中①～④の都市は，オリンピックの開催都市です(予定を含む)。これらの都市について説明した下の(1)～(4)の中から，誤っているものを1つ選びなさい。

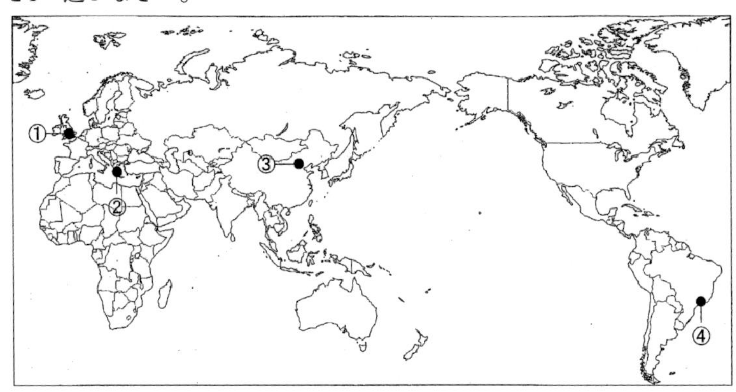

	都市の説明
(1)	①の都市は、夏は冷涼であるが、冬は暖流の影響で大陸東岸の同緯度の都市より温暖である。ヨーロッパの金融の中心である。
(2)	②の都市は、夏は高温多雨で蒸し暑く、冬に強い乾季が見られる。古代文明の遺跡でも有名である。
(3)	③の都市は、多民族国家で社会主義体制をとる、この国の首都である。政治の中心都市である。
(4)	④の都市は、異なる人種間での混血が進み、様々な人種の人々が生活している。カーニバルでも有名である。

(☆☆☆◎◎◎)

【7】第二次世界大戦後の冷戦の終結を宣言した1989年の米ソ首脳会談を，次の(1)～(4)の中から1つ選びなさい。

(1) ミュンヘン会談　(2) ヤルタ会談　(3) テヘラン会談

(4) マルタ会談

(☆☆☆◎◎◎◎)

【8】ルネサンス期に，君主の独裁政治を正当化し，政治は宗教や道徳の干渉をうけてはならない，と主張した人物を，次の(1)～(4)の中から1つ選びなさい。

(1)　レオナルド＝ダ＝ヴィンチ　　(2)　ミケランジェロ

(3)　マキァヴェリ　　(4)　ダンテ

(☆☆☆◎◎◎◎)

【9】三角形ABCにおいて，AB＝5，BC＝6，CA＝$\sqrt{31}$ とします。このとき，∠ABCの角度として正しいものを，次の(1)～(4)の中から1つ選びなさい。

(1)　30°　　(2)　45°　　(3)　60°　　(4)　75°

(☆☆☆◎◎◎)

【10】$x=2-\sqrt{3}$ のとき，$x^3-8x^2+17x+4$の値として正しいものを，次の(1)～(4)の中から1つ選びなさい。

(1)　4　　(2)　6　　(3)　8　　(4)　10

(☆☆☆◎◎◎)

【11】2次関数$y=2x^2-8x+3$のグラフは，$y=2x^2+4x+5$のグラフをどのように平行移動したものですか。正しいものを，次の(1)～(4)の中から1つ選びなさい。

(1)　x軸方向に　3，　y軸方向に　-8

(2)　x軸方向に　-3，　y軸方向に　8

(3)　x軸方向に　6，　y軸方向に　-14

(4)　x軸方向に　-6，　y軸方向に　14

(☆☆☆◎◎◎)

【12】物理量と単位の組み合わせとして誤っているものを，次の(1)～(4)の中から1つ選びなさい。

	(1)	(2)	(3)	(4)
物理量	電力量	電流	熱量	絶対温度
単位	W	A	J	K

(☆☆◎◎◎)

【13】BTB溶液とリトマス溶液は，酸性と塩基性の確認に用いられています。塩基性(pH＝10程度)の場合，色の組み合わせとして正しいものを，次の(1)～(4)の中から1つ選びなさい。

	(1)	(2)	(3)	(4)
ＢＴＢ溶液	黄	黄	青	青
リトマス溶液	赤	青	赤	青

(☆☆◎◎◎)

【14】ゾウリムシ，インフルエンザウィルス，大腸菌を，大きさの大きい順に左から並べたものを，次の(1)～(4)の中から1つ選びなさい。

(1)　大腸菌，ゾウリムシ，インフルエンザウィルス
(2)　ゾウリムシ，大腸菌，インフルエンザウィルス
(3)　大腸菌，インフルエンザウィルス，ゾウリムシ
(4)　ゾウリムシ，インフルエンザウィルス，大腸菌

(☆☆☆◎◎◎)

【15】次の表は，国内で使用されている天気図の天気記号とその天気について示したものです。AとBの正誤の組み合わせとして正しいものを，あとの(1)～(4)の中から1つ選びなさい。

	A	B
天気記号	◎	⦶
天　　気	快晴	晴

(1) A 正 B 正 (2) A 正 B 誤 (3) A 誤 B 正
(4) A 誤 B 誤

(☆☆☆◎◎◎)

【16】次の会話文を読んで，(　　)に入る語として最も適切なものを，下の(1)～(4)の中から1つ選びなさい。

X: What's going on between you and Alex? I heard you guys had a quarrel about something.

Y: He gets furious so easily. I just talked to him about his character.

X: What did you tell him?

Y: I told him that if he could try not to lose his (　　) so easily, he would be more approachable.

X: No wonder he got angry. He doesn't like to hear the truth.

(1) temper (2) temperature (3) tension (4) tendency

(☆☆☆◎◎◎)

【17】次の英文を読んで1，2に答えなさい。

The southern elephant seal is one of the largest meat-eating animals living today. This animal's size shows the extreme differences between genders. Males can weigh up to approximately 8,800 pounds, while females can weigh up to one-fifth or one-sixth of males. Southern elephant seals spend most of their time hunting in the ocean. They eat lots of squid, but have few natural enemies, except for great white sharks and killer whales. They can stay underwater for up to two hours and need only a few minutes to breathe on the surface. Twice a year southern elephant seals as well as the other elephant seals stay on land (　　) one month or two — in the early spring to bear their young or to mate, and in the fall for their annual molt.

1 (　　)に入る語として最も適切なものを，次の(1)～(4)の中から1つ選びなさい。

(1) among (2) for (3) with (4) in

2 本文の内容に一致するものを，次の(1)～(4)の中から1つ選びなさい。

(1)　The southern elephant seal has no difference in size regardless of sex.

(2)　The southern elephant seal eats a lot of squid and a few sharks.

(3)　The southern elephant seal stays on land once every two years to bear their young.

(4)　The southern elephant seal can remain in the water nearly two hours without breathing.

(☆☆◎◎◎)

【18】米とその加工品について述べたものとして正しいものを，次の(1)～(4)の中から1つ選びなさい。

(1)　うるち米に含まれるでんぷんは，アミロペクチンのみである。

(2)　稲穂を脱穀して，もみ殻を除いたものが玄米である。

(3)　白玉粉の原料は，うるち米である。

(4)　精白米は玄米に比べて，ビタミンや無機質が多く含まれている。

(☆☆☆◎◎◎)

【19】次のア～エの記述で正しいものに○，誤っているものに×をつけた場合，その組み合わせとして正しいものを，下の(1)～(4)の中から1つ選びなさい。なお，成長・発達は平均値です。

ア　出生から1歳までの時期を新生児期という。

イ　乳児の嗅覚は鈍く，母乳のにおいは区別できない。

ウ　乳幼児の体温は成人に比べて高めである。

エ　生後1年で身長は約1.5倍，体重は約3倍になる。

	ア	イ	ウ	エ
(1)	×	×	○	○
(2)	○	○	×	○
(3)	○	×	○	×
(4)	×	×	○	×

(☆☆☆◎◎◎)

【20】次の歌詞は「埼玉県歌」の1番です。(ア)~(エ)にあてはまる語句の組み合わせとして正しいものを，下の(1)~(4)の中から1つ選びなさい。

秩父の雲の　(ア)　風も(イ)　むさし野よ
恵み豊かな　この(ウ)　われら生まれて　ここにあり
おお　埼玉　埼玉　(エ)埼玉

(1)　ア　むらさきに　イ　みどりの　ウ　山河　エ　輝く
(2)　ア　むらさきに　イ　さわやか　ウ　大地　エ　希望の
(3)　ア　彩りに　イ　さわやか　ウ　山河　エ　希望の
(4)　ア　彩りに　イ　みどりの　ウ　大地　エ　理想の

(☆☆☆◎◎◎)

【21】次のア～ウの作者名の組み合わせとして正しいものを，下の(1)~(4)の中から1つ選びなさい。

ア

イ

ウ
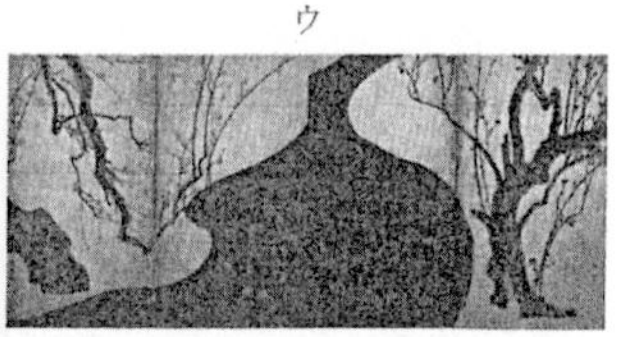

	ア	イ	ウ
(1)	谷文晁	菱川師宣	酒井抱一
(2)	安藤広重	喜多川歌麿	長谷川等伯
(3)	葛飾北斎	東洲斎写楽	尾形光琳
(4)	雪舟	鈴木春信	俵屋宗達

(☆◎◎◎◎)

【22】次は，スポーツ・運動時に発生した，足首の捻挫に対して行う応急手当(RICE処置)について述べたものです。適切でないものを，(1)～(4)の中から1つ選びなさい。

(1) はれをおさえ，血管や神経が傷つくのをふせぐために，安静にする。

(2) はれや炎症をおさえ，痛みを減少させるために，氷などを使って患部を冷やす。

(3) はれや内出血をおさえるために，テーピングなどを使って患部を適度に圧迫する。

(4) はれをおさえるために，患部を心臓より下に下げる。

(☆☆☆◎◎◎)

【23】次のア～エの記述で正しいものに○，誤っているものに×をつけた場合，その組み合わせとして正しいものを，下の(1)～(4)の中から1つ選びなさい。

ア 高機能自閉症とは，自閉症のうち，知的発達の遅れを伴わないものをいう。

イ 注意欠陥多動性障害(ADHD)には，多動が目立たない不注意優勢の型もある。

ウ 障害のある児童生徒と障害のない児童生徒との交流及び共同学習の内容として，文通や作品の交換といった間接的な交流は適切ではない。

エ 色覚異常のある児童生徒への配慮として，板書に用いるチョークの色は，白と黄を主体に使用することが望ましい。

	ア	イ	ウ	エ
(1)	×	×	○	○
(2)	○	×	○	×
(3)	○	○	×	○
(4)	×	○	×	×

(☆☆☆◎◎◎)

【24】次のア～エは，何について述べたものですか。あてはまる語の組み合わせとして正しいものを，下の(1)～(4)の中から1つ選びなさい。

ア　自分がいくら行動しても望む結果は得られないという経験の積み重ねによって，「どうせやっても無駄だ」という望みのない考え方が固定化してしまい，自発的な行動に対する動機づけが低下した状態をいう。

イ　よいテストの条件の一つで，本来測ろうとしている目的のことを正しく測定しているかどうかを指す。例えば，数学の学力テストで単純な計算問題ばかり出題しても，それだけでは広く「数学の学力」を測定したとはいえない，といったこと。

ウ　自分とは何かを問い直し，自分なりの答えを見つけ出すといった青年期の発達課題の一つで，「これが本当の私だ」という感覚を指す。

エ　運動が苦手という劣等感に対して，自分の得意な芸術分野の才能を生かすことで心の安定を得るなど，自分の欲求が満たされないとき，望ましい特性の強化によって弱点をカバーしようとする適応機制の一つ。

	ア	イ	ウ	エ
(1)	反動形成	妥当性	自我同一性	合理化
(2)	学習性無力感	信頼性	自我同一性	合理化
(3)	学習性無力感	信頼性	自己中心性	補償
(4)	学習性無力感	妥当性	自我同一性	補償

(☆☆☆◎◎◎)

【25】次の(1)～(4)の中から，下線部が誤っているものを1つ選びなさい。

(1)　国民は，すべての基本的人権の享有を妨げられない。<u>この憲法が国民に保障する基本的人権は，侵すことのできない永久の権利</u>として，現在及び将来の国民に与へられる。(日本国憲法第11条)

(2)　高等学校の教育課程については，この章に定めるもののほか，<u>教育課程の基準として文部科学大臣が別に公示する高等学校学習指導要領</u>によるものとする。(学校教育法施行規則第84条)

(3)　職員は，法律又は条例に特別の定がある場合を除く外，<u>その勤務</u>

時間及び職務上の能力のすべてを職責遂行のために用い，当該地方公共団体がなすべき責を有する職務にのみ従事しなければならない。(地方公務員法第35条)

(4) 法律に定める学校は，公の性質を有するものであって，国，地方公共団体及び法律に定める法人のみが，これを設置することができる。(教育基本法第6条)

(☆☆☆◎◎◎)

【26】次の(1)～(4)の中から，下線部が誤っているものを1つ選びなさい。

(1) 高等学校の修業年限は，全日制の課程については，三年とし，定時制の課程及び通信制の課程については，三年以上とする。(学校教育法第56条)

(2) 高等学校の教育課程は，別表第三に定める各教科に属する科目，総合的な学習の時間及び道徳によつて編成するものとする。(学校教育法施行規則第83条)

(3) 学校においては，児童生徒等の心身の健康に関し，健康相談を行うものとする。(学校保健安全法第8条)

(4) 学校，家庭及び地域住民その他の関係者は，教育におけるそれぞれの役割と責任を自覚するとともに，相互の連携及び協力に努めるものとする。(教育基本法第13条)

(☆☆☆◎◎◎)

【27】次は，高等学校学習指導要領(平成21年3月告示)の「第4章　総合的な学習の時間　第1　目標」です。下線部ア～エについて，正しいものに○，誤っているものに×をつけた場合，その組み合わせとして正しいものを，あとの(1)～(4)の中から1つ選びなさい。

横断的・総合的な学習や ア探究的な学習を通して，自ら課題を見付け，自ら学び，自ら考え，主体的に判断し，よりよく問題を解決する イ資質や能力を育成するとともに，学び方やものの考え方を身に付け，問題の解決や探究活動に主体的，創造的，ウ実践的に取り組む態度を育て，エ人間としての在り方生き方を考えることができるようにする。

	ア	イ	ウ	エ
(1)	○	×	○	×
(2)	○	○	×	×
(3)	×	×	○	○
(4)	×	○	×	○

(☆☆☆◎◎◎)

【28】次の(1)～(4)の中から，下線部が誤っているものを1つ選びなさい。

(1) 高等学校学習指導要領(平成21年3月告示)は，平成22年度から総合的な学習の時間などの先行実施，平成24年度入学生から数学，理科及び理数の各教科・科目についての先行実施を経て，平成25年度入学生から全面実施となった。

(2) 平成25年1月に開催が閣議決定された「教育再生実行会議」は，内閣総理大臣が開催し，内閣総理大臣，内閣官房長官及び文部科学大臣兼教育再生担当大臣並びに有識者により構成される。

(3) 平成25年4月，全国学力・学習状況調査が全国の小学校第6学年，中学校第3学年を対象に実施された。

(4) 平成23年4月，「公立義務教育諸学校の学級編制及び教職員定数の標準に関する法律」が一部改正され，中学校1年における35人学級が法制化された。

(☆☆☆◎◎◎)

【29】次の(1)～(4)の中から，下線部が誤っているものを1つ選びなさい。

(1) 平成24年度埼玉県子ども人権フォーラムでは，学校・地域が主体となり，「いじめのない学校～今，自分たちにできること～」(埼玉県ホームページに掲載)というテーマで，いじめ問題の解決に向けて考える話し合いが行われた。

(2) 平成24年9月に発行された埼玉県教育委員会の県教委だよりには，いじめ問題には学校の組織全体で対応することを求めた教育長メッセージが掲載された。

(3) 埼玉県教育委員会では，いじめ，不登校などに関する悩みについて電話，Fax，面接相談に加え，小中学生，高校生がいじめについて相談を簡単に行えるよう，埼玉県携帯サイトに「いじめメール相談フォーム」を開設した。

(4) 埼玉県が平成24年8月に設置した「埼玉県いじめ問題対策会議」では，いじめ問題解決に向けた学校現場支援策や相談しやすい環境づくりについて話し合い，取り組みを進めている。

(☆☆☆◎◎◎)

【30】次のア～エで述べられている人物の組み合わせとして正しいものを，あとの(1)～(4)の中から1つ選びなさい。

ア 著書『児童の世紀』の中で，「20世紀こそは児童の世紀として，子どもがしあわせに育つことのできる平和な社会を築くべき時代である」と主張した。「教育の最大の秘訣は教育しないことである」と考え，消極教育を徹底した。

イ 『学校と社会』『民主主義と教育』を著し，「教育は生活の必然から生じる人間の再構成，再組織である」として，児童中心の教育理論を唱えた。また，日常生活の中で具体的に問題を解決していく過程を重視し，問題解決学習を提唱した。

ウ 『人間の教育』を著し，幼稚園教育に大きな影響を与えるとともに，幼稚園の教員養成も積極的に行った。「遊技は，幼児の発達の，この時期の人間の発達の最高段階である」と述べ，教育的玩具である恩物を考案した。

エ 著書『教育の目的』の中で，子どもの経験を重視し，自己発展の助成に教育の目的があるとした。「あまりに多くのことを教えるなかれ，しかし，教えるべきことは徹底的に教えるべき」の言葉は，中教審の答申に引用された。

	ア	イ	ウ	エ
(1)	ルソー	ヘルバルト	モンテッソーリ	デューイ
(2)	モンテッソーリ	ルソー	ホワイトヘッド	ペスタロッチ
(3)	フレーベル	ペスタロッチ	エレン・ケイ	ヘルバルト
(4)	エレン・ケイ	デューイ	フレーベル	ホワイトヘッド

(☆☆☆◎◎◎)

【31】次の〔人物〕，〔事柄や著書〕の組み合わせとして正しいものを，下の(1)～(4)の中から1つ選びなさい。

〔人物〕

① 広瀬淡窓　② 中江藤樹　③ 貝原益軒　④ 荻生徂徠

⑤ 石田梅岩

〔事柄や著書〕

ア 蘐園塾　イ 『和俗童子訓』　ウ 日本の陽明学の祖

エ 咸宜園　オ 石門心学

(1) ① エ　② ウ　③ イ　④ ア　⑤ オ

(2) ① エ　② オ　③ ア　④ イ　⑤ ウ

(3) ① ア　② オ　③ イ　④ ウ　⑤ エ

(4) ① ア　② エ　③ ウ　④ イ　⑤ オ

(☆☆☆◎◎◎)

【32】次の(1)～(4)の中から，下線部が正しいものを1つ選びなさい。

(1) 平成24年4月，神奈川県の相模原市が政令指定都市に移行し，全国で20番目の政令指定都市が誕生した。

(2) 平成24年11月，レスリング女子で五輪と世界選手権で合わせて13連覇を達成した吉田沙保里選手に，瑞宝大綬章が授与された。

(3) 平成24年12月，iPS細胞(人工多能性幹細胞)を作製した京都大学の山中伸弥教授に，ノーベル生理学・医学賞が贈られた。

(4) 平成25年1月，第148回芥川賞・直木賞の選考会が開かれ，直木賞には，黒田夏子さんの「abさんご」が選ばれた。

(☆☆☆◎◎◎)

【33】平成24年にロンドンで開催されたオリンピック競技大会でメダルを獲得した選手のうち，出生地が埼玉県の選手を，次の(1)～(4)の中から1つ選びなさい。

(1)　内村　航平(体操・体操競技)
(2)　三宅　宏実(ウェイトリフティング)
(3)　室伏　広治(陸上競技)
(4)　松本　薫(柔道)

(☆☆☆◎◎◎)

解答・解説

【小中養】

【1】3

〈解説〉1 『蟹工船』は小林多喜二の作品であり，三好達治は詩人で『測量船』が知られる。　2 『夕鶴』は戯曲であり，木下順二の作である。川端康成で鶴という言葉が入る作品には『千羽鶴』がある。
4 『くるみ割り』(胡桃割り)は永井龍男の作品である。田山花袋の代表作としては『蒲団』『田舎教師』があげられる。

【2】1

〈解説〉『おくのほそ道(奥の細道)』は，江戸時代の俳人，松尾芭蕉の作品で，1689年に弟子の河合曽良を伴って江戸から東北・北陸を回り，最後は美濃大垣に着くまでの旅の様子をしるしたものである。1702年に刊行された。1の「山路来て何やらゆかしすみれ草」は同じ松尾芭蕉の俳諧紀行である『野ざらし紀行』の中に収められている。

【3】4

〈解説〉「安宅(あたか)」は室町時代に成立した能楽の代表的な作品である。雅楽は，宮内庁式部職楽部に伝わる伝統的な音楽であり，日本では神社などの行事で鑑賞できることがある。他の用語についても，それぞれ確認しておくこと。

【4】2

〈解説〉紙が切れているところは切り込み，折り目が手前に出ているところは山折り，折り目が奥に引っ込んでいるところは谷折りと考えればよい。

【5】2

〈解説〉経度はロンドンの旧グリニッジ天文台を通る子午線(本初子午線)を基準にして，東西各180度まで区分している。0度の線が南極点にたどりついたあとは180度の線を進み，東経30度の経線が南極点までたどりついたら，その後は西経150度を進むことになる。太字の矢印は0度と東経30度の間を，弧を描いて進んでいるから，南極点からは180度と西経150度の間を通ることになる。地図の問題は，ほかに時差の問題が多く出題される。経度15度で1時間の時差が生じることを踏まえて確認しておくとよい。

【6】1

〈解説〉写真は鹿苑寺金閣，創建したのは足利義満であり，足利義満が行った貿易は日明貿易(勘合貿易)である。2は「朱印状」「ルソン，カンボジア」から，徳川家康が行った朱印船制度と考えられる。3は「宋との貿易」「兵庫の港」から平清盛の政策と考えられる。4は「中国人やキリスト教の布教を行わないオランダ人と長崎で貿易を行った」という記述から，江戸時代の鎖国以降の貿易であることが読み取れる。

【7】2

〈解説〉国会には，基本的に「常会(通常国会)」「臨時国会」「特別国会」があるが，衆議院議員総選挙後で主に内閣総理大臣の指名を行うのは，特別国会である。特別国会は衆議院議員総選挙の日から30日以内に召集されることを確認しておくこと。また，衆議院が解散されたときは，その日から40日以内に総選挙を行わなければならないことも確認しておくとよい。

【8】2

〈解説〉化学反応において酸素と化合したらその物質は「酸化」された，酸素を失ったらその物質は「還元」されたという。問題の反応において酸化銅は酸素を失って還元され，その酸素を炭素が受け取り，酸化されている。

【9】4

〈解説〉200×5×4.2＝4200Jとなる。

【10】4

〈解説〉5月中旬ごろからオホーツク海気団と小笠原気団の勢力が強くなってくると，その境界に停滞前線ができる。この停滞前線が梅雨前線である。

【11】3

〈解説〉両生類や爬虫類の血管系は，2心房1心室である。なお，魚類は1心房1心室，鳥類や哺乳類は2心房2心室である。

【12】4

〈解説〉1　51＝3×17より51は素数でない。50以上の数で最も小さい素数は53である。　2　$(-\sqrt{3})^2=3$

3

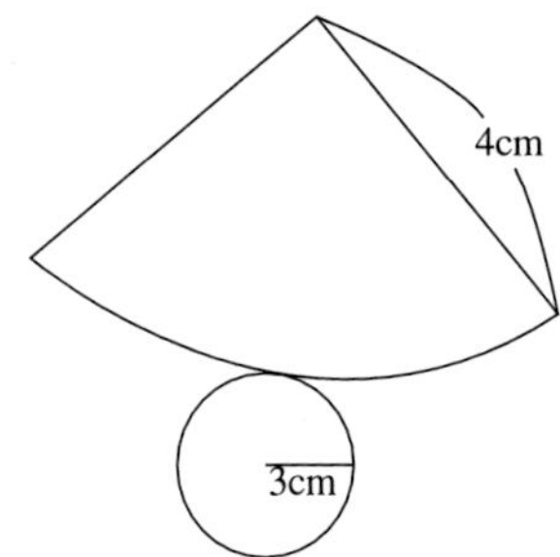

側面を開いたときの扇形の中心角をaとすると，

$2\cdot 3\pi = 2\cdot 4\pi \dfrac{a}{360^\circ}$　∴　$a = 270^\circ$　　よって，側面積は

$4^2\pi \cdot \dfrac{270^\circ}{360^\circ} = 12\pi\ (\mathrm{cm}^2)$

4　$\dfrac{a^2-1}{a-1} = 5$　　$a^2-1 = 5a-5$　　$a^2-5a+4=0$

$(a-1)(a+4)=0$　　∴　$a \neq 1$より$a=4$

【13】3

〈解説〉正三角形の1辺の長さをa，内接円の半径をrとし，正三角形の面積について立式すると，

$\dfrac{1}{2}\times a\times a\sin 60^\circ = \dfrac{1}{2}r(a+a+a)$

$r = \dfrac{\sqrt{3}}{6}a$

正三角形の面積は$\dfrac{\sqrt{3}}{4}a^2$

内接円の面積は$\left(\dfrac{\sqrt{3}}{6}a\right)^2\pi = \dfrac{1}{12}\pi a^2$

よってその比は，$\dfrac{\sqrt{3}}{4}a^2 : \dfrac{1}{12}\pi a^2 = 3\sqrt{3} : \pi$である。

【14】3

〈解説〉△OABの面積は$\frac{1}{2}\times a\times(a+3)=14$

$a^2+3a-28=0$

$(a+7)(a-4)=0$

$a>0$より　$a=4$

【15】2

〈解説〉職業に関する問題。要約するとアは「記事を書く人」，イ「雑誌などに掲載するものを決める人」，ウ「海外政府を代表する人」，エ「特に理科系以外の特定の物事について詳しい人」，オ「金銭や商品の生産・使用方法などを研究する人」である。

【16】1

〈解説〉Bが「ひどく虫歯が痛い」と言い，Aが「一度歯医者に見てもらうべきだ」と言っているので，appointmentが適当。病院や歯医者などの場合には「約束」のappointment，席や部屋の予約の場合にはreservationを使う。

【17】2

〈解説〉1　エスコ(ESCO)は，公共施設等の建設工事・維持管理など，水道光熱費などの経費を削減するための費用の大部分を負担し，実際に経費削減をしたら，一定額を報酬として受け取る事業である。埼玉県が行っているエネルギー地産地消推進を目指す取り組みは「埼玉エコタウンプロジェクト」である。　3　微小粒子状物質は2.5μm以下の小さな粒子のことである。　4　本文はIPCC(気候変動に関する政府間パネル)である。

【18】1

〈解説〉今回の問題のように，現在の大統領や首相などを問うものが多いが，歴代人物が問われる場合もあるので，メディアに度々取り上げられる国の大統領などは数代前まで確認しておくとよい。　2　対立候補はミット・ロムニーであった。　3　正しくは朴槿恵(パククネ)であり，韓国で初めての女性大統領である。　4　2013年に国家主席に選出されたのは習近平である。

【19】1

〈解説〉2　ユネスコ無形文化遺産に登録されたのは「那智の田楽」である。　3　クニマスは「絶滅」に指定されていたが，生息が確認されたため「野生絶滅」になった。これは，本来の生息地である田沢湖ではなく，移植地の西湖で再発見されたためである。　4　国民栄誉賞は内閣府の管轄であるので，文部科学大臣ではなく，内閣総理大臣が正しい。

【20】2

〈解説〉①ヘルバルトは心理学を「教育の方法」に，倫理学を「教育の目的」にして，教育学を体系化した。そして，「四段階教授法」(明瞭－連合－系統－方法)を提唱した。著書に『一般教育学』がある。②フレーベルは直接ペスタロッチから指導を受けた後，教育史上最初の幼稚園を創設した。また，「恩物」といわれる教育遊具を考案した。著書に『人間の教育』がある。③キルパトリックはデューイの弟子で，経験主義から具体的な学習形態(目的－計画－遂行－判断・評価)を提唱した。これをプロジェクト法という。④ペーターゼンは学年を廃して，低学年・中学年・高学年に分けて，指導する方と指導される方の両方を経験させる，イエナ・プランの名付け親である。

【21】2

〈解説〉道徳教育は，新学習指導要領で特に重視した事項である。小・中学校では，道徳教育は道徳の時間を要の時間としつつ，学校の教育全体を通じて行うこと。また，高等学校では道徳の時間はないが，人間としての在り方生き方に関する教育を教育活動全体を通じて行うこととしている。ウは小学校学習指導要領第3章の第3の1にある。「校長の方針の下に，道徳教育の推進を主に担当する教師を中心に，全教師が協力して道徳教育を展開するため，道徳教育の全体計画と道徳の時間の年間指導計画を作成する」が正しい。

【22】4

〈解説〉埼玉県では「いじめは重大な人権侵害であり，絶対に許されない」という考えの下で，さまざまな活動を行っている。県教委では平成24年9月に教職員に向けて，いじめ根絶に向けた教育長のメッセージを示している。その中で「組織的対応のマニュアルや図を実際に機能させる」等のチェック項目があるので，一読するとよいだろう。

【23】1

〈解説〉1は「注意力，固執性，多動性」ではなく「注意力，及び衝動性，多動性」が正しい。各種障害の定義については「小・中学校におけるLD，ADHD，高機能自閉症の児童生徒への教育支援体制の整備のためのガイドライン」や文部科学省のホームページを参照するとよい。なお，2については学校教育法施行規則第140条も関連しているので確認しておくこと。4のブルーナーの発見学習は，オーズベルの「有意味受容学習」と対比して理解しておくこと。

【24】3

〈解説〉現在の学習評価は，総括的にとらえる評定と観点別評価で学習指導要領の目標に準拠した評価として実施されている。また，評価には絶対評価，相対評価，個人内評価もある。さらに評価の時期により，診断的評価，形成的評価，総括的評価に分けられることもある。

【25】1

〈解説〉1は「役割の意義を児童生徒に事前に十分に説明しておく必要がある」が正しい。「生徒指導提要」第1章第4節の2 (1)②を参照すること。

集団指導のポイントの1つとして，児童生徒ができるだけ活躍できる機会を作るとともに，自主性を尊重した指導を行うことがあげられる。

【26】3

〈解説〉3は「思考力，判断力，表現力」が正しい。4の食育基本法は学習指導要領の総則で食育の推進が掲げられていることから，今後も出題頻度が高いと予想される。教育法規は，教育制度の構造と関連づけて整理するとわかりやすい。

【27】3

〈解説〉3は「市町村の教育委員会」が正しい。学校保健安全法第19～20条と混同しやすいので，比較して学習すること。

【28】4

〈解説〉4の学校安全の推進に関する計画は，学校保健安全法第27条に基づくものである。なお，1のスクールガードリーダーとは，平成17年から，警察官OB等に委嘱して，学校の防犯体制及び学校安全ボランティアの活動に対して専門的に行う者を指す。

【29】4

〈解説〉4は「彩の国教育の日」が正しい。埼玉県では「彩の国教育の日」は11月1日，「彩の国教育週間」を11月1～7日としている。なお，埼玉県民の日は，明治4年に廃藩置県が行われて，埼玉県が誕生してから，昭和46年にちょうど100年目に当たるのを記念したもので，11月14日を県民の日としている。

【高校】

【1】(1)

〈解説〉それぞれ「百花繚乱」「八面六臂」「五里霧中」「一騎当千」であることから，100＋6＋5＋1000＝1111となる。四字熟語に関してはほかに，例えば「五里霧中」は「霧」の部分が「夢」と表記されている等，誤字を解答させる問題が予想される。正しい漢字を覚え，その後に意味を確認するとよいだろう。

【2】(3)
〈解説〉文学作品の冒頭部分に関する問題は，主に明治から昭和前期に書かれた作品や古典文学作品で有名な作品が問われることが多い。(1)の『伊豆の踊子』の作者名は川端康成，(2)の夏目漱石の作品名は『草枕』，(4)の『暗夜行路』の作者名は志賀直哉が正しい。

【3】(2)
〈解説〉「野分」は秋に吹く強い風のことで，3月には使われない。1の「麦秋」は麦が熟する頃を指し，初夏の頃を指す。3の「余寒」は，立春の後にまで残る寒さのことである。4の「薫風」は夏のはじめに吹くさわやかで気持ちのよい風のことを指す。

【4】(3)
〈解説〉(1)のトゥール・ポワティエ間の戦いは，フランク王国とイスラム軍ウマイヤ朝との戦いであり，説明はタラス河畔の戦いについてである。(2)のマラトンはギリシャのアテネの北東に位置している。(4)のワーテルローの戦いでフランス軍が戦ったのは，イギリス・プロイセン軍であった。さらにワーテルローはベルギーにあるので，位置も誤りである。

【5】(4)
〈解説〉「17世紀後半」とあるので，1669年に起きた「シャクシャインの戦い」があげられる。(2)のコシャマインも「コシャマインの戦い」として知られているが，これは1457年の出来事である。(1)のラックスマンは，ロシア使節として初めて来日した軍人であり，(3)のアテルイは平安初期の蝦夷の族長である。

【6】(2)

〈解説〉地図中の①はロンドン(イギリス，2012年開催)，②はアテネ(ギリシャ，2004年開催)，③は北京(中国，2008年開催)，④はリオデジャネイロ(ブラジル，2016年開催予定)である。アテネは地中海性気候であり，夏は雨が少なく乾燥している。その乾燥に強いオリーブなどが栽培されていることで有名である。なお，オリンピックの開催都市に関しても頻出であるので，いつ，どこで開催された(される)かを確認しておくとよい。

【7】(4)

〈解説〉(4)のマルタ会談は1989年に，アメリカのブッシュ(父)大統領とソ連(当時)のゴルバチョフ書記長が行った会談である。(1)のミュンヘン会談は1938年に，ドイツ・イギリス・フランス・イタリアの首脳によって行われた会談である。(2)のヤルタ会談は1945年，(3)のテヘラン会談は1943年に行われた，アメリカ，イギリス，ソ連による会談である。

【8】(3)

〈解説〉マキァヴェリはイタリアの政治思想家で，『君主論』が有名である。「政治は宗教や道徳の干渉をうけてはならない」から解答したい。(1)のレオナルド＝ダ＝ヴィンチはイタリアの画家・建築家・科学者であり，『最後の晩餐』『モナ＝リザ』等が有名である。(2)のミケランジェロはイタリアの画家・建築家であり，『ダビデ』『創世記』『最後の審判』などがある。(4)のダンテはイタリアの詩人で叙事詩『神曲』を著した。

【9】(3)

〈解説〉

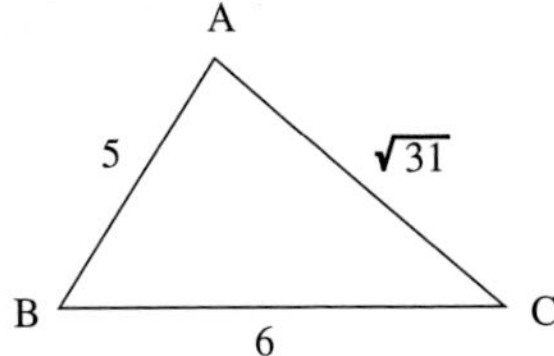

余弦定理より $\cos\angle ABC = \dfrac{5^2+6^2-(\sqrt{31})^2}{2\times5\times6}$

$= \dfrac{25+36-31}{2\times5\times6}$

$= \dfrac{30}{2\times5\times6}$

$= \dfrac{1}{2}$

$0^\circ<\angle ABC<180^\circ$ より $\angle ABC=60^\circ$

【10】(3)

〈解説〉$x=2-\sqrt{3}$ より $x-2=-\sqrt{3}$

両辺を2乗して

$x^2-4x+4=3$

$x^2-4x+1=0$…①

$$\begin{array}{r}
x-4 \\
x^2-4x+1 \,\big)\, \overline{x^3-8x^2+17x+4}\\
\underline{x^3-4x^2+x}\\
-4x^2+16x+4\\
\underline{-4x^2+16x-4}\\
8
\end{array}$$

$x^3-8x^2+17x+4=(x^2-4x+1)(x-4)+8$

①より　$x^2-4x+1=0$なので，解答は8

【11】(1)

〈解説〉$y=2x^2-8x+3$

$=2(x-2)^2-5$ より，頂点は(2，−5)

$y=2x^2+4x+5$

$=2(x+1)^2+3$ より，頂点は(−1，3)

よって，x軸方向に3，y軸方向に−8平行移動したものである。

【12】(1)

〈解説〉W(ワット)は電力の単位である。電力量の単位はWh(ワット時)またはkWh(キロワット時)である。

【13】(4)

〈解説〉BTB溶液は酸性で黄色，中性で緑色，塩基性で青色となる。リトマス溶液は酸性で赤色，塩基性で青色となる。

【14】(2)

〈解説〉インフルエンザウィルスの大きさは0.1μm，大腸菌の大きさは約3μm，ゾウリムシの大きさは約90～150μmである。

【15】(3)

〈解説〉快晴の天気記号は○であり，◎は曇りの天気記号である。

【16】(1)

〈解説〉冒頭のXの話から，YとAlexが喧嘩したことがわかる。発端はYがAlexに対して「君がそう簡単に怒らなければ，もっと親しみやすいだろう」と言ったことなので，lose his temper「彼がかっとなる」という意味の(1)が適当。

【17】1　(2)　　2　(4)

〈解説〉1　空欄前後の意味は，「1，2か月間陸地に留まる」という意味なので(2)が適当。　2　(1)は，2文目に… shows the extreme differences …とあるので不適。(2)は，5文目にeat lots of squid とはあるが，a few sharksを食べることは書かれてない。(3)は7文目の初めに，Twice a yearとあるので不適。

【18】(2)

〈解説〉うるち米のでんぷんはアミロースとアミロペクチンからなり，その比率は1：4である。一方，もち米のでんぷんは100%アミロペクチンからなる。白玉粉はもち米の加工品，うるち米の加工品として上新粉がある。米の胚芽の部分にはビタミンB_1，ビタミンEが豊富に含まれている。よって，精白米より，玄米のほうが栄養価は高い。

【19】(1)

〈解説〉出生から生後4週目までを新生児期という。乳児の嗅覚は発達しており，母乳のにおいをかぎ分けるというデータがある。また，新陳代謝が盛んで，体温は高めである。乳児期の発育は著しく，生後1年で身長は出生時の約1.5倍(約75cm)，体重は約3倍(約9kg)にまで育つ。

【20】(1)

〈解説〉埼玉県歌は1965年に制定された。埼玉県の愛称が「彩の国」であるからといって「彩りに」を選ばないようにしたい。県歌の制定は1965年，「彩の国」の愛称が制定されたのは1992年である。他に埼玉県に関して理解しておくべき内容としては，まず11月14日が埼玉県民の日であるということ，さらに県の魚はムサシトミヨ，蝶はミドリシジミ，花はサクラソウ，鳥はシラコバトなども記憶しておくとよい。近年は都道府県のマスコットキャラクターも話題になっているので，埼玉県のマスコットキャラクター「コバトン」(県の鳥であるシラコバトをモチーフにしたもの)という名前も知っておくとよい。

【21】(3)

〈解説〉アは葛飾北斎の富嶽三十六景，他の選択肢であえて間違えやすいものをあげれば安藤広重(歌川広重)だが，広重の代表作は『東海道五十三次』や『名所江戸百景』があげられる。イは東洲斎写楽の『市川鰕蔵の竹村定之進』で，写楽はこのような役者絵で知られる。歌麿や師宣，春重の美人画などもそれぞれの特徴を見ておこう。ウは尾形光琳の『紅白梅図屏風』である。琳派の祖とされる俵屋宗達や江戸後期に活躍した酒井抱一など，光琳以外の琳派の絵師の作品も確認しておくとよいだろう。

【22】(4)

〈解説〉Rest(安静)，Ice(冷却)，Compression(圧迫)，Elevation(挙上)と応急処置時に必要な4つの処置の頭文字をとりRICE処置と呼ぶ。患部の挙上は，心臓より高い位置に挙上をすることで重力を利用し，腫れや炎症をコントロールする。

【23】(3)

〈解説〉イのADHDは，症状によって「多動性・衝動性優勢型」「混合型」「不注意優勢型」に分類される。最も多いのが「混合型」で，多動が目立たない「不注意優勢型」は女子に多いという説もあり，発見が遅れがちになることもある。ウは「間接的な交流は適切である」が正しい。交流及び共同学習の内容は出題頻度が高まっているので，学習指導要領解説等で確認しておきたい。エは，暗い色は見えにくいため避けると考えられる。

【24】(4)

〈解説〉アは，アメリカの心理学者であるM・セリグマンが提唱した学習性無力感，イは教育評価における基本条件としての信頼性と妥当性に関する問題である。信頼性とは測定された内容の精度や安定性のことであり，妥当性とは検査の意図するところと測定された内容の一致度のことをいう。ウはE・H・エリクソンが提唱した自我同一性(アイデンティティ)に関する説明である。エはA・フロイトによって提唱された適応機制(防衛機制)の1つである補償に関する説明である。

【25】(3)

〈解説〉(3)は「職務上の能力」ではなく「職務上の注意力」が正しい。地方公務員法は，第30～38条までを重点的に学習しておくこと。特に，第30～38条は全文暗記が望ましい。

【26】(2)

〈解説〉(2)は道徳ではなく，「特別活動」が正しい。高等学校の教育課程では，道徳の時間は設定されていないが，学校の教育課程全体を通じて行うことになっている。

【27】(2)

〈解説〉埼玉県では高等学校で，総合的な学習の時間や特別活動などからの出題があるので注意すること。ウは「協同的」，エは「自己の」が正しい。

【28】(4)

〈解説〉(4)は「中学校1年生」ではなく，「小学校1年生」が正しい。「公立義務教育諸学校の学級編制及び教職員定数の標準に関する法律」の第3条の表に「40人(第1学年の児童で編制する学級にあっては，35人)」と記載されている。

【29】(1)

〈解説〉(1)は「学校・地域が主体となり」ではなく，「児童生徒が主体的に考え」が正しい。いじめ問題について児童生徒が主体的に考え，話し合い，「子どものメッセージ」として，県内の学校に発信する取組を通して，児童生徒の豊かな人権感覚を育む取組である。

【30】(4)

〈解説〉教育史における代表的な人物については，著書や活動を中心に人物像をおさえておくこと。アは著書『児童の世紀』と「教育の最大の秘訣は教育しないことである」からエレン・ケイ，イは著書『学校と社会』『民主主義と教育』と「児童中心の教育理論」からデューイ，ウは著書『人間の教育』と「幼稚園教育」「教育的玩具」からフレーベル，エは著書『教育の目的』と「あまりに多くのことを教えるなかれ，しかし，教えるべきことは徹底的に教えるべし」からホワイトヘッドである。

【31】(1)

〈解説〉②中江藤樹は日本の陽明学の祖で「近江聖人」と呼ばれた。③貝原益軒は，我が国における教育論のさきがけというべき『和俗童子訓』を著した。⑤石田梅岩は庶民の教化として代表的な「石門心学」と呼ばれる思想を説いた。著書に『都鄙問答』がある。

【32】(3)

〈解説〉相模原市が政令指定都市になったのは，平成22年4月1日であり，平成24年4月に政令指定都市になったのは「熊本市」である。吉田沙保里選手に授与されたのは「国民栄誉賞」である。第148回直木賞は，朝井リョウ氏の『何者』と安部龍太郎氏の『等伯』が選ばれた。黒田夏子氏の『abさんご』は第148回芥川賞に選ばれた。

【33】(2)

〈解説〉内村航平選手は福岡県生まれ，室伏広治選手は静岡県生まれ，松本薫選手は石川県生まれである。埼玉県出身の有名人は多数いるので，名前を覚えるのには限界がある。よって，近年メディアで大きく取り上げられている選手(例えば，オリンピック候補選手や世界で活躍している選手)から確認していくとよい。

●書籍内容の訂正等について

弊社では教員採用試験対策シリーズ（参考書，過去問，全国まるごと過去問題集），公務員試験対策シリーズ，公立幼稚園・保育士試験対策シリーズ，会社別就職試験対策シリーズについて，正誤表をホームページ（https://www.kyodo-s.jp）に掲載いたします。内容に訂正等，疑問点がございましたら，まずホームページをご確認ください。もし，正誤表に掲載されていない訂正等，疑問点がございましたら，下記項目をご記入の上，以下の送付先までお送りいただくようお願いいたします。

① **書籍名，都道府県（学校）名，年度**
　（例：教員採用試験過去問シリーズ　小学校教諭 過去問　2025 年度版）
② **ページ数**（書籍に記載されているページ数をご記入ください。）
③ **訂正等，疑問点**（内容は具体的にご記入ください。）
　（例：問題文では“ア～オの中から選べ”とあるが，選択肢はエまでしかない）

〔ご注意〕

○ 電話での質問や相談等につきましては，受付けておりません。ご注意ください。

○ 正誤表の更新は適宜行います。

○ いただいた疑問点につきましては，当社編集制作部で検討の上，正誤表への反映を決定させていただきます（個別回答は，原則行いませんのであしからずご了承ください）。

●情報提供のお願い

協同教育研究会では，これから教員採用試験を受験される方々に，より正確な問題を，より多くご提供できるよう情報の収集を行っております。つきましては，教員採用試験に関する次の項目の情報を，以下の送付先までお送りいただけますと幸いでございます。お送りいただきました方には謝礼を差し上げます。

（情報量があまりに少ない場合は，謝礼をご用意できかねる場合があります）。

◆あなたの受験された面接試験，論作文試験の実施方法や質問内容

◆教員採用試験の受験体験記

送付先	
	○電子メール：edit@kyodo-s.jp
	○FAX：03-3233-1233（協同出版株式会社　編集制作部 行）
	○郵送：〒101-0054　東京都千代田区神田錦町 2-5 協同出版株式会社　編集制作部 行
	○HP：https://kyodo-s.jp/provision（右記の QR コードからもアクセスできます）

※謝礼をお送りする関係から，いずれの方法でお送りいただく際にも，「お名前」「ご住所」は，必ず明記いただきますよう，よろしくお願い申し上げます。

教員採用試験「過去問」シリーズ

埼玉県・さいたま市の
教職・一般教養 過去問

編　集　　© 協同教育研究会
発　行　　令和5年11月25日
発行者　　小貫　輝雄
発行所　　協同出版株式会社
〒101-0054　東京都千代田区神田錦町2－5
電話　03－3295－1341
振替　東京00190－4－94061
印刷所　　協同出版・POD工場

落丁・乱丁はお取り替えいたします。